디지털 ●야만

이 저서는 2011년도 정부 재원(교육과학기술부 사회과학연구지원사업비)으로
한국연구재단의 지원을 받아 연구되었음(NRF-2011-330-B00034).

이 도서의 국립중앙도서관 출판예정도서목록(CIP)은 서지정보유통지원시스템
홈페이지(http://seoji.nl.go.kr)와 국가자료공동목록시스템(http://www.nl.go.kr/kolisnet)에서
이용하실 수 있습니다. (CIP제어번호: CIP2014026280)

디지털 야만

기술잉여, 빅데이터와 정보 재난

| 이광석 지음 |

한울
아카데미

■ 차례

■ 들어가는 글

  미국의 비판적 지리학자 데이비드 하비(David Harvey)는 알튀세리앙
(Althusserian)들의 한 잡지에 실은 그의 글에서 현대 자본주의의 미래를 점검
하며, 이를 '모든 것을 파괴하면서 달리는 브레이크 없는 폭주 기차'와 같다
고 표현한 적이 있다. 이는 브레이크 없이 휘몰아치는 체제 '동원'의 속도전
과 그로 인한 재난 상황과 파국을 연상케 한다. 곧 우린 '브레이크 없는' 자본
주의하에서 인간 삶과 의식의 감성을 자본의 거대한 용광로 속 불쏘시개로
삼아 폭주하는 체제의 괴물을 상대해야만 한다. 이는 물질과 의식 모든 영역
에서 질곡과 파국을 만들어가는 자본주의 미래의 우울하고 공포스러운 모
습이다.

  오늘 대한민국은 어떠한가? 국가 자체가 난센스와 도착으로 일렁인다.
한반도의 체제 위기와 파국 가능성에도 정부는 제어할 능력조차 없다. 열거
조차 힘들다. 국무총리실의 민간인 불법사찰도 부족해 국가정보원은 소셜
웹에서 대통령 선거에 개입해 여론을 조작하고 이를 덮으려 한다. 게다가 '3
류' 정치도 모자라 청와대 대변인의 성추문으로 도착적이고 비상식적인 정
치문화를 완성한다. 2014년 4월 16일 세월호 참사는 그나마 유일하게 작동
하던 국가의 국민 안전과 보호 기능의 실질적 파산 선고였다. 정치 레짐
(regime)의 미성숙과 비민주성이 도처에서 곪아 터진다. 훈육적 세련됨이라
는 국가 장치의 현대적 특성조차 제대로 작동하지 못하는 조악한 권력 지배
가 근근이 유지되는 현실이다. 하나 굴절된 수탈구조와 퇴행성이 지배적이
고 권력의 대민 통치 매개 수준이 대단히 거칠고 덜떨어짐에도 불구하고, 이
상하게 전면적 갈등과 저항의 생산은 수면 아래서 잠잠하다.

물론 한국사회의 질곡은 전국 곳곳에 응집되어 저항의 힘으로 맺혀 솟구치고 있다. 촛불의 광장에서 평택 대추리 사건, 용산 남일당 철거 반대 농성, 제주 강정마을의 파괴와 해군기지화 반대투쟁, 콜트콜텍 기타 노동자 투쟁, 한진중공업 고공 투쟁과 희망버스, 쌍용자동차 해고자 대한문 농성투쟁, 밀양 송전탑 반대 주민투쟁 등이 그것이다. 하지만 이들 현장의 거센 저항조차 공권력에 의해 쉽게 봉합되고 정치적으로 망각된다. 컨테이너와 송전탑에 오르고 옥상에서 몸을 던지고 불사르고 쇠사슬로 묶어도 공권력은 아랑곳하지 않는다. 무엇보다 '사회 정의'의 근본적 부재가 (슈퍼) 갑과 을의 부당계약 관계로 상징화되고 있다. 한국사회에서 주종적 착취 관계는 이미 국가와 재벌에 의해 계속된 고질적 사안이 아니었던가. 오늘날 갑-을 관계의 비유적 표현은 그 사태가 좀 더 극단에 이른 탓이리라. 노동자들을 분신과 자살로 모는 재벌 경영주와 개발업자, 영업점 주인에게 폭언과 협박을 일삼는 본사 직원, 불공정 계약을 통해 가맹점을 착취하는 프랜차이저, '노예계약'을 통해 소속 연예인에게 성상납을 강요하는 연예기획사, 국민을 상대로 툭하면 소송을 거는 정부 등, 상식을 초월하며 공정의 룰조차 깡그리 버린 오늘이다. 사회 전반적으로 대중의 무기력과 극도의 피로감이 느껴진다.

한국사회에서 불거지는 오늘의 비상식들은 문화의 스펙터클화, 증가하는 빈부격차와 비정규직의 양산, 정부 주도의 '막개발'과 환경 파괴, 정치적 모럴의 상실 등, 피폐한 현실 조건에 의해 더 모순적인 상황을 낳고 있다. 이처럼 여러 모순점들이 중층적으로 겹쳐져 사회가 제 기능을 못하고 도착적이거나 비정상적 논리에 의해 주도되면서, 우리는 '자가당착'의 현실에 짓눌려 있다. 이에 대한 총체적 분석과 현실 개입의 논리 구성은, 결국 비판적 학술연구 진영의 중요한 몫으로 남는다. 한국사회의 정치경제에 대한 비판적 분석, 사회 모순 중층의 현실에 대한 현장분석과 개입, 현실 대안적 비전과 전망의 설계 등이 더욱 아쉬운 때다.

포스트-정보사회의 '반칙왕'들

오늘날 기술과 정보미디어는 어느 때보다 더 농밀하게 자본주의의 동력이자 인간 생존 조건의 일부로 비집고 들어오고 있다. 자본주의를 매개하는 테크놀로지이자 스펙터클의 기호학적 선전-기계 역할을 맡고 있는 텔레비전을 보자. 텔레비전은 어언 반세기 이상을 현대 자본주의의 더러운 치부를 가려주고 소비주의의 스펙터클 생산공장을 경영하며 그의 오래된 벗을 자처했다. 근대적 가치 체계와 피의 동맹을 맺은 이 단순무식하고 포악한 선전-기계는 아직도 자본주의의 나팔수를 자청하며 대중으로 하여금 자신의 메시지와 정보에 일방적으로 순응하기를 강요해오고 있다. 이 기계가 그나마 자신의 부드러움을 과장하기 위해 통신원 제도, 시청자 참여/감시 프로그램 등의 되먹임(feedback) 과정을 도입해보지만, 힘의 우위에 입각한 메시지 생산자와 수동적 수신자 간 경로의 암묵적 일방통행은 여전하다. 게다가 때만 되면 대통령과 수권정당의 정치적 낙점에 의한 낙하산 사장 인사로 보도 조직 자체가 와해되고 방송 공영성은 하루아침에 무너지기 일쑤다.

한국사회에서 정보(미디어)통신기술은 스펙터클 자본주의적 역할에 덧붙여 퇴행의 정치사회적 현실에 의해 구성되면서 우리네 특유의 진화 경로를 만들어냈다. 우리는 2014년 바로 이 땅에서 세월호 참사와 함께 '기레기'(기자쓰레기)라 불리는 이들을, 움직이는 텔레비전 기계의 부끄러운 민낯을 봤다. 텔레비전이라는 선전-기계는 나날이 흉측해지고 그 파워를 배가해나간다. '진지한' 활자 언어를 찍어대는 주요 일간지들과 더불어, 영상 선전-기계는 일상 삶의 영역을 구태의연하게 그리고 아주 획일적으로 대중 선동과 체계 훈육의 장으로 길들인다. 굳이 프랑스 사회학자인 피에르 부르디외(Pierre Bourdie)가 '텔레비전에 대하여' 얘기한 내용을 들먹거리지 않더라도, 이 오래된 영상기계는 '균질화', '통속화', '순응화', '탈정치화'를 자신의 최대 장기로 삼아왔다.

새로운 밀레니엄의 시대는 이 퇴화한 영상 기계에 맞서 새롭게 바리케이드를 치는 게릴라 네트워크 테크놀로지에 미래 희망의 빛을 던져주는 듯했다. 인터넷이라는 네트워크 기계는 제대로 된 글로벌 지식의 자유와 표현의 공유지 건설이라는 부푼 꿈을 키웠다. 체제의 질곡은 끊임없이 반(反)정보를 생산해냈다. 아날로그와 디지털 정보가 광활한 네트워크를 타고 넘음으로써 자신의 힘을 끊임없이 복제하면서 자본주의의 지식 재산권을 위협하기도 했다. 한때는 체제 저항 집단들의 정치적·문화적 감수성을 값싼 공유 기술로 표현하고 그것을 일파만파로 확장하는 새로운 디지털 지식의 디지털 정보 '공유지(the commons)'를 여는 듯 보였다. 이 신천지는 특유의 대상 세계를 갖고 비순응적인 태도를 지닌 집단들이 생산하는 디지털 대안의 '볼륨을 높이는' 곳과 같았다.

자본주의 체제의 질곡은 대중들이 지닌 '역능(potentia)'에 비례한다. 역능은 권력에 반하는 대중들이 지닌 가역의 힘이다. 그동안 권력과 역능의 힘겨루기 과정에서 외연상 인간에게 미래 역능의 확장 가능성으로 보이던 민주적 기술들이 억압의 도구로 탈바꿈하는 경우가 허다했다. 무엇보다 한 나라의 정보기관이 소셜 웹을 활용해 대국민 오(誤)정보를 유포해 국론을 조작했다는 의혹이 일고 일베(일간베스트 저장소)와 같은 청년 극우가 온라인을 활보하면서 적어도 우리 인터넷의 미래는 뿌연 안개 속에 갇혔다. 네트워크의 링 위에서 순진하게 페어플레이를 요구하다 '반칙왕'의 흥기에 무참히 이마가 깨지듯, 장밋빛 가능성을 포함한 인터넷 미래 예측의 순진한 구도는 링 안과 밖에서 무자비하게 휘두르는 자본과 국가의 반칙을 충분히 예견했어야 했다. 자본주의의 '반칙왕'들이 휘젓는 포크에 여기저기 찍히고 터지면서 오늘날 대한민국 인터넷 문화와 누리꾼들의 역능은 만신창이가 되었다. 인터넷을 희망의 프런티어로 여기고 누리꾼의 온라인 정치에 미래를 거는 순진한 포퓰리즘적 기대는 사라졌다.

대중 역능의 온라인 정치에서의 수세적 국면에 비해서 자본주의 체제의 재생산은 그만큼 더 극도로 치밀해져갔다. 산업혁명 시기 이후 자본의 역사를 상기해보더라도 이렇게 독점의 구도로 철저하고 빠르게 재편되지는 않았을 것이다. 아이러니한 것은 오히려 이 새로운 디지털 경제 시대에 독과점을 뒤엎을 기회는 더욱 줄어들고 있다는 사실이다. 공정한 게임의 룰을 더욱 찾기 힘들어졌다는 이야기이기도 하다. 현대 디지털 자본주의는 기술적 코드로 힘을 배가하고 글로벌 시민들을 '정동', '주목', '인지', '명성'의 가치화 네트워크 관계망으로 끌어들여 자본 증식 과정의 일부로 삼고 있다. 이 작은 나라에서도 비슷하게 '창조'경제가 미래의 사활이 되고 있다. 광고, 쇼, 퀴즈, 뉴스 할 것 없이 대중의 '창의'와 '창조'를 자본의 가치화라는 용광로에 넣기 위해 광분하고 있다. '정보사회'론도 이제 한물간 논의가 되었다. '신경제'를 넘어 '창조경제'라는 새로운 비즈니스 모델을 앞세워, 경제 논리를 인간 삶의 중심에 세워버렸다. '창조'경제의 궁극적 기획은 우리 인간의 뇌와 손끝에서 이뤄지는 모니터 활동에 빨대를 꽂아 시장 에너지로 흡입하는 기생 괴물과 같다. 인간의 몸에 기생하여 인간을 장악하려는 잔인하기 그지없는 괴물과 같은 외계생물 '기생수' 말이다. 이는 이와아키 히토시(岩明均)의 만화 『기생수(寄生獸)』에 잘 묘사되어 있다. 기생수에 자율 신경을 장악당한 인간들은 오늘날 '창조시민'이라 불리는 존재들이고, 창조산업을 위해 부역하는 자발적 누리꾼들이 된다.

파리 고등사범학교 정보학과 교수 로베르토 디 코스모(Roberto Di Cosmo)의 표현을 빌린다면, 오늘날 인지자본주의는 '날'로 먹는 '강도' 짓으로 누리꾼들의 지식과 정보를 '포획'한다는 논리에 근거하고 있다. 비판적 법학자 제임스 보일(James Boyle) 같은 이는 그래서 오늘의 자본주의를 '종획운동 2기(the Second Enclosure Movement)'로 칭하기도 했다. 물론 종획 1기는 양을 치던 공유지를 대지주들이 제멋대로 사유화해 농민에게서 토지를 박탈했던 18세기 영국 암흑기를 지칭한다. 반면 '2기'는 오늘날 누리꾼들을 지적재산권으로 겁박하여 전자공유지에서 내쫓고, 새롭게 상업화된 전자 텐트

안으로 우격다짐으로 밀어 넣어 놀 자리를 인공적으로 만들어주고 의식과 창작의 촉수를 빨아들이는 기생수들이 판치는 요즘의 디지털 암흑기를 가리키는 용어이다.

한국형 기술 굴절의 갈래

한국의 기술 진화와 발전은 한국사회의 굴절된 현실과 쏙 빼닮았지만, 또 한편으로는 다르기도 하다. 정치문화의 비민주적 속성이 기술환경에 그대로 녹아 스며들기도 하고 뉴미디어 기술에 대한 누리꾼들의 과도한 집착을 낳았다. 하지만 적어도 전자적 네트워크 매개체를 통한 정치적 의사 표현의 자율 문화를 촉발했던 것도 사실이다. 이 책은 한국적 기술 발전의 과잉 굴절 상황을 분석하는 한편 대안적 기술 실천의 가능성을 착안한다. 적어도 현시점에 대한 암울한 기술 현실의 분석이 미래 대안적 희망의 가능성을 깡그리 부정하는 제스처가 아님을 이 책은 전제하고 있다. 마치 극단의 통치 체제 아래에서도 그 아래 숨이 붙어 있는 중생들이 인간다운 삶을 갈구하고 희망의 정치적 전망을 질기게 상상하듯, 그리고 강한 상대가 줄곧 무력감보다 자생의 오기를 발동케 하듯, 필자는 기술의 비관적 전망, 즉 '디지털 야만'이 곧 현실의 저항과 희망의 가능성을 배제하지는 않는다고 믿는다. 현실 정치와 디지털 체제에 권력과 힘의 압도적 우위가 자리하고 있을지 몰라도, 이는 언제나 통치 게임의 시작에 불과하다. 역능과 탈주의 에너지는 틈만 보이면 스멀스멀 자라난다.

이탈리아 자율주의 마르크스주의자 안토니오 네그리(Antonio Negri)와 듀크 대학교의 영문학 교수인 마이클 하트(Michael Hardt)가 같이 쓴『제국(Empire)』에서 언급되었던 것처럼, 권력의 외부 혹은 바깥이 더 이상 존재하지 않는다면 이는 저항의 근거지가 모조리 소멸되는 것이 아니라 바로 우리가 발 딛고 있는 모든 곳이 저항의 근거임을 전제한다. 권력에 대한 저항의 편재성(ubiquity)을 이들은 복수의 '저항되기(being-against)'라고 표현한다. '저항되기'는 일상화된 저항의 표현이다. 권력이 기술과 정보를 체제 재생산의 수단으로 이용하는 데 반해 새로운 디지털 다중은 권력이 독점하려는 디지털 가치를 언제든 재전유할 준비를 꾀한다. 이들은 야만의 기술 권력이 쳐놓은 그물 하나하나에서 그 저항과 반대의 약한 고리들을 발견한다. '저항되기'란 이렇듯 도저히 흔들릴 것 같지 않는 권력의 약한 고리를 찾아 일상적이고 미시적 실천을 수행하고 이의 동시다발적인 진지전을 구성하면서 디지털 기술의 야만적 권력에 발작을 일으키는 행위인 셈이다.

동시대 자본주의의 질곡에 의해 파생되는 디지털 야만의 시대에 '저항되기'는 그래서 좌절과 분노의 변증법이다. 좌절은 권력의 파장으로부터 더 이상 숨을 곳이 없다는 현실 인식에서 생긴다. 그러나 분노는 좌절을 물구나무서게 할 때 얻어지는 부정의 결과다. 좌절은 현실을 버리거나 외면하기보다는 분노의 씨앗을 키우기 위해 필요한 정서다. '저항되기'는 좌절을 넘어서는 부정과 분노의 능동적 과정이다. 예컨대, 디지털 야만의 구린내가 진동하는 기술권력화의 지점들을 드러내면서도 시민사회 영역을 좀 더 단단히 할 수 있고 풍부한 기술 대안의 실천적 가능성을 만들어내는 문화정치적 실험들을 발굴하는 노력은 기술적 분노의 계기이다. 굴곡진 현실 사회를 꿰뚫는 진중하지만 경쾌하고 조급증 없는 실천적 연구들이 먼저 밑바탕에 깔리지 않으면 이 또한 어려운 과제이다.

디지털 야만 속 '저항되기'

디지털 야만에 대해 '저항되기'를 시도하려는 독자들에게 이 책이 작지만 의미 있는 주석이 되었으면 싶다. 이 책의 내용은 '선전-기계', '반칙왕', '날강도', '기생수' 같은 하류인생들을 한가득 태우고 질주하는 브레이크 없는 디지털 폭주 기차 한국호에 관한 이야기 묶음이다. 정확히 얘기하면

'저항되기'보다는 '디지털 야만'의 현주소를 보여준다. 머나먼 호주로 영구 이주했다 귀환한 필자가 지난 수년간 한국 정치경제 현실에 적응하면서, 한국형 디지털 야만을 지켜보며 거칠게 써왔던 일부 글들을 모아 만든 앤솔러지(anthology) 격이다. 필자는 이미 1990년대 중반경부터 디지털 기술의 자본주의적 흡수 아래 진행되는 체제 이행 논의에서부터 누리꾼들의 부상하는 온라인 문화 정치 분석에 이르기까지 기술·정보 현상에 대한 이러저러한 비판적 연구를 시도해왔다. 이 책은 1996년 당시 석사학위 논문을 책으로 묶어 낸 『디지털 패러독스』(2000), 2008년 미국에서 썼던 박사학위 논문을 책으로 낸 *IT Development in Korea: A Broadband Digital Nirvana?* (2011)에 이어서 디지털 야만의 한국 현실을 살피는 세 번째 단독 저서이다. 이전 작업들이 대체로 한국사회에서 부상하거나 형성 중의 디지털 자본주의 현상들을 비판적으로 분석하는 일에 집중했다면, 이번 책은 과거와 현재의 기술과 정보 누적 속에서 발생하는 사회적·문화적 '야만성'을 유형화하거나 특징화하는 데 집중하고 있다. 즉, 디지털 자본주의적 질서 속에서 물질화되고 스펙터클화된 삶을 영위하면서 그에 길들여진 한국인들의 기술 욕망, 자본을 매개하는 기술과 정보의 과잉 현실, 그리고 정치적 퇴행과 굴절의 정보·기술 퇴적물들을 살핀다.

한국사회가 지닌 디지털 기술 발전의 특성과 경향을 읽기 위해 이 책 본문에서 필자는 '기술잉여사회', '빅데이터 감시사회', '위험정보사회' 등 대단히 큰 메타정의들을 남발하고 있다. '투명사회'(한병철), '단속사회'(엄기호), '과로사회'(김영선), '허기사회'(주창윤), '잉여사회'(최태섭) 등 무슨 무슨 사회로 책 제목을 잡는 것이 국내 출판계 흐름이 된 지 오래인 터라 필자 스스로 시류에 편승하는 듯해 기분이 석연치는 않다. 하지만 '○○사회'라는 담론이 과도하게 유포되는 것은 창궐하는 국내 사회적 병리들에 대한 학문적 해석에 갈급한 욕구의 반영이라 본다. 필자 또한 지난 몇 년간 글 작업들 속에서 한국 정보사회의 병리 현상과 퇴화 과정에 대해 어떻게 해석하고 어떤 개념으로 이를 아우를 수 있을까에 대한 고민과 갈증이 있었다. 새로운 개념의 창안이 현실 이해의 분별력에 자극이 되지 못하면 이는 사족이요 언어유희이리라. 그와 같은 우려가 기우이길 빈다.

책의 구성

이 책의 제1장에서는 한 국가 체제 내 기술 체계의 병리 현상을 '기술잉여사회'라는 개념을 갖고 살피고자 했다. '기술잉여'를 한 사회의 통제능력 이상으로 기술과 정보가 비정상적으로 사회에 착근되는 상황으로 보고, 이것이 누적적으로 쌓여 디지털 야만이 특징적인 사회를 일컬어 '기술잉여사회'라 지칭하고 있다. 이 장은 디지털 한국의 '기술잉여'의 지배적 패권과 경합하는 '기술민주주의' 경향 간의 상호경합 관계를 주목한다. 즉, 한국은 정치 영역과 자본 영역의 공조와 연합에 의해 대단히 강한 통치 기술과 무용성의 기술 발전의 굴절적이며 퇴행적인 양상을 띠고 있다. 그럼에도 역사적으로 누리꾼들이 온라인을 통한 강한 시민사회적 의제 경험을 축적했기에 대안기술의 '사회적 상상력(social imaginaries)'에 대한 희망의 끈을 놓긴 어렵다고 판단한다.

이어서 제2장은 디지털 국면, 특히 빅데이터 국면에서 자본주의의 새로운 잠재적 기술위험 요인으로 빅데이터로 인한 '정보 재난' 현상을 주목한다. 이론적으로는 울리히 벡(Ulrich Beck)의 '(글로벌) 위험사회' 개념의 약한 고리를 정보 재난에 대한 구체적 논의라 보고, 필자는 정보 재난을 적극적으로 사유하기 위해서 '위험정보사회'라는 개념을 제안한다. 무엇보다 현대인들의 무정형 데이터 생산, 예를 들면 카톡, 페이스북, 트위터를 통해서 벌이는 좋아요, 댓글, 리트윗, 공유 등의 '빅데이터' 정보배출 행위와 정보 재난이 새롭게 맺는 관계에 대해서 '빅데이터 위험정보사회'라는 문제틀을 갖고 설명한다. 제2장에서는 유럽 선진 사회에서의 위험사회의 논리와 다른 실제 한국적 위험정보사회의 국면을 특징화하고, 특히 서구와 달리 압축 성장에 따른 파행적 근대화를 겪어온 우리의 경우에 정보 재난과 인프라의 오작동 발생 시 걷잡을 수 없는 파국을 초래하고 그 어느 곳보다 정보 재난의 위험이 상시화할 수 있다고 경고한다.

제3장은 국가 통치권력, 감시 체제, 국가 감시의 매개체로서 사회 기반 인프라 테크놀로지, 이 셋의 관계가 한국 현대사 속에서 어떻게 진화해왔는지를 주로 살핀다. 시대별로 '훈육사회', '통제사회', '빅데이터 감시사회'라는 개념화와 각각의 특징을 통해 한국사회 감시 체제의 변화를 분석한다. 특히 한국사회의 인프라 테크놀로지와 관련해, 1970년대 중반 데이터베이스의 전산화, 1980년대 중반 이후부터 시작된 국가기간전산망 건설, 2000년대 중반부터 시작된 유비쿼터스망 등이 애초 미래 스마트사회 건설을 위해 이뤄졌으나 이들이 의식적이건 무의식적이건 통치형 감시기술의 질적 전환을 위해 활용되었음을 확인한다. 무엇보다 이 글은 과거의 통치 기술들과 함께 향후 국가 감시의 매개 방식에서 빅데이터 기반형 알고리즘 기술을 활용한 통치술이 중요한 권력 매개 수단으로 떠오를 가능성이 높다고 전망한다.

제4장은 '문화융성' 시대 창조산업을 어떻게 제대로 자리매김할 것인가에 대한 논의이다. 이 글은 현 박근혜 정부가 창조산업을 실현하는 방식에서 문화 가치와 경제 가치의 두 마리 토끼를 잡으려는 전망을 갖고 있고, 대체로 경제 가치를 중심으로 문화 가치를 사족화하는 경향이 강하다고 본다. 그 현실주의적 속성을 인정한다 하더라도, 한 나라의 국부에 영향을 미치는 문화산업 혹은 창조산업의 육성이라는 것도 결국 그에 대한 정책 용어법과 분류, 개념 지형을 주도하는 오늘날 국제 정세를 제대로 이해할 때만 가능하다고 판단한다. 그래서 제4장에서는 영국에서 시작된 창의산업 논의 이후 전개된 다양한 국제 문화산업 분류 모델들을 재검토하고 이를 통해 한국형 창조산업이 고려해야 할 중요한 몇 가지 정책 제안들을 제시한다. 특히 호주와 영국을 중심으로 이는 문화산업정책 제안 중 '창의시민(creative citizens)'에

대한 비판적 검토를 통해서, 이용자 잉여활동의 수취를 기본으로 하는 인지자본주의 시대에 우리에게는 어떠한 문화산업 정책적 접근과 대책이 필요한지를 적고 있다.

제5장은 1980년대 중·후반 이후 성장한 국내 디지털 세대론에 관한 글이다. 이 장은 기술친화적 세대로 통칭되는 '디지털 세대'를 시대별로 '신세대(피시통신 세대)', 'IMF 세대(인터넷 세대)' 그리고 '촛불 세대(모바일 세대)'로 구분한다. 이와 같은 디지털 기술에 의한 세대별 구분은 디지털 기술 활용 방식의 차이를 드러내려는 의도가 있다. 물론 신세대 - IMF 세대 - 촛불 세대로 대표되는 시대별 세대 명명법은 미디어 활용과 연령을 그대로 적용하는 '세대위치'보다는 그들을 조건화했던 사회구조적 세대 조건, 즉 '실제 세대'의 모습을 확인하는 데 주목적을 두고 있다. 이 글은 각 청년세대별 미디어-커뮤니케이션 기술의 시대적 조건과 함께 이들을 규정했던 역사·경제·사회·문화 등 구조적 변수를 살펴보고 각 세대별 사회 개입의 실천적 사례들을 추적하여 그들의 세대적 특성을 비교 평가하고 있다.

제6장은 정보와 지식의 사적 전유에 대한 대항 논리로 '카피레프트(copyleft)' 개념과 전통을 논한다. 이 장은 정보공유론의 시각에서 저작권의 공공적 기원을 살피고, 역사적으로 카피레프트의 전통에 서 있었던 기술자유주의적 전통과 예술 역사에서의 반저작권 경향을 주로 검토한다. 즉, 미국을 중심으로 초기 컴퓨터 문화를 주도했던 해커들의 자유로운 협업과 공유의 철학, 그리고 '저자의 죽음'과 이미지 전유의 전통에 섰던 아방가르드 예술과 미디어 행동주의의 사례를 카피레프트의 전통이자 유산의 일부로 강조한다. 이들 두 가지 중요한 문화적 전통들을 살펴보면서 오늘날 우리 현실에서 정보와 지식의 사유화를 역전할 수 있는 카피레프트적 가능성을 생각해보고자 한다.

마지막으로 제7장은 5장 디지털 세대론의 논의에 이어 오늘날 소셜 웹의 온라인 정치에서 세대론의 가능성과 한계를 함께 포착한다. 이론적으로 기술의 사회적 구성론에 기대어 소셜 웹 혹은 SNS 문화의 열림과 닫힘의 변주와 계기를 포착한다. 구체적으로는 지속되는 억압의 계기와 탈주와 자율의 가능성이 어떻게 소셜 웹 문화를 통해 서로 맞부딪치고 굴절하면서 진화하는지를 몇 가지 소셜 미디어의 사회·문화적 측면에서 살펴본다. 이를 통해 소셜 웹 코드 내 억압의 계기에도 불구하고 1980년대 중·후반 이래 성장한 디지털 세대군, 특히 2012년 선거정치에서 보여줬던 '2040 세대'라는 세대연합이 또다시 정치적으로 반복될 수 있는 가능성을 점친다. 구조적 측면에서 전개되는 권력의 폭력성이 강화되면서 이들 청년세대 간 연합을 정치적으로 활성화하도록 독려한다고 판단하기 때문이다. 더불어서 2008년 촛불시위를 통해 성장했던 '촛불(소녀) 세대'와 2014년 4월 16일 세월호 참사로 기성세대와 국가에 대한 불신을 극대화한 10대 청소년들, 즉 '재난 세대'의 전면적 등장 가능성 또한 소셜 웹의 미래 중요한 변수로 파악한다. 아직은 이들 세대군이 신권위주의 권력의 '꼼수'들을 계속해서 폭로하고 그들 스스로 감성의 연대를 가능하게 하는 역동적인 대안공간을 만들 것이라 판단한다.

각 장의 서두에는 요약글을 넣어 독자들의 이해를 돕고자 했다. 각 논문이 애초 쓰인 시점을 감안해 데이터 업데이트 등 수정이 필요한 부분은 최대한 고치려 노력했고, 거의 많은 부분을 새롭게 가감해 쓴 장도 있다. 이 책의 주 독자들은 아마도 관련 연구자, 대학원생, 학부 고학년생일 것이다. 글 자체의 내용이 일반 저학년 대학생들이 접근하기에 어려울 수도 있겠다. 이는 아마도 낯설고 불친절한 필자의 글쓰기 스타일 때문일 것이다. 달리 변명을 하자면 글을 쓰다보면 불끈불끈 감정이 실리곤 한다. 비상식의 현실을 감내하지 못하고 연구실 방구석에서 화를 토하니 글에 힘이 들어가고 감정이 실린다. 그리 진중한 삶의 소양을 갖춘 연구자는 아니라 스스로 되뇌고 반성한다.

이 글들을 모아 쓰는 데 그 누구보다 같은 학교에 계시는 조현석 교수님의 은덕이 컸다. 한국연구재단 과제를 3년여 함께하면서 필자 스스로 한국사회와 최근 정보화 현실에 대해 크게 조망하는 값진 시간과 기회를 얻었다. 학문적 동기를 부여해준 조 교수님께 가슴 깊이 감사한다. 그리고 급하고 거친 글들을 차분히 다듬어준 도서출판 한울의 조수임 씨에게 고마움을 전하고 싶다. 여러 글들의 집합이기에 이곳에 다 감사의 인사를 못 드리지만 필자에게 음양으로 도움을 주신 모든 분들께 이 자리를 빌려 다시 한 번 감사의 인사를 전한다. 마지막으로 이 글이 나오기까지 매일 꼬박꼬박 점심 도시락을 싸주고 이런저런 얘기로 학문적 동지애를 발휘해줬던 이경래에게도 감사와 사랑의 마음을 한가득 전한다. 필자는 어느덧 불혹의 중반을 넘어 지천명의 초입을 향하고 있다. 학문하는 자 늙는다는 것의 두려움은 필자가 하고 있는 공부가 과연 어디에 머무르고 있는지, 그 공부가 과연 무엇인지를 모르고 몸이 노쇠해간다는 것일 게다. 글을 쓰고 발표를 하고 책을 만들어 업적을 쌓은들 무슨 소용이랴. 이번 기회에 이 부끄러운 한 권의 책을 더 큰 정진과 대오각성을 위한 밑거름으로 삼겠다고 독자들에게 겸허히 약속한다.

2014년 9월 2일
이광석

제1장
한국형 기술잉여사회의 형성과 특징

한국형 디지털 사회의 형성과 발전에는 역사적으로 기술의 굴절적 토착화 과정과 과열된 기술 숭배가 크게 자리 잡고 있다. 이와 함께 누리꾼들의 능동적 온라인 활동들이 공존한다. 역사적으로 봐도 인터넷에서 '신'권위주의적 통제와 억압의 계기적 측면이 과도하게 작용했으나, 여전히 아래로부터 누리꾼들의 적극적인 시민 의제 형성을 위한 자율적 움직임은 다른 어느 나라보다 앞서 있다고 평가할 수 있다. 이 글은 한국형 디지털 기술의 전개 방식을 '기술잉여'라는 개념을 통해 투과해보려 한다. 이 글에서 개념화하고 있는 '기술잉여'란 한 사회의 통제 능력 이상으로 기술들이 과도하게 비정상적으로 사회에 착근되어 나타나는 디지털 야만의 상황을 지칭한다. '기술잉여사회'는 바로 이와 같은 기술잉여 혹은 디지털 야만성이 누적적으로 작용하여 나타난 특징적 사회 유형을 지칭한다. 이는 제도 정치의 성숙도에 비해 기술과잉과 잉여에 의해 빚어지는 사회 왜곡과 비정상성이 잦은 우리 사회의 모습을 상징화한다. 이 글에서는 기술잉여사회의 특성을 유형화하고, 중국, 일본, 미국 등 정보기술 영향력의 경쟁 국가들과의 비교를 통해 한국적 기술발전의 퇴행성을 구체화한다. 이 글은 한국의 경우는 국가-자본 공조형 '신권위주의' 기술잉여사회 모델로 특징화하고 있는데, 이는 기업과 정부의 공조와 연합에 의해 굴곡진 기술잉여의 조건들을 한국사회의 지배적인 사회 상상력으로 삼는 특징을 보인다는 점에서 그러하다. 하지만 대안의 커뮤니티적 가치를 공유하려는 시민사회의 잠재성이 여전히 기술잉여사회의 내적 동력으로 작동한다는 점에서 희망이 존재한다고 볼 수 있다.

1. 한국의 '기술잉여사회' 특수성 분석

한국사회에서 디지털 국면을 보여주는 사회의 담화 방식은 상당히 독특하다. 한 국내 아파트 광고를 보자. 어떤 여성이 이웃집 여성에게 자신의 아파트는 전화 한 통화로 원격 조정이 가능하다고 자랑을 늘어놓는다. 가만히 듣고 있던 이웃집 여성은 자신은 아예 전화를 걸 필요도 없이 알아서 자동 기능하는 스마트 환경에서 살고 있다고 맞선다. 더욱 첨단의 기술로 상대 여성을 단번에 기죽인다. 대한민국 아파트 광고는 우리에게 국내 스마트 기술의 현실과 성장 정도를 세련되게 포장하고 있다. 물론 광고 속 신개념의 아파트 공간에서 재현된 기술은 실제 가능한 것이기도 하다. 흔히들 얘기하는 '스마트' 인공지능 기술은 '명품' 아파트의 필수조건이다. 인천 송도 국제도시, 서울 상암동 디지털미디어시티(DMC), 파주의 교하 신도시 등 스마트 지능 도시의 개념은 우리에게 그리 낯설지 않다.

풍요로운 미래의 도시 안에서 응용되는 스마트 기술은 우리 건축의 기본 기술적 조건이 되어간다. 오늘날 광통신망, 모바일 네트워크, 완벽한 보안 장비, 지능형 에너지 관리 시스템, 완벽한 자동 실내 시스템, 무선식별장치(RFID) 칩을 부착한 가전제품, 절전형 전력 관리 등이 도시형 아파트 입주의 기본 옵션이 된다. 화재 위험이 있는 전열 도구를 켜놓은 채 외출했을 경우 집주인이 이를 인지할 수 있는 방법이 없었다. 하지만 이도 스마트 기술이 결합되면 아파트 내부의 인공지능 설비에 의해 자동 제어된다. 마치 생각하는 인공지능 로봇처럼 이용자들이 원하는 바를 미리 알아서 해주는 '사물인 터넷(Internet of Things)'의 그야말로 스마트한 세상이다. 그럼에도 좀 더 현실적인 감각을 동원해보면, 우리에게 스마트 기술형 명품 도시란 대체로 부동산 가격의 프리미엄을 얹을 수 있는 부가적 옵션에 머물거나 아파트 건설 경기 부양과 동조한다. 첨단의 기술이 건설 경기에 들러리를 서는 것이다.

새로운 기술을 사회 저변에 응용하는 주류적 방식을 잘 따져보면 그 사회의 기본적인 기술 철학과 문화의 색깔이 드러난다. 역사적으로 한국사회는 이미 1990년대 중후반 이후로 건설업자들의 부동산 경기 부양과 정부의 초고속 인터넷 경비 절감이라는 이해관계가 맞아떨어져 '초고속정보통신건물 인증제도'를 도입해 성장의 동력으로 삼은 바 있다. 즉, 건설업자들이 경쟁적으로 이를 도입해 프리미엄을 얹어 아파트를 매매했고, 정부나 통신업자는 비용도 절감하면서 인구밀집형 아파트의 초고속 인터넷 가입자를 손쉽게 늘리는 효과를 거뒀다.[1] 당시 '초고속정보통신건물 인증제도'는 오늘날 기술적으로 '유비쿼터스'나 '스마트' 논리와 결합하거나 소비심리적으로는 명품 아파트 붐과 결합하면서 건설 경기를 떠받치고 기술주의적 삶의 방식을 이상화하는 촉매제 구실을 해왔다. 최근에는 전 국토의 물리적 네트워크망 구축이 포화상태에 이르자 대규모 건설투자사업(유비쿼터스 도시, 엑스포, 공항 등)과 첨단 기술이 결합하는 방식으로 정보화 인프라 정책 사업 영역을 확보하려는 대단히 최신의 욕망도 엿보인다(윤상오, 2014). 여기서 우리는 그 긍·부정을 떠나 대단히 한국적인 기술 토착화의 특징적 역사를 엿볼 수 있다.

제1장에서는 이 책을 아우르는 개념이기도 한, 한국사회의 디지털 기술 발전의 양상을 '기술잉여사회(Techno-glut Society)'라는 용어를 써서 개념화하려 한다. 필자가 보는 '기술잉여'란 한 사회의 통제 능력 이상으로 기술이 비정상적이거나 굴절적으로 과도하게 활용되는 상황을 지칭한다. 기술잉

---

1 즉, 건설업자들은 초고속인터넷이 가능한 인입선들을 책임지고 정보통신부로부터 인증을 받아 프리미엄을 받을 수 있었고, 일반 통신업체들은 인입선까지만 책임지고 망 설치 비용을 절감하는 효과를 거두었으며, 정부는 인터넷 가입자를 늘려 정보화 경제로의 체질 개선을 도모할 수 있었다.

여는 단일의 특정한 정보기술의 현 상태만을 지칭하는 것이 아니라 한 사회에서 시계열적이고 누적적으로 진화하는 정보기술 특유의 굴절된 기술문화 전체에 해당한다. '기술잉여사회'는 이와 같은 기술잉여를 특징적 요소로 삼아 오래 누적된 사회 형태를 뜻한다고 볼 수 있다. 즉, '기술잉여사회'란한 사회의 통제력에 비해 기술과잉과 잉여에 의해 빚어지는 왜곡과 뒤틀림 현상이 잦은 사회 형태를 지칭하는 말로 사용한다. 제임스 베니거(James Beniger)식으로 보면(Beniger, 1986), 대개 기술은 권력의 합리적 통제와 위기관리를 위한 실용적 수단으로 등장한다. 이 글에서는 반대로 그 역의 국면을 가정한다. 한 자본주의 정보기술이 (자본과 국가) 권력의 기술 장치로 주로 용도 전환하면서 그것이 외려 통제 위기를 불러오는 상황을 자주 연출하기 때문이다. 정보기술의 오작동, 기술과잉화, 무용성의 기술, 대안적 자율 기술의 등장 등 권력의 통치기술을 위협하거나 그 통제력을 뒤흔드는 경우가 항상 공존한다. 이 점에서 베니거식 접근 방식과 반대로 이 장의 '기술잉여사회' 논의는 정보기술을 체제위기 관리의 수단이나 도구가 아닌 체제 형식을 매개하는 특수한 부정적 반영체로도 간주한다.

기술잉여와 비슷한 용어로 '정보과잉(Information overload)'이 있다. 정보과잉은 한 사회의 기술적 가용 능력이 부족해 정보 통제능력을 상실하는 상황을 의미한다. 예를 들어 비정형 데이터의 폭주에 상응해 빅데이터를 처리할 능력이 부족하거나 당대 사회의 정보 인프라 수준이 낮아서 정보 '필터링'에 실패한다면, 이는 정보과잉의 상황이다(Shirky, 2008). 기술잉여와 정보과잉의 본질적 차이는, 기술잉여는 기술에 틈입한 사회적 자장들 때문에 발생하고 사회적 수준의 치유가 동반되지 않으면 개선되기 어려운 반면, 정보과잉은 기술 단계를 업그레이드하거나 개선함으로써 쉽게 과잉 수준을 조절할 수 있다는 점이다. 다시 말해 정보과잉은 기술적 향상을 통해 주기적으로 개선되는 실용론적 해답이 있다. 반면 기술잉여 현상은 사회적 질곡과 합쳐지면서 누적되는 특유의 기술문화로 인해 형성되는 구조적 속성을 지니고 있기에 이를 단번에 개선하기란 쉽지 않다.

　대한민국은 통신문화가 시작된 1980년대 중후반부터 살펴보더라도 디지털 기술의 발전에서 특별한 문화를 만들어냈다. 한국은 마이크로소프트 (MS)의 웹 브라우저가 90% 이상 압도적으로 시장을 지배하는 유일한 나라이다. 아직도 대부분의 관공서와 은행 등의 사이트는 MS 브라우저에 '최적화'라는 이름으로 액티브X 응용프로그램을 과용하여 다른 플랫폼과의 호환을 불가능하게 만드는 특이한 문화가 있다. 이들 공공기관에서 보안을 위한 수많은 공인인증 장치를 걸어놓았으나 개인정보 오·남용 및 유출에서는 가히 세계 최고 수준이다. 그러면서도 아직 아래한글의 독자적 문서포맷을 지키는 곳이기도 하다. 포털도 마찬가지다. 구글 검색의 아성이 대부분의 나라를 잠식할 때도 국산 포털 네이버가 여전히 국내 방문자의 '주목 경제 (attention economies)'를 장악하는 최대 플랫폼이다. 우리의 독특한 사회문화적 결들이 디지털 기술과 접붙고 후자를 통해 투사되는 결과다. 근래 소셜 웹 문화의 근저에서도 이와 같은 독특한 한국형 기술잉여의 형성이 '양식 (mode)'으로 굳어져 누적되는 모습을 보인다. 소셜 웹의 과도한 정치 휘발성, 권력집단에 의한 정보조작 가능성 등은 이미 충분히 한국적인 소셜 웹 문화의 진화 과정을 보여줬다.

　이 책의 총론격인 제1장에서는 '기술잉여사회'의 내용을 살피고 한국형 기술잉여의 특징들에 대한 가닥을 잡는 탐구 방식을 취한다. 구체적으로는 다음과 같은 수순을 취한다. 기술잉여사회의 개념과 특징들을 살피고 그것의 구체적 구성요소를 모델링한다. 이어서 우리의 기술 경쟁국으로 취급되는 몇몇 국가에 대한 기술발전의 유형화 작업을 거칠 것이다. 이를 통해 이 경쟁국들과 달리 국내 기술잉여 문화의 형성에 어떤 요인들이 상호 얽혀서 독특한 기술적 토착화를 거쳐 우리만의 기술잉여사회의 '로컬화(localization)' 과정에 이르렀는지를 구체적으로 살펴보려 한다.

2. 기술잉여사회의 유형화를 위한 모델링

한 국가의 기술 발전의 질감을 논하는 방식에는 여러 접근과 잣대가 존재한다. 오랫동안 정보기술의 구조적 분석을 수행했던 관련 이론가들의 유형화 방식을 살펴보자.

먼저 비판적 기술철학자 앤드루 핀버그(Andrew Feenberg)는 인터넷의 진화방식과 관련해 세 가지 모델을 제시한다(Feenberg, 2012: 11~14). 핀버그는 인터넷 문화 발전의 방향을, '정보 모델(the information model)', '소비주의 모델(the consumption model)', '커뮤니티 모델(the community model)'로 크게 범주화한다. '정보 모델'은 인터넷의 역사로 보면 초기 국면에 특징적으로 볼 수 있었고, 개인 각각의 개별 가치에 기반을 둔 정보기술의 확산과 접근권을 보장하는 움직임에 해당한다. '소비주의 모델'은 1990년대 중반 이후에 인터넷의 상업화로 촉진된 정보기술 내 기업 가치의 지배적 경향을 의미한다. 핀버그는 이 모델이 자본주의 성장과 지식 유통에 관여하지만 정보기술의 공유문화를 훼손하면서 기술발전의 주류 모델로 성장하고 있다고 본다. 마지막으로 '커뮤니티 모델'은 인터넷의 최근 국면인 소셜 웹을 주목하면서 유형화한 것인데, 민주적으로 가치 있는 커뮤니티 형성에 기여하는 온라인 기술의 가치를 주목하고 있다. 정리해보면 핀버그는 개인 - 기업 - 커뮤니티라는 층위에서 인터넷의 발전 모델을 단순 분류하고 있다. 특히 그는 기업주의에 기반을 둔 '소비주의 모델'에 대해 부정적 평가를 내리는 반면 온라인에 기댄 '커뮤니티 모델'은 향후 사회의 보편적 민주 가치 향상이라는 점에서 대단히 긍정적으로 평가한다. 핀버그는 이렇듯 서로 다른 차원을 통한 접근법들의 상반된 평가 논의 속에서 인터넷 발전의 유형화를 시도한다.

소셜 웹 이론가 클레이 셔키(Clay Shirky)의 경우는 그의 유형화 논의를 인터넷 전반의 기술적 논의보다는 소셜 웹 기술문화에 제한하고 있다(Shirky, 2010). 그는 네 가지 가치에 기반을 둔 유형 분류를 시도한다. 셔키는 관계

친화적 소셜 웹의 긍정적 공유와 소통 유형을, ① 개인적 가치 공유, ② 공동체적 가치 공유, ③ 공적 가치 공유, ④ 시민적 가치 공유로 구분한다. 먼저 그가 보는 '개인적 가치 공유'란 개인들 사이에 이견을 통합하면서 만들어내는 가치 공유 형태로 그 이득이 개인에게 돌아가는 공유 방식이다. 둘째, '공동체적 가치 공유'는 온라인 동호회의 긍정적 역할과 비슷하다. 이는 참여자 서클 내부의 구성원 이익을 위해 주로 봉사한다. 셋째, '공적 가치 공유'는 리눅스 등 오픈소스 소프트웨어 개발과 같이 개방과 협업에 기초한 정보의 개방적 가치 공유 체제이며, 그 이익이 내적 공동체로 향하기도 하지만 일부는 바깥 사회에 기여하기도 한다. 사실상 셔키가 커뮤니티 효과를 내·외부로 보고 이를 공동체 가치/공적 가치 공유로 나누고 있으나, 핀버그식으로 해석해보면 이 둘은 '커뮤니티 모델'로 합쳐 부를 수 있는 개념으로 보인다. 마지막으로 셔키가 언급했던 '시민적 가치 공유'는 모든 가치가 참여자들이 속한 사회로 가는 경우다. 우리가 흔히 정치적 가치 혹은 민주주의적 가치라 부를 수 있는 것이 마지막 분류 범주인 듯싶다. 셔키의 입장에서는 소셜 웹을 통해 우리가 무엇보다도 지향점에 둬야 할 덕목이자 한 사회의 민주적 발전을 위해서 마지막 '공적 가치 공유'와 '시민적 가치 공유'를 배양하는 것이 우선되어야 한다고 본다.

핀버그와 셔키에게 공통점이 있다고 본다면, 이들의 유형화에는 대체로 커뮤니티, 공적, 시민적 층위가 강조된다. 즉, 디지털 기술이 직접적으로 네트워크 사회와 관계 맺는 밀도가 높은 층위에서 발생하는 가치 공유를 상대적으로 크게 강조하는 분류법들이다. 이와는 달리 오랫동안 정보사회 이론을 연구했던 영국의 로빈 만셀(Robin Mansell)의 경우에는 정보사회의 발전을 보는 데 '사회적 상상력(social imaginaries)'이라는 개념을 사용해 디지털 기술의 여러 층위의 복합적인 사회 영향력의 헤게모니 각축을 표현한다(Mansell, 2012)는 점에서 그 설명력이 좀 더 유연하고 구체적이다.

만셀의 '사회적 상상력'의 개념은 정보기술의 발전에 대해 여러 층위의 비전들이 결합되면서 한 사회의 미래 방향의 벡터를 그려가는 각축장을 전제한다. 구체적으로 사회적 상상력은 '지배적 사회 상상력'과 '대안적 사회 상상력'이 혼재하는 것으로 묘사된다. 예컨대 전자는 지배질서(통치권자, 기업가 등)에 의해 사회적 상상력이 발동된다고 본다면, 후자는 대안 공동체(해커 집단, 오픈소스 공동체, 온라인 시민운동, 아마추어 이용자 등)에 의해 상상되고 설계되는 기술 질서다. 만셀의 사회적 상상력은 바로 이 양자 간 헤게모니 각축과 힘의 우위에 의해 그려지는 미래 벡터다. 양자 간 쟁투의 장은 다시 기업 비전, 과학기술 비전, 정치 비전, 시민사회 비전의 네 하위 범주로 나눠진다. 그는 이렇듯 네 개의 하위 범주 속에서 상호기술 상상력과 관련한 헤게모니 각축의 장을 상정한다.

만셀의 경우는 각 층위별 지배와 대안 간 각축전을 대비시킨다는 점에서 앞서 핀버그와 셔키의 유형화보다 좀 더 유동적이고 구체적이다. 만셀은 기업 비전이나 과학기술 비전과 같이 특정 상상력에 의해 지배되는 장들에서도 대안적인 사회 상상력의 활력을 발견하고 그 속에서 각축이 벌어진다는 관점을 견지한다. 예컨대 핀버그가 단순히 소비주의 모델을 시장주의적이라 해서 배제하거나 셔키가 개인적 가치나 공동체적 가치 공유를 상대적으로 낮은 공유수준으로 봤던 것과는 다르다. 다시 말해 만셀은 기술을 사유하는 사회적 상상력의 수준이나 층위 각각에서 지배-대안 질서 간에 끊임없이 벌어지는 경합의 과정을 가정한다.

핀버그(기술철학), 셔키(소셜 웹), 만셀(정보이론) 등 기술사회의 유형화가 서로 다르긴 하지만 이들은 한 사회와 기술이 어떤 관계를 맺고 발전하는가에 대한 구조적 물음을 공유한다. 이들의 기본적인 문제의식과 유형화 방식을 참고해서 필자가 서두에 개념화한 '기술잉여사회'를 구성하는 요소들에 대한 구체적 밑그림을 그려보려 한다. <표 1-1>은 이들의 이론적 논의를 참고해 기술-사회의 관계를 층위별로 나눠 각각의 경합 요인까지 살펴보고 있다. 먼저 만셀의 기술을 둘러싼 사회적 상상력에 지배-대안 사회적 상상

<표 1-1> 기술잉여사회의 양가적 조건과 가치 층위들

	1. 기술잉여적 사회 요소	2. 기술민주주의적 사회 요소
	A-1	A-2
A. 기술 가치	기술주의(중립성, 사회진보) 기술 전문가주의 읽기문화 지배 시장기술 주도(저작권 기술보호) 기술과잉	기술의 사회형성론(공진화) 기술 아마추어리즘 쓰기문화 / 제작기술문화 부상 사회문화적 기술(커먼즈 라이선스) 중간 / 적정기술
	B-1	B-2
B. 개인 가치	온라인 표현의 책임 강조 효율성(서비스) 논리 데이터 활용론 데이터 생산 및 가공 차별적 액세스 / 정보격차	온라인 표현의 자유 강조 개인정보 보호 논리 데이터 보호론 데이터 익명성 및 프라이버시 동등한 정보 액세스 / 리터러시 확대
	C-1	C-2
C. 기업 가치	정보 희소성 강조 시장재산화, 시장 자유 기술정보의 사유화 지적재산권 강화 신자유주의 경제 / 닷컴 이후 경제 과잉 소비와 잦은 갱신 강요	정보 풍요 강조 사회 공공재화, 사회적 책임 기술정보의 커먼즈화 대안적 재산권 모델 성장 사회적 경제 / 공유형 경제 합리적 소비
	D-1	D-2
D. 커뮤니티 가치	온라인 권능 강조 정보의 관리자 통제 엘리트 주도 기술 지원 체제 강화 개별 능력 강조 팀제 위계 구조	온-오프 권능 강조 정보의 집단 통제 (온라인) 커뮤니티 주도 기술 매개 체제 강화 협업 강조 수평적 자치 구조
	E-1	E-2
E. 정치 가치	위로부터의 거버넌스 정보 진흥 기술 실용과 성장 논리 시장 강화론 정보비밀 정보 오·남용 통제 불능 온라인 극우문화 성장	아래로부터의 거버넌스 정보 인권 기술 평가와 공익 논리 사회 공유론 정보공개 정보 오·남용 감독·감시 온라인 '소셜' 정치문화 성장

력 간 헤게모니적 각축 관계에 빗대어서, 표에서는 횡축에 '기술잉여적 사회 요소'와 '기술민주주의적 사회 요소'의 대칭 관계로 각각 표현하고자 했다. 종축에는 앞서 이론가들의 논의를 고려해 한 사회의 기술을 둘러싼 층위를, '기술 가치', '개인 가치', '기업 가치', '커뮤니티 가치', '정치 가치'로 구분했다.

한 사회 내의 지배(기술잉여적) - 대안(기술민주의적)의 상반된 접근과 상상력을 기축으로 삼아 각각 5개의 가치 경합 층위를 나눠보면, <표 1-1>에서처럼 모두 10개의 조합(A-1에서 E-2까지)이 만들어진다. 일국의 차원에서 보면 이들 5개의 상반된 상상력에 추동되는 10개의 각 조합과 이들 간의 연계에 의해 기술의 지배적 사회질서와 헤게모니 각축이나 전선에 차이와 특성이 드러난다고 볼 수 있다. 이 글에서 개념화한 사회의 기술잉여적 특성은 왼쪽 종축 계열(기술에 대한 지배적 사회 상상력이자 기술잉여적 요소들)과 이들 간 연계된 기술권력, 그리고 오른쪽 종축 계열(기술에 대한 대안적 사회 상상력이자 기술민주주의적 요소들)의 아래로부터의 힘 사이의 헤게모니 경합 속에서 구체화된다. 예를 들어 전자(왼쪽 종축 계열들 간의 가중치)에 힘이 훨씬 더 쏠리는 상황이 장기간 고착될 때 기술잉여사회로의 길이 가속화한다.

다음 글에서는 한국 기술잉여사회의 유형을 좀 더 다차원적으로 보기 위한 방식으로, 먼저 우리의 기술경쟁국에 해당하는 국가들의 기술잉여사회의 모습에 대한 사례 스케치를 시도한다. <표 1-1>에서 봤던 기술잉여사회의 층위들에 견주어 우리와 기술경쟁적인 관계를 맺고 있는 주요 국가들의 정보사회적 특징과 함께 우리와 다른 기술잉여적 특징과 요소가 무엇인지를 간단히 살펴볼 것이다. 구체적으로 디지털 문화와 신경제 기업의 본산인 '미국형(웹 기업 주도형, C-1 주도형)', 소비자형 개인 가전과 오락산업의 주도력과 개인 온라인 프라이버시에 민감한 사회인 '일본형(개인 지향형, B-2/C-1 결합주도형)', 그리고 강력한 경제력을 바탕으로 새롭게 디지털 경제로 쾌속 질주하나 여전히 낙후한 정치적 체제와 미묘한 갈등을 빚는 '중국형(권위주의 정치형, E-1 주도형)'으로 나눠보고, 이들이 갖는 한국형 기술잉여사회와의 차이를 살피고자 한다.

3. 기술잉여사회의 주요 국가별 특징

1) 미국의 '웹 기업형(C-1 주도형)' 모델

미국은 스마트 미디어의 선도적인 글로벌 기업들을 통해 자국과 전 세계 디지털 경제와 문화를 형성하고 주도해왔다. 예를 들어 스마트 문화의 국내 대중화에 촉매 역할을 했던 애플은 수십 년 이상 축적된 소프트웨어 기술을 기반으로 하드웨어 시장을 공략하고, 이제 스마트 미디어의 역사를 새롭게 쓰는 기업으로 자리 잡았다. 이용자들의 '잉여짓' 혹은 삶 활동에 해당하는 '집단지성'의 시장 내 가치화와 이를 통한 새로운 이윤 창출의 방식에서 미국은 독보적이고 가장 선진적이다. 닷컴 버블 이후에 애플, 아마존, 구글, 트위터, 페이스북, 플리커 등은 미국과 전 세계의 후기 신경제와 웹 문화를 움직이는 중심 기업이 되고 있다. '웹 기업형'이라는 타이틀의 의미는, 이들 미국 기업이 전 세계 디지털 경제를 주도하는 것과 마찬가지로 자국 내 정보통신 정책 지형에서 실제 힘을 발휘하고 대중문화 형성에까지 직접적인 영향을 미친다는 점이다.

아이팟, 아이패드, 아이폰 등은 한 컴퓨터 제조업체가 개발한 제품 이상의 의미를 지닌다. 애플 문화는 최근까지 디지털 소비와 이용자 문화의 새로운 경향을 창조하고 선도해왔다. 애플은 보편화와 다원화를 중심 키워드로 자국의 디지털 컨버전스 문화의 형성에 개입할 뿐만 아니라 인터넷 및 사이버 문화 활동 등 네트워크로 연결된 전 세계의 문화 소비성향을 애플형 소비문화로 보편화해왔다. 예를 들어 아이폰을 통한 애플리케이션의 구매는 애플 아이튠즈를 통해 전 세계 유저들이 접속하여 구매하거나 프로그램을 개발하여 어디서든 올릴 수 있는 시스템을 구비한다. 애플의 시장 영향력에서는 2009년 말 아이폰의 국내 수입 지연이 종결되고 기기 판매가 개시되면서 한국 내 미디어 통신산업의 지각까지 뒤흔들어왔다.

애플의 동력은 잘 알려진 대로 바깥의 이용자 문화를 기업 내부의 스마트한 기술로 재전유하는 능력에 있다. 이는 단순히 기업이 생산 영역에만 머무르기보다는 소비 영역의 유저 문화를 내적 생산과 소비의 영역으로 자가발전시키는 능력이다. 즉, 애플은 강성 유저들, 즉 애플'빠'들의 자율적인 기기추종 의식과 '애플 문화'를 소비자들 간 내적 유대 정서로 삼아 자연스레 이를 시장 지배력으로 끌어들이는 힘을 지녀왔다. 소비자들 스스로가 애플 공동체 문화에 대한 소속감을 만들어내고 이와 같은 애플 신화를 통해 소비문화를 자가 확산·증식해왔던 것이다. 이는 이를테면 '산업의 문화화(the culture-ification of industry)'에 해당한다. 반면 구글의 운동 방식은 지식과 문화를 시장과 산업 쪽으로 끌어들여 '문화의 산업화(the Industrialization of culture)'를 도모한다. 즉, 구글에서는 살아 움직이는 누리꾼들의 지식생산과 아마추어 문화 생산물들을 자본의 것으로 재가공하고 내화하는 능력이 곧바로 기업의 이윤과 직결된다(Lash and Lury, 2007: 9).

애플, 구글, 페이스북과 트위터 등 소셜 미디어 업계의 미국식 '리믹스' 경제[2]는 이용자의 창의력을 전유하여 이를 시장가치화하면서 새로운 후기 자본주의적 이윤 하락의 위기에 돌파구를 마련하려 한다. 오늘날 소셜 웹 기업들이 과거 기업들과 다른 점은 간혹 자신들이 정치와 사회 혁신의 기수인 듯 행동하기도 한다는 데 있다. 예를 들어 이들 '웹 2.0형' 기업들은 미국뿐

---

2 '리믹스(remix)'란 뒤섞음을 통한 새로운 창작을 수행하는 디지털 문화의 가장 큰 특징이다. 미국식 자본주의 문화경제는 이용자들의 온라인 '리믹스' 활동들(이미지, 텍스트, 동영상의 빅데이터 생산활동)을 새로운 이윤 동력으로 삼고 있다. 이렇게 새롭게 등장하는 이용자 창의 놀이의 수취경제 유형을 리믹스 경제로 파악할 수 있다.

만 아니라 종종 중국과 한국 같은 국가들에 진출하면서 미국식 기업문화와 '소비민주주의'적 가치도 함께 수출해왔다. 구글이나 트위터 개발자들은 마치 그들 스스로 표현 자유의 투사인 양 중국 등 권위주의 국가들에 대놓고 불편한 심기를 드러내기도 했다. 혹은 그들의 기업 윤리가 한때 국내에서 시행된 인터넷 실명제 등 보수적 정보정책과 부딪힐 때는 상대적으로 미국 소셜 웹 기업들의 자유주의적 시장 가치들이 부각되기도 했다. 지역 국가의 소비자들을 위해 자유주의 시장에 기반을 둔 좀 더 유연한 소비권리를 확보하라는 미국의 무역통상 요구는 중국과 한국의 (신)권위주의 기반 정보 정책과 종종 마찰을 빚으면서 마치 미국 웹 기업들이 민주주의의 투사처럼 비춰지는 현상을 낳기도 했던 것이다.

미국은 자국의 리믹스 경제를 주도하는 웹 기업문화 지향 모델(C-1)이 지배적인 기술잉여사회의 특징이라 볼 수 있다. 반면에 아래로부터의 기술민주주의적 기류, 즉 기술, 개인, 공동체 가치(A-2, B-2, D-2) 영역에서의 긍정적 기류도 포착되는 나라가 미국이다. 예컨대 기술 소비자운동 혹은 커뮤니티 운동에서 무선인터넷의 공동체적 공유운동으로 알려진 '와이파이(Wi-Fi) 커뮤니티 운동',[3] 애플 아이폰의 기술적 록인(lock-in)[4]에 대항한 '탈옥(jail-breaking)'[5]의 이용자 문화, 극도로 상품화된 저작권 경향을 누그러뜨리는

---

3 미국 내 와이파이 운동은 철저히 공유의 철학에 기초한다. 시민단체들과 시당국이 무료로 시민들이 인터넷에 접속할 수 있는 '핫스폿(hotspots, 와이파이 안테나 반경이 미치는 전파 대역으로 한국에서는 와이파이 존이라 부른다)'을 계속해서 구축해나가기 때문이다. 무선랜 카드와 컴퓨터만 있으면 어디서든 차별 없이 인터넷에 접속할 수 있고 주파수만 잡히면 서로 나눠 쓴다. 미국에서는 샌프란시스코, 시애틀, 오스틴 등이 와이파이 운동의 진원지로 꼽힌다. 하지만 통신사들은 이와 같은 소비자 공유문화를 사유화하려 했다. 거대 통신사들이 만들어내는 좀 더 확대된 무선인터넷 반경과 품질로 시민사회의 무선 인터넷 권역을 점차 평정해가고 있다.

4 '록인'의 사전적 의미는 안에서 걸어 잠근다는 뜻이다. 즉, 특정의 기술, 자본력, 노하우 등을 통해 시장의 진입장벽을 만들어 외부자의 침입이나 경쟁을 막는 데 그 목적이 있다. '록인'은 주로 독점과 카르텔을 위해 대자본이 쉽게 취하는 방어막이다.

'크리에이티브 커먼즈 라이선스(CCL)'[6] 운동의 성장과 국내외 확대 등은 디지털 시대 이용자, 공동체적 권리와 가치를 확보하려는 아래로부터의 기술 문화를 상징한다.

미국에 새로운 자본주의 시장형성을 주도하는 첨단의 사기업들에 의한 기술 혁신과 자본 전유의 과정에도 불구하고, 샌프란시스코 등 캘리포니아 지역의 커뮤니티 문화에 기반을 둔 풀뿌리 기술운동이 동시에 존재한다. 그럼에도 미국 서안의 히피 자유주의문화와 공동체적 특성과 경향이 실리콘밸리 중심의 디지털 정보 생산지에 많은 부분 흡수되면서 닷컴 시장 주체들에 힘을 실어주는 웹 기업 가치에 의해 포획된 측면이 크다고 보아야 한다.

기술에 대한 사회적 상상력 측면 중에 정치적 가치도 그리 긍정적이지만은 않다. 예컨대, 미국 국가안보국(NSA)은 자국의 정보는 물론이고 전 세계의 정보 데이터를 관리하는 빅브러더형 빅데이터 감시센터를 유타 주에 만들었다(Bamford, 2012 참고). 또한 이들 정보기관이 '프리즘(PRISM)'이라 불리는 감시 알고리즘을 이용해 구글과 페이스북 등 인터넷기업들을 대상으

---

5 한 때 미국에서 애플이 이용자들과 법정 공방으로 시끄러웠던 적이 있다. 논의의 핵심은 애플의 '위젯(widgets)' 서비스라고 알려져 있던 터치스크린폰 혹은 스마트폰의 부가 콘텐츠 앱 이용 기능과 관련이 있다. 유저들은 아이폰의 출시 이래 지난 수년간 '탈옥'을 통해 기술적으로 닫혀 있는 애플의 모바일 앱 서비스를 풀면서 수많은 앱을 공짜로 내려 받아 써왔다. 애플의 사장 스티브 잡스(Steve Jobs)는 이에 대한 대응을 공격적으로 수행했다. 열성 이용자들의 아이폰 '탈옥'이 저작권 위법인가 아닌가가 미국 사회에서 크게 쟁점화됐다. 아이러니하게도 이용자들의 탈옥문화는 애플 기업 운영체제의 기술적 코드를 민주화하고 더 경쟁력 있는 위젯을 만드는 계기가 되었다.

6 미국 법학자 로런스 레식(Lawrence Lessig)과 시민운동가들이 함께 만든 '크리에이티브 커먼즈' 라이선스(Creative Commons License: CCL)는 오늘날 대중화된 저작권 개혁운동 중 하나로 자리 잡았다. 국내에도 법학자들의 소개로 이 CCL이 보급되고 있다. CCL은 정보와 미디어 콘텐츠의 무리한 사유화와 불공정의 관행에 제동을 걸기 위한 또 다른 공정 시장 기제에 해당한다. 이는 저자 스스로 자신의 저작물 권리를 정함으로써 제3자 이용의 자유를 신장시킨다. 다양성과 창작과잉의 시대에 걸맞은 저작물에 대한 최소한의 소극적 권리 모델인 셈이다.

로 해서 사용자 정보 수집을 폭넓게 해왔다는 사실이 폭로되면서, 미 연방국가의 자유주의적 가치 추구라는 정치이념이 이율배반적이었음이 만천하에 드러났다(강한 E-1의 출현).

결국 미국은 기술-사회 관계 측면에서 보자면 웹 기업 주도(C-1)의 지배적 패권 경향 속에서 기술, 개인, 시민가치(A-2, B-2, D-2)가 시장의 동력으로 흡수되는 경향이 강하다. 물론 시장 안팎에서 요동치는 오픈소스기술 공동체의 발전, 온라인 개인 표현의 자유, 공유경제형 기업 모델들의 성장, (정보)커먼즈 등 디지털 공유지에 기반을 둔 공동체 가치(A-1, B-1, C-2, D-1) 등 미국의 대안적 민주주의적 가치는 다른 어느 나라에서도 보기 드문 강한 기술적 전통이다. 무엇보다 새롭게 주목할 대목은 프리즘과 같이 빅데이터 기반의 국가 정보통제의 부정적 정치 가치의 상상력(E-1)이 새롭게 기술잉여적 요소로 부상하고 있다는 점이다.

2) 일본의 '개인 지향형(B-2/C-1 결합주도형)' 모델

시장조사 기관인 일본 야노경제연구소가 자국 내 소비자 1만 명을 대상으로 인터넷 조사한 결과에 따르면, 25.5%에 이르는 사람들이 스스로를 '오타쿠(オタク)'라고 응답했다고 한다.[7] 일본인 4명 중 1명은 스스로 오타쿠라고 생각하거나 다른 사람에게 오타쿠라는 말을 들은 적이 있다고 한다. 애니메이션 등 문화콘텐츠를 집중적으로 소비하며 파고드는 마니아적인 젊은이를 일컫는 오타쿠라는 용어가 일본 문화를 상징하는 말로 통용된 지 이미 오래다. 오타쿠는 단순한 팬이나 마니아 차원이 아니라 특정 분야를 너무 좋아해 전문가 수준에 오른 사람들을 일컫는다. 이들은 일본 대중문화 파워의 원동력이자 전문성을 갖고 1980년대 이후 일본의 비디오게임과 오늘날 인

7　김도형, ≪한겨레신문≫, 2011년 10월 31일 자.

터넷의 기초와 문화를 주도했던, 소위 '신인류'라 불리던 서브컬처 그룹들과 세대적으로 그리고 취향적으로 겹친다(大澤真幸, 1995). 최근에는 '생비자(prosumer)' 개념 등이 떠오르면서 오히려 '오타쿠계(系) 문화(東浩紀, 2001, 2007 참고)'[8]가 전 세계로 퍼지고, 인터넷과 디지털 산업의 발달과 확대에 힘입어 그들의 국내·외적 영향력이 더 커지고 보편화되고 있다. 이 점에서 일본은 사회적 상상력의 측면에서 보면 개인가치(B-2)가 기술발전의 주요 긍정적 동력으로 기능해왔다고 볼 수 있다. 그들 중에 특히 1980년대 전후 출생한 이들로 1990년대 중반 이후 일본 대중문화를 선도한 '제3세대' 오타쿠 계열이 일본의 문화산업과 떼려야 뗄 수 없는 가장 긴밀한 세대라고 볼 수 있다. 이들을 겨냥했던 <신세기 에반게리온>이라는 TV애니메이션이 당시 대단한 인기를 얻고 이것이 만화, 게임 등 엔터테인먼트 영역으로 확대되면서 일본 내 오타쿠 세대의 하위문화는 문화산업 안에서 점차 계열화하기 시작한다. 이들 세대의 특정 캐릭터들에 대한 의사숭배 현상인 '모에(萌え)' 문화는 개인적 취향은 물론이고 일본 문화산업을 이끈 주요 동력이기도 했다(김태용, 2009).

소니가 만들어왔던 '소니 스타일'은 일본식 '오타쿠계 문화(B-2)'를 기업가치(C-1)로 변형하는 데 핵심적 역할을 수행했다. 소니는 60여 년 이상을 오락·문화 산업에서 잔뼈가 굵은, 그 나름의 디지털 문화에 접속하는 데 일가를 이뤄왔다. 또 100여 년이 넘게 오로지 게임 하나로 승부수를 던진 닌텐도 같은 휴대용 혹은 콘솔 오락기 제조사의 영향력이 일본의 현 단계 오타쿠 문화를 움직이는 가장 큰 힘이라 볼 수 있다.[9] 무엇보다 오타쿠 문화의 컨버

---

8 아즈마 히로키(東浩紀)가 '오타쿠 문화'에 '계'를 붙인 근거는 오타쿠의 계보학적 혹은 세대별 차이와 발전의 양상을 일본사회에서 발견했기 때문이다. 그는 1960, 1970, 1980년대 전후 출생자의 인구통계학적 세대 구분과 당대 언더그라운드 문화 소비의 차이를 근거로 오타쿠 문화의 역사적 결을 좀 더 세분화하면서 동시에 확장하고 있다(東浩紀, 2001: 23~24 참고).

전스적 가치를 확대했던 측면은 '아키하바라(秋葉原)' 지구의 존재적 측면이 크다. 우리에게 컴퓨터키드의 꿈을 키워주었던 세운상가가 개발과 재개발의 도시정책으로 사멸한 비운의 사례라면, 반대로 일본의 아키하바라는 오타쿠를 위한 장소적 응집지이자 문화적 자양분이 된 경우다.[10] 아키하바라는 오타쿠의 라이프스타일을 유지하고 성장하게 만든 근거지였다. 예를 들어 <아키하바라 오타쿠들(Akihabara Geeks)>(2005)이라는 단편 다큐멘터리 영화를 통해서 우리는 그곳에 거주하는 서로 다른 오타쿠를 만날 수 있다. 그곳에서 서로 다른 라이프스타일을 갖고 자신만의 전문 영역을 갖고 조화롭게 공존하는 이들은 다름 아닌 게임 개발자, 전기부품상, 컴퓨터수리공, 시급 종업원이다. 이들은 자신의 영역에서 마치 홀리듯 일하며 일본의 패전 이후 형성된 아키하바라 지구에서 오타쿠의 혼성 문화를 함께 만들어낸다. 더불어 오타쿠 문화는 소니나 닌텐도의 상업 문화에서도 줄곧 발견된

---

9 닌텐도 기업의 전사는 1889년으로 거슬러 올라간다. 야마우치 후사지로(山內房治郎)라는 사람은 '하나후다'라는 꽃그림이 들어간 48장의 화투 게임을 만든 장본인이다. 곧이어 그는 이를 일본 내에 대중화시키는 데 성공한다. 후사지로는 2002년까지 닌텐도를 이끌었던 야마우치 히로시(山內溥)의 증조할아버지다. 후사지로가 만든 화투는 일제 통치기 이래 한국의 일상 오락문화를 좀먹었던 바로 그것이기도 하다. 만든 당사자야 한국사회에 미칠 오염의 심각성을 알 리 없었을 게다. 당시 일본 야쿠자들이 화투장을 돈내기 게임에 쓰면서 이의 재미가 입소문을 탔다고 한다. 초창기엔 순전히 수공업으로 화투를 직접 제작해 보급하기 시작한다. 1907년에 오면 후사지로는 '닌텐도 카드게임 회사'를 만들어 화투를 대량생산할 설비를 갖춘다. 나중에 경영권을 승계한 손주 히로시는 1953년에 플라스틱을 입힌 내구성 강한 화투장을 만들어 60만 장 이상의 판매고를 올린다. 이를 기반으로 1960년대 초 러브호텔, 즉석밥, 택시운송 등으로 사업을 확장하려 했으나 고배를 마신 후, 히로시는 자신의 본업이 놀이사업임을 깨닫고 그때부터 게임 연구개발에 박차를 가한다.

10 이동연은 일본의 IT 공간 혹은 오타쿠를 위한 공간의 특성을 다음과 같이 진술한다. "일본에서 아케이드 공간은 여전히 현재진행형인 반면, 한국에서는 퇴행적이다 못해 사멸하고 있다. 일본은 아케이드 공간의 구조를 그대로 유지한 채 그 공간을 구성하는 라이프스타일을 변형하는 반면, 한국은 공간의 구조 자체를 '재개발'이라는 논리로 해체한다"(이동연, 2010: 333).

다. 일본식 장인 문화적 기술 특수성과 오타쿠 유저 문화의 독특함이 함께 합쳐지면서 현재 일본의 하이테크 문화를 일궈가는 것이다.

일본은 소니와 닌텐도 그리고 아키하바라에서 보이듯 기술 장인정신과 오타쿠 문화가 혼종된 오래된 유산과 경험이 있다. 이와 함께 일본의 디지털 기술문화의 저변에는 모바일 인터넷이라는 휴대커뮤니케이션의 발달이 자리 잡고 있다. 일본 총무성(2007)이 발표한 통신 이용 동향 조사를 보면, 일본 내 휴대전화를 이용한 인터넷 접속자 숫자가 개인용 컴퓨터(PC)를 이용한 접속자 숫자를 넘어선다. 이렇듯 일본의 인터넷 이용에서 휴대전화가 중심적인 지위를 오랫동안 가지게 된 것은 피시를 이용한 인터넷의 느린 속도 때문이었다. 소프트뱅크의 손정의 사장이 일본 내 정보초고속도로의 새로운 비전을 '초고속 인터넷의 길(光の道: 광의길)'이라고 주장했던 이유가 여기 있었던 셈이다. 인터넷의 느린 속도가 모바일 인터넷을 거의 일본식으로 기술문화화했는데, 무엇보다 인터넷의 기능이 주로 휴대전화에 의해 쓰이면서 한국처럼 문자메시지보다는 전자메일에 의한 개인 간 소통이 일본의 보편화된 커뮤니케이션 방식으로 정착했다. 2000년대 중반 이후로는 휴대전화로 이용 가능하고 좀 더 친화성이 높은 SNS나 개인 블로그의 이용이 활발해지면서 일본식 모바일 인터넷 문화를 발달시켰다.[11]

---

11 역사적으로 일본 모바일 인터넷의 시초는 1980년대 말 '다이얼큐'가 등장하면서부터 다. 이는 전화를 이용한 콘텐츠 서비스로, 이를 통해 당시 모바일 인터넷 아키텍처를 만들 인재를 꾸리기 시작한다. 1999년에는 모바일 플랫폼으로서 오픈성이 높고 사이트 제작이 쉬운 '아이모드(i-mode)'가 등장하여 모바일 인터넷 사업이 커지고 사용자가 늘어나면서 모바일 인터넷이 급속히 확대되었다. 2001년에는 초고속 무선 이동통신망인 3G가 보급되면서 콘텐츠의 영역이 좀 더 확대되고, 2006년에 들어서 KDDI가 인터넷 검색업체 구글과 제휴하여 모바일 인터넷 검색 서비스를 도입하면서 모바일 인터넷에도 검색의 중요성이 강조되기 시작한다. 그러다가 2008년에 애플 아이폰이 일본 시장에 등장하면서 그동안 유선 인터넷과 모바일 인터넷이 따로 발전하던 일본 인터넷 시장이 유·무선을 가로지르는 인터넷 시대를 맞이한다. 일본 모바일 인터넷은 그 이전까지 외부 세계와 단절된 채로 남아 있었으나 한국에서와 마찬가지로 아이폰의 등장과

일본의 모바일 문화의 빠른 안착에도 불구하고, 한국인에 비해 일본인들의 모바일 기기 전환이나 접속에 대한 욕구가 더딘 것은 대단히 흥미로운 점이다. "휴대전화에 의한 인터넷의 '환경화'"(是永論, 2007)라 불리는 일본의 기술문화 현상은 휴대전화에 의지해 어디서든 모바일 인터넷에 접근했던 10여 년 이상의 일본식 IT문화 환경을 지칭한다. 이로 인해 '모바일 디바이드(mobile divide)'의 기술격차 문제가 그 어느 나라보다 먼저 일본에서 쟁점화되었다. 모바일 디바이드는 일본에서 인터넷이 주로 휴대전화를 통해서 이용되면서 정보이용환경이 대단히 취약하고 대역이 제한적이 되어 발생했다. 즉, 기기의 휴대성이 어디에서든 인터넷 접속을 보장하기는 했으나 서비스의 속도나 질적 측면에서 대단히 낙후한 환경에 머물러왔다.

일본에서 '디시인사이드'류의 게시판형 포털과 비슷한 사이트이자 일본의 인터넷 문화를 대표하는 곳인 '니찬네루(2ちゃんねる, 2ch)'[12]를 보자. 니찬네루는 철저히 익명성에 기반을 둔다. 회원 가입이나 최소한의 필명조차 요구하지 않는 익명성이 초창기 일본의 인터넷 이용자 확산과 더불어 이 가상의 공간에 수많은 오타쿠를 끌어들인 동인이다. 그러나 이곳은 일본 내 한류의 흐름을 공격했던 '혐(嫌)한류'의 진원지이기도 하다. 1990년대 후반부터 진행된 소비사회와 핵가족화와 맞물린 일본 사회의 '니찬네루'화는 "횡(공동체)과도 종(역사)과도 관계없는 희박하고 고립된 생활공간"인 '미크로 유토피아' 안에서 오타쿠들 스스로 자조하도록 만들었다(권혁태, 2014: 166~167). 즉, 니찬네루를 통해 등장한 일부 온라인 우익들에게서 볼 수 있는 것처럼 일본 내 일부 누리꾼들은 자신만의 주관적 공간에 움츠러들면서

함께 큰 변화를 겪고 있다.

12 니찬네루는 니시무라 히로유키(西村博之)가 1997년경 개설해 개인적으로 운영하고 있는 사이트지만 하루 수백만 명이 니찬네루를 고정적으로 방문하고 있다. 종류와 분야도 사회, 국제, 학문, 예술 등 일본 내 존재하는 대부분의 분야를 다루는 게시판을 통합한 게시판형 포털이다.

기술 구성의 공동체 가치(C-1)를 갉아먹었다고 볼 수 있다. 그럼에도 아키하바라라는 물리적 공간을 통해 서브컬처가 집중해 진화·성장하고, 이와 더불어 니찬네루가 기존의 오타쿠들을 온라인을 통해 지속적으로 모으면서 그들의 문화적 취향을 상업적으로 양성화하는 원천으로 기능했다.

일본 소셜 웹 시장은 모바일 인터넷의 발전과 스마트폰의 도입으로 빠르게 변하고 있다. 크게 두드러진 소셜 웹의 발전 경향을 볼 수는 없긴 해도 기존의 피처폰이 우세하던 시절의 토종 소셜 웹 플랫폼인 믹시(mixi, 가입자 2,000만 명), 모비지-타운(MOBAGE-TOWN, 1,600만 명), 그리(GREE, 1,700만 명) 등이 선전하고 있다. 일본은 한국과 마찬가지로 글로벌 온라인기업 서비스가 좀처럼 자리 잡기 힘든 나라로 알려졌지만, 2010년에는 스마트폰 시장이 확대되면서 트위터를 시작으로 페이스북, 에버노트, 포스퀘어, 그루폰 등 세계 유력 SNS 업체들이 자리를 틀고 있다.

일본인들의 소셜 웹 문화 현상의 특이성을 보여주는 중요한 지표가 있다. 일본인들의 오타쿠적이고 소규모 커뮤니티 지향의 문화가 소셜 미디어 문화 속에서 수동적 자세와 내향성으로 발현되는 것을 볼 수 있다. 2010년 TNS 데이터에 따르면 소셜 네트워킹 목적으로 인터넷을 사용하는 일본인의 비율이 미국의 1/4라는 흥미로운 결과가 있다. 또한 소셜 웹의 이용 중에 실명이나 자신의 사진을 올리길 꺼리는 경향이 강하고, 87%의 인터넷 사용자가 실명을 공개하지 않겠다는 의견을 낸 조사결과를 보여주었다. 문화적 폐쇄성에도 불구하고 일부 실명 중심의 페이스북 등 해외 서비스의 대중화가 이와 같은 일본인들의 소극적 경향을 누그러뜨리고 있다는 견해도 있다.

일본의 온라인 정치 상황은 외부 세계에 그리 구체적으로 알려지지 않고 있다. 대체로 온라인 정치와 표현의 자유와 관련해 누리꾼들의 역할론이 그리 크지 않고, 소셜 미디어 자체도 한국이나 중국만큼 영향력을 발휘하지 못하는 데서 오는 효과가 아닐까 한다. 그나마 좀 알려진 바로는 일본은 정치인들의 사이버 선거운동에 대한 규제가 심하다는 점이다. 일본은 예비 입후보자의 트위터 활동뿐만 아니라 블로그 업데이트와 뉴스레터 발송, 유튜브 동영상 업로드 등을 원천적으로 모두 제한하고 있다. 이에 대한 공적 반발과 문제제기가 소수인 것을 보면, 한국과 달리 온라인 정치 상황과 관련해 정치적 무관심이 팽배해 있다고 볼 수 있다. 게다가 일본 정부와 정통부가 2009년 4월에 발효한 「18세 미만 청소년 보호법」을 가동해 모든 휴대전화 인터넷 접속에 자동 필터링 프로그램을 사전 설치하도록 강제하고 있다. 그 목적은 사이버범죄 등을 유발하는 트위터 등 소셜 네트워크 사이트들의 접속 차단에 있다(송은지 외, 2013). 이는 모바일 온라인 공간에까지 일괄적으로 보수적 정치 규제력을 가동시키는 일본의 후진적 기술잉여사회적 모습을 상기시킨다.

결국 일본에서 소니와 닌텐도 등은 개인의 오타쿠적 가치나 민감한 프라이버시 문화 등(B-2)의 많은 부분을 가전 및 게임 플랫폼 등 기업가치(C-1)의 동력으로 삼는 능력에서 탁월했다고 볼 수 있다. 일본은 100년이 넘게 소니와 닌텐도 등 하이테크 장인 기업문화의 전통을 만들어오면서 물리적 공간 형식에서는 아키하바라라는, 그리고 온라인 공간에서는 모바일 인터넷이라는 특이한 개인형 휴대기술의 발전 양상을 보였다. 그러나 여전히 기술적으로 한국에서처럼 국가 주도형 기술정책 주도력(A-1), 후진적 정치문화(E-1), 사회적 가치의 희박화와 니찬네루 등에서 번성해온 온라인 극우문화(D-1) 등에 의해 발생하는 기술잉여의 부정적 요소가 크게 작동하는 국가로 볼 수 있다.

3) 중국의 '권위주의 정치형(E-1 주도형)' 모델

중국인터넷데이터센터(CNNIC 中國互聯网絡信息中心, 2014)의 「중국인터넷 종합통계보고서」를 보자. 2002년에 전체 인터넷 인구가 6,000만 명 수준, 2005년에 1억 1,000만 명, 2007년에 2억 1,000만 명, 2008년에 거의 3억

명에서 2010년 4억 5,000만 명을 넘어섰다. 2013년 12월 기준으로는 6억 3,200만 명으로 10여 년 만에 10배 이상 성장했고, 이는 전체 중국 인구 중 45.8% 정도에 해당한다. 중국인 네티즌 수는 전 세계 네티즌 수의 약 23%, 아시아 인터넷 이용자 숫자의 55% 정도를 차지한다. 중국에서 휴대전화를 이용한 모바일 인터넷 사용자가 2013년 5억 명을 기록하고 휴대전화를 이용한 인터넷 접속이 83.4%를 넘어서면서, 인터넷접속 방식이 다변화되고 이동 중 인터넷 접속으로 우위가 바뀌고 있음을 파악할 수 있다(Gough, 2014).

중국의 대표 인터넷 포털업체인 텅쉰(騰訊, Tencent)의 소셜 네트워크 서비스인 '웨이보(微博, Weibo.com)' 이용자가 3.09억 명을 돌파했다(2012년 12월말 현재). 중국의 리서치 기관인 아이리서치(iResearch Inc.)에 따르면, 2009년 현재 중국 인터넷메신저 점유율은 텅쉰의 QQ가 76.2%(2011년에는 76.56%), MSN이 6.8%, 페이신(飛信)이 4.5%를 나타내고 있다. 사실상 텅쉰의 독과점을 확증하고 있다. 2014년 6월 다음카카오 합병으로 텅쉰은 보유 지분율 9.9%로 다음카카오의 2대 주주가 되면서 중국의 대표 모바일 메신저인 웨이신(微信, 2013년 말 누적사용자 6억 명 돌파)을 세계화하는 계기로 삼고 있다. 텅쉰 웨이보의 서비스 이용자 중 상위 6명 정도 온라인 논객들은 1,500만 명 이상의 팔로어를 거느린다고 하니, 그 규모와 효과가 타의 추종을 불허한다. 한국에서 많은 이들이 소셜 웹을 통해 주요 뉴스를 소비하는 것처럼, 중국인들 70% 이상이 '웨이보'에서 뉴스를 소비하고 있다.[13] 새로운 영향력을 가진 뉴스매체로 웨이보와 같은 소셜 웹 서비스가 중심으로 자리 잡고 있는 것이다.

미국은 물론이고 한국과 일본이 해외 소셜 웹 업체들에 의해 거의 플랫폼이 장악당한 것과 달리 중국은 토종의 텅쉰 메신저서비스나 소셜 웹 서비스

---

13 ≪위키트리≫, 2011년 12월 12월 자.

의 일종인 웨이보를 통해 소셜 미디어 시장을 자국 기업으로 채워나가고 있다. 중국 공산당 정부의 해외 기업에 대한 비대칭 규제가 온라인 영역에서 눈에 띈다. 중국 최대 민간 인터넷 정보제공업체인 인터넷실험실(互聯網實驗室)의 「인터넷 독점조사연구보고」에서 텅쉰, 바이두(百度, baidu.com), 알리바바(阿里巴巴)가 메신저, 검색, 전자상거래 등 각 분야에서 독과점적 시장지위를 누리고 있다고 밝혔다. 보고서에 따르면 2010년 말 기준으로 텅쉰과 바이두, 알리바바 3개사의 시가총액은 744억 달러로 중국 증권시장에 상장된 인터넷기업의 전체 시가총액의 70%를 차지했다. 텅쉰은 메신저 시장에서 77%에 육박하는 시장 점유율을, 검색엔진 분야에서는 '바이두'가 시장 점유율 80%를, 알리바바는 전자상거래 소비시장에서 54%의 점유율을 차지했다.[14] 중국의 온라인 시장의 대표격인 텅쉰 웨이신(모바일메신저), 텅쉰 웨이보(SNS), 바이두(검색), 알리바바(온라인 상거래) 등은 미국의 글로벌한 온라인 시장 습격에도 불구하고 중국 정부의 힘을 입은 토종 기업들이 시장의 지배적 행위자로 군림하는 상황을 잘 보여준다.

중국은 미국, 일본, 한국 등에 비해 상대적으로 정보통신기술의 도입이 늦었던 점을 보아야 한다. 구글이나 트위터 등 다른 검색엔진이나 소셜 웹 서비스의 도발적 진출에도 불구하고 중국 내 토종 온라인 기업들이 독점적 지위를 누리는 것은 한국보다도 강한 국가적 가치 개입(E-1)에 기댄 온라인 시장 환경의 높은 진입장벽(C-1)의 존재 때문이라고 볼 수 있다. 시장에 대한 비대칭 규제뿐만 아니라 정치적으로 보더라도 중국 공산당은 끊임없이 체제 위협이 될 만한 내용들을 검열해왔다. 인터넷 검열 관련 연구단체 ONI(Open Net Initiative)의 연구 성과로 2008년과 2010년 MIT 출판사에서 내놓은 중국에 관련된 보고서에서는 중국 인터넷에서 체계적으로 진행되는 대규모 광범위 컴퓨터 필터링과 이용자문화 통제 사례들을 구체적으로 소

---

14 ≪京華時報≫, 2011.2.19.

개하고 있다.[15]

중국 정부는 자국 내 주요 소셜 웹 서비스인 시나(新浪) 웨이보와 텅쉰 웨이보에 오르는 글들을 검열하고 있다. 당 기관지인 ≪인민일보≫에 따르면 당은 웨이보 상에 오르는 누리꾼들의 정치적 의사 표현을 포르노와 도박에 비유해 이 모든 게시글을 제거해야 할 것으로 보고 있다.[16] 중국 공산당 중앙위원회는 성명서를 통해 소셜 미디어에 대한 통제를 강화할 계획이라 밝혔다. 당은 웨이보와 같은 마이크로블로그 이용자들의 급격한 증가가 근거 없는 소문을 퍼뜨리는 무책임한 이용자를 양산한다고 비판했다. 소셜 웹에 대한 전면 차단이 기술적으로 어려운 관계로 중국 공산당은 기존의 인터넷에서처럼 내용 규제를 강화하거나 한때 전 세계에서 한국에서만 유일하게 도입했던 인터넷 실명제를 도입하는 방식을 취하고 있다. 사업 운영자들 또한 문젯거리가 될 내용들(대중시위, 정부관리 스캔들, 공산당 지도자들에 대한 논평 등)에 대해 미리 차단하거나 삭제하는 필터링 기술과 소프트웨어를 도입해 사용하고 있어서 이용자 문화에 대한 이중 규제가 되고 있다.[17] 결국 이는 웨이보 등 마이크로블로그 인구의 쇠퇴를 가져오고 웨이신 등 개인, 소그룹

---

15 ONI 등의 연구에 따르면 중국 정부의 호스트, 즉 인터넷 서비스 공급업자에 의해 정부 비판적 블로그들의 접속을 광범위하게 차단하는 일은 이미 2002년 초부터 진행되어 왔다. 텅쉰 메신저의 경우도 키워드 리스트(예를 들어 '파룬궁', '대만독립' 등)를 작성해 사전검열을 폭넓게 해오고 있다(Zuckerman, 2011: 73~74 참고). 2008년에는 한국 영 휴대전화 기업이 중국 보안 관계자의 요청에 소비자들의 정보를 모두 다 넘겨주는 관행이 있음이 폭로되었다. 게다가 중국 공안들은 수시로 개별 이용자의 문자메시지를 감시하거나 필터링을 통해 해로운 메시지의 유포를 막아오고 있다(Deibert, Palfrey, Rohozinski and Zittrain, 2010: 466). 자동 필터링과 자의적 필터링 양자를 도입해 중국 정부가 느끼기에 불순한 정보를 차단하는 인터넷 검열을 비꼬아 'The Great Firewall of China(防火長城)'라 하는데, 당은 중국에 진출한 해외 검색엔진(구글 등)에까지 그 검열의 손길을 뻗쳐왔다.
16 ≪인터넷 & 시큐리티 이슈≫, 2011년 11월호.
17 *Reuters*, 2011.10.26.

메시징 서비스로 이용자들이 대거 망명하는 상황을 만들어내고 있다.[18]

인터넷의 급성장, 스마트 환경에 기초한 모바일 인터넷의 확산에도 불구하고 중국 정부의 검열은 다양한 층위에서 계속되고 있다. 인터넷 검색, 메신저, 소셜 웹, 소비자 상거래 등에서 중국 내 토종 기업들이 절대적 우위를 점하고 있는 한편, 자국 내 통신사들은 아직 국유화 수준에 머무르면서 중국 정부가 수시로 행하는 시민들의 정보 검열에 대단히 노예적 자세로 일관하며 개인정보들을 넘겨주거나 필터링에 응하는 모습을 보여주고 있다. 즉, 외형적 성장에 비해 권위주의 정권에 의한 질적인 질곡과 퇴행이 깊숙이 자리잡고 있다는 점을 확인할 수 있다.

정리해보면 중국은 대단히 강력한 권위주의 국가 통제가 온라인 곳곳에 스며들어 있고(E-1), 국가에 의해 보호받는 로컬의 소셜 웹 기반 기업 가치가 크게 강조되며(C-1), 정보기술 정책의 대부분이 당에 의해 주도적으로 계획·입안되는 구조를 지닌다(A-1). 개인의 가치 영역(B-1)에서 봐도 온라인 표현의 책임을 크게 강조하며 표현의 자유를 위협하고 있다. 이처럼 국가 통제를 위시해 기술잉여적 부정요소들이 대부분 연계되어 압도적으로 중국 사회의 사회적 상상력을 짓누르고 있다는 점에서 '권위주의 정치형' 기술잉여사회 모델로 볼 수 있다. 그나마 희망적으로 주목할 점은 중국 내 재난상황, 공무원 부패 등에 대한 시민사회의 비판이 소셜 웹으로 공론화되면서 온라인 커뮤니티 가치(D-2)가 논쟁화하는 경향이다.

4) 소결

이제까지 우리와 기술적으로 밀접하게 관계를 맺고 있는 각 국가의 디지털 기술 발달과 특성을 앞서 <표 1-1>에서 제시한 기술잉여사회의 유형 근

18 *The Economist*, 2014.1.18.

거에 의해 관찰해보았다.

중국의 경우는 '권위주의 정치형' 모델로 정보기술의 정치적 통제(E-1 주도형)가 지배적으로 작동하면서 나머지 네 개, 즉 기술, 개인, 기업, 커뮤니티 층위를 틀어쥐며 기술잉여의 부정적 요소들을 끊임없이 양산하고 있다. 그럼에도 여전히 첨단 기술이 개방형으로 매우 빠르게 융기하며 성장하고 있고(A-2), 대중의 온라인 커뮤니티 여론화 과정이 대규모화하면서(D-2) 지배적 사회 상상력을 간헐적으로 위협하고 있는 국가 유형으로 볼 수 있다.

일본의 경우는 오타쿠 문화의 지속적 발전과 토대 마련에서 보여주는 것처럼 언더그라운드 이용자 문화가 디지털 가전 및 오락산업, 그리고 온라인 커뮤니티 모델의 성장에 미치는 영향력과 시너지가 대단히 크다는 점을 볼 수 있었다(B-2/C-1 결합주도형). 사회체제적으로도 오타쿠들의 다양한 문화 지형을 포용하는 힘이 존재한다는 것을 본다면 일본은 대단히 '개인 가치형' 모델에 가깝다.

미국의 경우는 사회체계(기술, 개인, 기업, 커뮤니티)의 성숙도에서 높은 점수를 받고 있지만, 여전히 초국적 웹 기업들(C-1 주도형)이 미국사회는 물론이고 기술 경쟁국들에게까지 영향을 미치는 힘을 지니고 있다. 웹 기업들이 커뮤니티적 가치뿐만 아니라 개별 이용자들의 문화를 주도해가는 모양새는 결국 미국식 소비자본주의의 후기적 변형이라 볼 수 있다. 즉, 자유주의적 경향들로부터 자극을 받으며 성장한 웹 2.0기업 모델이 주도하는 기업 문화가 실지 미국을 지배하는 사회적 상상력의 주요한 모습으로 파악된다.

이 속에서 한국의 기술잉여사회의 유형을 어떻게 놓고 볼 것인가? 예측컨대 한국의 기술잉여적 속성 가운데 정치적 통제 가치(E-1)의 주도력은 중국 모델에 많이 가까우나 기업 가치의 지배적 정서(C-1) 그리고 커뮤니티와 개인 가치의 자율성(D-2, B-2)을 따지면 미국 모델도 닮아 있을 것이다. 다시 말해 지난 20여 년 가까이 네트워크에 대한 강화된 정부 규제와 정보통제 국면을 생각하면 중국에 더 가깝고, 시민 영역의 자율적 움직임과 네트워크

상의 이용자들의 다양한 능동적 문화를 본다면 일정 부분 미국에 더 가깝다는 추측을 해볼 수 있다. 그렇지만 국내에서 개인 가치 층위와 관련해 상호감시, 프라이버시 부족, 온라인 노출, 기술 강박, 정보 재난 등 문화 요인들(B-1)은 한국적인 사회적 상상력의 대단히 부정적인 모습이다.

국내 기술잉여사회의 전개를 앞서 제시한 지배적·민주주의적 요인들 간의 패권 각축전으로 보면 표층에서 정치, 경제, 기술 가치에 기반 지배적 패권이 강화되는 듯 보이지만, 동일하게 심층에서는 주체의 역량과 관계하는 개인, 공동체의 역능의 움직임을 함께 주목해야 한국형 기술잉여사회의 모습이 좀 더 정확하게 드러나리라 본다. 이어지는 다음 논의에서는 이 같은 한국형 기술잉여사회의 양가적 조건과 층위가 구체적으로 무엇인지 그리고 이를 통해 한국의 기술잉여적 특성을 어떻게 정의할 것인지를 더욱 면밀히 살펴보겠다.

4. 한국형 기술잉여사회의 양가적 조건과 층위

앞서 우리와 기술경쟁국들의 간단한 유형화에 이어 이제 한국을 이러저러한 기술잉여사회로 칭하는 논거를 좀 더 구체적으로 살펴보자. 사실상 이의 현실적 답은 <표 1-1>의 기술잉여적 / 기술민주주의적 10개 조합의 기술 발전 사례들을 반추해보면서 이 양자의 경합 관계를 좀 더 구체적으로 따져보면 충분히 가능하다고 본다. 이를테면 이제까지 기술경쟁국을 유형화한 것보다 좀 더 심층적인 요인들을 따져보면서 한국형 기술잉여사회의 특징을 잡아내는 작업이 필요하다. 이를 위해 1990년대 중반 이후 한국사회에 인터넷이 정착되면서 쟁점화되었던 정치, 사회, 기업 이슈들과 기술적 현상들을 중심으로 기술잉여의 경합 요인들을 따져보려 한다.

한국은 1990년대 중반 이후 사회·기술사적으로 더듬어보면 인터넷 한국

<표 1-2> 한국형 기술잉여사회의 경합 요인

	1. '기술잉여'적 요소 / 2. 기술민주주의적 요소
A. 기술 가치	**A-1(강)**
	선진국 기술 추격형 기술 하드웨어 / 인프라 개발 역사(국가정보화 프로젝트들) 국가 주도 대국민 기술가치 홍보 및 확산(1990년 중반 이래) 한국형 무선인터넷표준(WIPI) 탑재 의무화(아이폰 공세로 2011년 폐기) 국내 공공 금융기관 MS 웹브라우저(액티브X 프로그램 등) 과도 편중 네이버 검색 중심의 인터넷 포털 환경
	A-2(약)
	아마추어 창작과 아마추어 전문가 집단 형성 중간 / 적정기술 등 삶의 기술 확산 논의 시도
B. 개인 가치	**B-1(강)**
	기술·정보 업그레이드에 대한 강박 끊임없는 접속과 통신에의 과도한 욕망 개인 간 상호감시 문화 보편화 개인정보 프라이버시 보호 부족(신상 털기 등) 온라인 노출과 폭로의 휘발성과 사회적 이슈의 대중적 집단 망각 비물질 영역에서의 잉여문화의 광범위한 유통과 명성의 대중화
	B-2(중)
	게시판, SNS 문화 등 적극적 전자 소통문화 온라인 기자, 블로거, 게릴라 미디어 문화 온라인 패러디 등 아마추어 창작의 급증
C. 기업 가치	**C-1(강)**
	저작권 등 지적재산권 확대(한미 FTA 협상 등) 통신사, 삼성 등 휴대전화 제조사의 독점적 지위 및 데이터 요금제 강요 네트워크 중립성 부정(인터넷 종량제 논의) 국가 주요 정보사업(NEIS, 전자주민증, 교통카드, 전자데이터시스템 등) 재벌 계열사 주도 개인정보 유용 및 유출(2008년 옥션, GS칼텍스, 2011년 네이트, 넥슨, 2014년 1월 농협카드, 롯데카드, 국민카드 등 20여 건의 전 국민 정보 유출 사고 발생) 잦은 휴대전화 업그레이드 강요 및 휴대전화 등 기술과잉 담론 급성장 'IT 보도방' 등 IT 노동자의 불완전 고용노동 악화 노조 설립 노동자들 휴대전화 위치 추적(삼성SDI, 2004) 및 파업 노동자 DNA 채취(2012) 등 정보 인권 침해 빅데이터 기반(소비자 비정형데이터 수취) 시장 형성(2012년 말부터)
	C-2(약)
	공유경제 혹은 혼종경제 유형의 시장 부상(닷컴 버블 이후) 대안적 저작권 라이선스들과 공유문화(CC-Korea, 정보공유 라이선스, 그누 라이선스 등) 등장

	D-1(약)		
D. 커뮤니티 가치	창조경제, 문화융성의 온라인 공동체 지원 및 이식		
	온라인 '클릭주의(clicktivism)'로의 사회 참여 행위 후퇴		
	일베 등 청년 극우 집단 형성		
	D-2(강)		
	온라인 동호회, 온라인 카페(디시, 아고라 등)의 권력 감시 및 참여활동		
	온라인을 통한 대중적 여론의 형성(1980년대 말 이후)		
	미선·효순 사건 온·오프라인 시위(2002), 노무현 대통령 탄핵 반대 시위(2004), 광우병 촛불시위(2008)		
	대안미디어 및 시사 인터넷 방송(≪오마이뉴스≫, <나는 꼼수다>, <뉴스타파> 등)		
	지방 선거 / 서울시 시장 선거 독려(2010~2011)		
E. 정치 가치	E-1(강)		
	개인정보의 총체적 부실 관리		
	정보화정책 컨트롤타워 구상 혹은 거대 기구화(정보통신부, 미래창조과학부 등)		
	인터넷 실명제 도입(2012년 위헌 폐지)		
	게임물사전등급제(모바일 자율심의)		
	청소년 심야게임 금지(2011) 및 4대 중독물 지정(2013)		
	전자여권 도입 및 국민정보 미 정보기관 양도[미 비자면제프로그램(VWP) 가입 조건, 2008]		
	국무총리실 민간인 800여 명 사찰(2008)		
	정부기관 간 개인데이터 공유 및 활용(2013)		
	SNS 방통위 내용심의(2012~)		
	국정원 등 정보기관 조직적 대선 개입(2013)		
	E-2(약)		
	「개인정보보호법」(2011) 제정		
	정부 데이터 공유 사이트(공공데이터포털, 정보공개포털) 개설(2011~)		
	정부 지원 공공 라이선스 개발 및 크리에이티브 커먼즈 라이선스(CCL) 지원		

의 강한 온라인 커뮤니티 문화, 누리꾼들의 소셜 웹 행동(D-2), 아마추어 개인들의 창발성(B-1)의 장점에도 불구하고, 매우 강한 국가 주도형 기술주의(A-1), 지배 정서화된 재벌의 위상(C-1), 권력 통제형 기술정치(E-1), 기술강박적 소비문화(B-2)의 지배적(혹은 기술잉여적) 특성들이 압도하는 형국을 보여준다고 예상해볼 수 있다. <표 1-2>는 이 같은 예상을 확증하기 위한 사례집이다. 이는 앞서 <표 1-1>에서 한 사회를 대상으로 유형화한 가치

층위별 논의 내용을 토대로, 실제 한국에서 정보기술의 토착화 방식과 관련해 각 층위를 구성했던 실제 중요한 요소들을 구체적으로 열거하고 있다. 또한 기술, 개인, 기업, 커뮤니티, 정치의 5개 층위별 지배-대안 기술 영향력의 정도를 그 사안의 경중에 맞춰 강·중·약으로 표현해 한국사회를 구성하는 기술잉여의 요소들과 결국 이들이 맺고 있는 지배적-대안적 요소들 간 경합 조건을 파악할 수 있다.

1) 기술 가치(A-1 주도 경향)

먼저 우리 국가 특유의 기술 발전 동력을 보자. 우리는 기술 발전의 국가주의적 혹은 국가선도형 발전주의 방식과 인연이 깊다. 국가 주도의 성과주의적 측면에 기반을 둔 하드웨어기술 구축과 생산 중심의 정보화정책에 연유해 기술 개발의 도구주의적 접근이 두드러진다. 무엇보다 경제선진화와 행정효율화에 의한 국민 풍요와 복지라는 정책 테제가 디지털 기술의 도구화된 접근을 더욱 부추겼다. 적어도 1980년대 말 이래 정부 주도의 기술추격형 혹은 기술선도형 경제발전 계획들은 국가주도형 '발전주의' 모델과 늘 한몸이었다.

한국사회의 고질적인 기술적 퇴행성의 유산들을 보자. 먼저 브라우저 시장의 마이크로소프트 의존성은 2014년 오늘도 여전히 과도하게 높다. 국내 이용자들 80~90%가 MS 익스플로러에 매달려 있는 대한민국은 전 세계 웹 브라우저 기술의 지배적 정서와 동떨어져 있다. 관공서, 정부기관, 은행 등 어지간한 웹페이지는 아직도 MS 익스플로러에 '최적화'되어 있고 엑티브X를 무차별적으로 쓰고 있다. 사실상 '최적화'는 다양한 브라우저들이 막힘없이 사용가능할 때 그 의미가 제대로 살아난다. 우리의 '최적화'는 기술의 '범용화'라기보다는 하나의 다국적 소프트웨어 기업에 길들여진 불구화된 모습이다. 그 최적화로 인해 한국이 매번 바이러스와 해킹의 온상지로 꼽힌다. 또한 외부와의 기술 호환보다는 국내 시장 '록인(lock-in)'을 통해 통신사나 휴대전화 기기업체들의 시장 독점을 보장하기 위해 무용성의 기술(the technology of uselessness)을 정책적으로 택하는 경우도 비일비재하다. 대표적으로 한때 한국형 모바일 표준규격 플랫폼인 '위피' 탑재 의무를 정책적으로 지원했던 경우를 들 수 있다. 이도 2009년 말 외국산 스마트폰인 애플의 아이폰이 수입되지 않았다면 쉽게 개선되기 어려웠던 기술정책적 장애물이라 볼 수 있다. 당시 국내 통신정책이 일거에 애플 아이폰이라는 스마트폰 기기 수입과 함께 뒤바뀌는 상황이 벌어지면서 한국사회를 지배하고 있던 견고한 기술질서가 국외 기술과 시장 변수에 의해서 크게 흔들릴 수 있음을 확인했다.

기술 담론 차원에서 기술(지상)주의의 포퓰리즘적 확산도 두드러진다. 국가 정책적 담론과 상업광고 등의 영향으로 대중 수준에서 기술과잉화된 담론 확산이 급격하게 이뤄지고, 일정 기간이 지나면 새로운 첨단기술 담론으로 급격히 전환되는 과정이 흔해져간다. 즉, 한 사회 내 기술의 본질적 내용과 성격과 상관없이 기업 이윤과 대중 계몽의 포퓰리즘에 의해 기술수용이 이뤄진다는 큰 문제점을 지닌다. 예를 들면 1990년대 '사이버'와 '유비쿼터스'에서 오늘날 '컨버전스', '스마트', '빅데이터'란 단어가 기술과 그 주변을 둘러싼 대상들의 영리함과 포용력을 지칭하는 보편어가 된 지 오래다.[19] 한국사회에서 정보화 담론은 이렇듯 대체로 현실적 문제들을 깊이 있

---

19 1990년대 기술 담론의 주요 표제어였던 '사이버'는 한때 대중매체의 광고카피로 꽤나 유행했다. 화장품, 속옷, 패션 상품 등에 세련된 느낌을 담은 은빛의 차가운 접두어로 합성어에 줄곧 쓰이곤 했다. '사이버' 뒤에는 다른 단어가 붙어 새로운 의미를 만들어냈고 당시 대중들은 이와 같은 합성어에 대단히 친숙했다. 즉, '사이버'로 만들어진 합성어가 소비기호화되던 시절이었다. 2000년대로 넘어오면 '사이버' 담론들을 밀어내고 '유비쿼터스' 담론이 크게 득세한다. 이 'U(유비쿼터스, 기술의 편재성을 의미)'는 물론 모바일 기술의 시장소비 대중화와 관계하고 정부 주도의 기술정책 담론의 영향력을 보여주는 상징이기도 하다. 기계와 기계가 무선으로 연결되고 대화하는 '사물 간 네트

게 다루지 못하고 내용과 무관하게 겉을 감싸는 포장지와 같은 정보기술정책 홍보 역할을 주로 하고 있다. 정보화 정책의 수사 차원에서 'e코리아', 'i코리아', 'c코리아'에서 'u코리아'로 전환하는 과정[20]도 비슷한 '과시형(exhibitionist)' 정책의 변형된 사례라 볼 수 있다.

민간에서의 기술적용 방식은 그만의 독특한 디지털 문화들을 양산하며 좀 더 다른 결을 가졌다. 예를 들어 이제는 보편화된 '피시방'과 '게임방'은 1990년대 중반에 민간 자영업 형식을 띠고 생겨난 이후 자생적으로 비슷한 공간들이 전국에 수도 없이 속속 등장하면서 아래로부터 독특한 국내 디지털 시장과 문화를 형성하는 데 일조했다. 게임방의 경우는 최근 청소년들의 불온한 장소로 혹은 정보 누출과 신상 털기 등 디지털 문화의 그늘진 곳으로 지적되기도 하지만, 역사적으로 피시와 인터넷 접근권에서 발생하는 정보 격차를 바로 이곳에서 일부 해소하는 독특한 효과를 거두기도 했다.

한국사회에서는 이렇듯 아래로부터 저변을 확대했던 피시방 문화, 그리고 최근 '제작기술', '중간/적정기술' 등 삶의 기술에 대한 대안을 구성하기 위한 아래로부터의 움직임과 소셜 웹을 통한 아마추어 창작이 성장해왔으나 여전히 사회적 영향력 면에서 미약하다고 볼 수 있다(약A-2). 반면 주류적 기술 가치는 국가와 기업의 공조에 의해 혹은 특정 기술에 경도되는 방식에 의해 대단히 기술주의적이거나 과도하게 정책 성과형 기술개발로 한 사회를 압도하면서 이에 집중하는 경향을 띠고 있다고 볼 수 있다(강 A-1).

워크' 개념은 한국 정부의 정책으로 채택되기도 한다. 2010년 이후로 소위 애플의 '스마트'폰이 수입되고 이후 소셜 미디어의 전성기가 열리면서 '스마트' 담론 국면이 시작된다. '사이버'와 '유비쿼터스'만큼 혹은 그 이상으로 '스마트'는 앞으로 다가올 새로운 기술 미래에 대한 기대감을 반영한 합성어로 새롭게 각광받고 있다.

20 IT정책 담론의 특성을 홍보하기 위해 1990년대 중반 무렵부터 국가명에 기술적 과잉기표의 영문이니셜을 쓰는 행위는 국내 기술관료들이 일본의 정보통신기술 정책 사업을 모방하면서 비롯되었다. 한국에 비해 몇 년 앞서 'e재팬', 'u재팬' 등 타이틀을 달았던 일본형 IT정책 사업이 이미 존재했던 것이다.

2) 개인 가치(B-1/B-2 경합 경향)

국내 통신 소비시장을 예로 들어보자. 국내 소비시장은 통신사와 휴대전화 재벌들의 신모델 판매 주기에 반응하는 소비자의 강박증을 크게 양산해 왔다. 이는 휴대전화 문화 대국인 일본의 휴대전화 기기 소비의 느린 주기에 비해서 지나친 휴대전화 업그레이드 강박을 보여준다. 대체로 소비자들은 약정이 끝나기도 전에 단 몇 초 몇 분의 속도를 위해 3G도 모자라 LTE(-A) 기술의 변종들에 현혹되어 기기를 변경한다.

우리는 이렇듯 초기의 기술 대중화 국면을 지나자 이제는 첨단과 고속의 사회적 강박에 시달리며 끊임없이 상시 접속과 통신에의 과도한 욕망에 목말라 한다. 마찬가지로 사회 내 온라인 활동과 역할이 중요해지면서 비물질 가상 영역에서의 이용자 잉여짓과 잉여활동의 광범위한 유통과 온라인 명성의 대중화가 일반화하게 된다. 그에 따라 온라인 공간을 활용한 사생활 노출과 폭로가 크게 늘어나면서 대중 스스로 센세이션에 기반을 둔 수많은 (오)정보로 단련되거나 훈련되어 감성 또한 대단히 둔감해지는 상황에 이르렀다.

새로운 기술에 대한 강박과 접속과 통신에의 욕망은 다른 어느 나라에서도 볼 수 없는 신종의 지하철 풍속도를 만들어내고 있다. 남녀노소 불문하고 승객 대부분이 각자의 스마트폰을 통해 콘텐츠를 소비하고 어딘가에 접속해 누군가와 온라인 관계를 꾀하는 기현상은 다른 어떤 국가나 도시 지하철에서도 발견하기 어렵다. 그것이 외부 힘들('강한 국가'에 의해 주도되는 정보화 정책과 통신과 휴대전화 재벌의 연합, 즉 A1/C1/E1의 공조)에 의해 주조된 측면이 강하다. 그렇지만 우리 사회의 과도한 기술접속에 대한 욕망은 누리꾼들의 건강한 자율적 기류 형성에 긍정적으로 기여하기도 했다. 역사적으로 보면, 1980년대 말 시작된 피시통신 문화의 발전, 1990년대 중반 이후 초고속 인터넷의 급속한 대중화, 2000년대 말 스마트폰 문화와 2010년 초부터 대중화한 소셜 웹의 확산으로 이어지는 쾌속 첨단 기술화라는 물질적 상황이 개인을 크게 조건화한 것이 사실이다. 내용상으로 보면, 온라인 이용자 주체들의 1980년대 중·후반부터 시작된 다양한 사설게시판과 피시통신문화, 정모와 번개 모임, 게임방, 블로그, 싸이(싸이월드)질, 댓글, 펌, 아햏햏, 포샵질, 이용자생산콘텐츠(UCC), 온라인 카페와 클럽, 인증샷 등의 특수한 디지털 문화의 정서 흐름과 떼서 볼 수 없는 개인 가치적 경향(B-2 중)과 연결되어 있다.

개인 가치의 측면에서 한국은 결국 국가, 기업에 의해 매우 정형화되고 주조된 욕망과 프라이버시의 개별 인식 부족 등이 강하게 자리 잡고 있다고 볼 수 있다. 그럼에도 여전히 온라인과 모바일 주체의 자율적 측면들이 다양한 디지털 문화 속에서 그 대안적 질서를 만드는 데 기여하고 있음을 상정할 수 있다. 이 점에서 개인의 가치 측면에서 본 국내 기술 지형은 지배적-대안적 사회 상상력 양자가 경합(B-1/B-2 경합 경향)한다고 볼 수 있다.

3) 기업 가치(C-1 강한 주도 경향)

한국사회에서 정부는 삼성 등 재벌기업들과 통신사들로부터 기술주도력과 독과점시장 형성을 목적으로 한 '내재된 자율(embedded autonomy)'을 위임받음으로써 이와 공생하는 구도를 오랫동안 꾀해왔다(Evans, 1995). 지배적 통신사업자들과 삼성 등 휴대전화 제조사는 국내 시장에서 오랫동안 독점적 지위를 누렸고, 그리 멀지 않은 한때에는 스마트폰 국내 도입을 유예하면서까지 데이터 요금제를 강요하기도 했다. 2009년 말 아이폰의 국내 상륙과 2011년 스티브 잡스의 죽음은 한국 정부의 정보화정책, 재벌기업들의 기술적 폐쇄성과 기술잉여적 국면을 정확히 간파하는 계기가 되었다. 한때 이동통신사와 국내 스마트 기기 제조사의 국내 시장 독점으로 인해 국내 소비자들은 애플 등 해외 스마트폰의 장점에도 불구하고 계속해 피처폰과 국산폰만을 써야 했던 시절이 있었다. 당시 국내에서 누군가가 애플 기술에 대해 조그만 장점이라도 칭찬을 하면, 소위 국내기술 '애국주의자들'로부터의 지탄까지도 감수해야 했다(김인성, 2011: 260~261). 이는 국내 모바일 문화 환경의 시장 폐쇄성과 정부 통신시장 정책의 비대칭 규제를 알리는 대목이다.

재벌 중심의 기업이윤에 대한 열망은 휴대전화의 잦은 업그레이드 강요와 휴대전화를 포함한 모바일 기술에 대한 과잉화된 담론을 유포하도록 이끌었다. 이는 앞서 개인 가치의 측면에서 기기 변경에 대한 주조된 욕망을 동반 양산했다. 교육행정정보시스템(NEIS), 전자주민등록증, 교통카드, 전자데이터시스템 등 국가 주요 정보화 사업을 재벌 관련 계열사들이 주도하는 현상도 두드러졌다. 시민들의 프라이버시 권리 설계를 국가가 책임지기보다는 재벌 계열사들의 개발자나 엔지니어의 기술 디자인에 위탁하는 '위험정보사회'(이 책의 제2장과 제3장 참고)가 형성되기 시작했다.

기업들의 개인 소비자 신용 데이터 관리의 유용 및 유출도 심각하다. 2008년 옥션, GS칼텍스 개인정보 유출 사고, 2011년 네이트와 넥슨 사고, 2014년 1월 농협카드, 롯데카드, 국민카드 등 개인정보 유출 사고 등에서 보는 것처럼 지난 5년여 간 20여 건의 굵직한 대형 개인정보 유출 사건이 터졌다. 이는 거의 전 국민의 정보가 유출되었다고 볼 수 있는 규모이다. 은행권 등 기업들의 소비자 정보 안전 불감증과 국가의 신원정보 관리 부실의 난맥상이 계속해서 함께 표출되는 분위기다. 기업들의 기술기반 노동 통제도 심각하다. 예를 들어 노조설립 노동자들의 휴대전화 위치 추적을 시도했던 삼성SDI 사례, 경찰전산망을 통해 파업노동자 DNA를 채취·관리하려는 시도 등 기술기반 정보 인권 침해가 이에 해당한다. 디지털 경제에 의한 노동 성장 모델도 크게 다르지 않다. 일반 대기업들의 불법 하청 파견노동의 상황과 비슷하게 'IT 보도방' 등을 활용해 정보통신 관련 노동자들의 노동 조건을 끊임없이 불완전한 조건에 처하도록 하고, 개발자들을 불완전 고용의 극단적 상황과 마주하도록 하고 있다.

한 사회의 기술 발전에 대한 5개의 사회적 상상력 층위 가운데 기업 가치 (C-1)는 한국형 기술잉여사회 모습을 배양하는 데 가장 지배적인 질서이다. 문제는 이 질서가 대단히 굴절되어 있고 노동 억압적이고 소비자 관리 부실 속에서 점점 크게 성장해왔다는 점이다. 다른 한편에서는 닷컴버블 이후 한 국경제에서도 간간이 '공유경제' 혹은 '혼종경제'라고 불리는 사회적 경제 유형의 시장이나 크리에이티브 커먼즈 라이선스 코리아(CCL-Korea), 정보 공유 라이선스, 그누(GNU) 라이선스 등 대안적 저작권 라이선스 모델들이 부상하는 듯 보인다. 하지만 여전히 그 힘은 미약하다(C-2 약). 그 대신에 국 가의 강력한 후원에 힘입은 재벌 대기업들과 통신사들이 시장 실패를 유예 하며 왜곡된 정보화 가치에 기댄 빗나간 사회적 상상력을 유포하고 있다고 볼 수 있다(C-1 강).

4) 커뮤니티 가치(D-2 강한 주도 경향)

패권화한 기업적·정치적 가치들에도 불구하고 여전히 국내에서 기술문 화 수용의 대안적 역능성과 커뮤니티적 가치가 발견된다. 한국의 특정 역사 적 국면에서 대중의 정치적 영향력을 효과적으로 발산한 특정 미디어 혹은 온라인 커뮤니티 문화의 전례가 꽤 많다. 정치적으로 보면 한국사회에서 온 라인 커뮤니티 문화는 그만의 온라인 토론장이자 오프라인 시위를 위한 촉 매제 역할을 수행했다. 역사적으로 미선·효순 사건 온·오프라인 시위 (2002), 노무현 대통령 탄핵 반대 시위(2004), 광우병 촛불시위(2008), 지방 보궐선거와 서울시 시장선거 독려(2010~2011) 등에서 온라인 커뮤니티 사 이트들의 역할과 추동력은 대단히 독특했다. 커뮤니티 층위에서 대안적인 사회적 상상력을 추동했던 셈이다. 네티즌 스스로 의견을 나누고 이를 현실 의 동력으로 삼았던 게시판문화, 인터넷 카페와 인터넷 방송, '인터넷 망명', 선거 시기 인증샷 등 소셜 웹 문화, 인터넷 기반 대안미디어, 시사 인터넷 방송들(≪오마이뉴스≫, <나는 꼼수다>, <뉴스타파> 등) 등 꽤 활발했다.

한국사회에서 온라인 이용자에 의해 진화했던 상기의 커뮤니티 지향 기술 플랫폼들은 주로 국가 규제의 파장에 대응한 저항과 탈주의 성격이 강했다는 점에서 흥미롭다(E-1/D-2 경합). 예를 들면 내용등급제나 인터넷 실명제로 개인 홈페이지와 게시판 문화의 토론 기능이 급격히 약화되면서 많은 이들이 인터넷 카페나 블로그 등으로 이주했다. 이어서 이들 인터넷 카페, 블로그나 인터넷방송 등이 사회적·정치적 기능을 수행하자 이들 서비스 운영자의 표현의 자유를 막으면서 이를 무력화하기 위해 법적 제제와 고발이 거세졌다. 그러던 차에 아고라 등 논쟁적 카페들은 명예훼손과 사생활 침해 등의 소송으로 말미암아 '인터넷 망명'[21]이라는 특유의 문화를 낳았다. 그러나 인터넷 망명이란 의식적 행위 또한 정보기관에 의해 수행되는 '심층 패킷 감청(DPI)'[22]으로 인해 기술적으로 전혀 부질없다는 사실이 알려지면서 그 효과 또한 반감했다.

다른 사례를 보자. 한때 선거 시기 문자나 메일링 활용 방법이 선거법 위반으로 막히면서 트위터 등 소셜 웹의 활용이 그 중심에 서기도 했다. 트위터를 통한 대중의 재기발랄하고 유쾌한 문화정치와 함께 특정 안건에 대해 트위터를 통한 누리꾼들의 '의제설정'이 전통 미디어를 움직여 기사화하도록 독려하거나 소셜 웹을 통한 정서적 연대를 오프라인 현실 참여로 추동하는

---

21 인터넷 망명 혹은 사이버 망명은 정부의 온라인 통제로 말미암아 자국 내 서버에서의 자유로운 인터넷 이용에 제한을 받는 누리꾼들이 국내법의 효력이 미치지 않는 해외 거점 서버로 옮기는 집단 디아스포라 현상을 지칭한다.

22 패킷 감청이란 쉽게 말하면 인터넷 회선을 오가는 이용자들의 개인정보를 중간에서 탈취하여 들여다보는 방식이다. 패킷 감청 앞에서는, 국내 정보서비스업체가 못 미더운 이용자들이 해외 서버로 자신의 계정을 옮기는 '사이버 망명'도 사실상 유명무실하다. 이용자의 메일 서버가 해외에 있더라도 누군가 가는 길목에 진을 치고 속속 열람하는 꼴이다. 이와 함께 일선 경찰에선 인터넷 사이트의 댓글과 첨부 파일을 일일이 감시하는 시스템을 가동시킨다고 한다. 누리꾼들의 말길을 막아 서서 윽박지르고 그나마 간신히 소통하는 내용조차 감청과 사찰로 속곳 하나하나 다 뒤지는 형국이다.

힘은 또 다른 주목할 만한 한국형 소셜 웹의 문화로 성장했다. 이렇게 온라인 규제와 통제는 시시각각 국내 누리꾼들의 활동 반경에 영향을 미쳤고, 새로운 대안 커뮤니티 기술이나 우회로가 존재할 때 커뮤니티 구성원들은 급격히 다른 기술로 빠르게 이전되어 가는 모습을 보여줬다. 지배적 정치 권력의 상상력이 기술에 의존하는 경향이 강화될수록 누리꾼들의 연합 또한 규제의 계기가 강한 코드들을 담고 있는 기술에서 멀어지거나 우회해 탈주 가능성이 높은 기술적 대안들로 몰려들면서 기술잉여의 누적적 적용을 누그러뜨리는 힘을 지속적으로 발휘했던 것이다.

국내 온라인 공간에서는 이렇듯 다른 어느 나라보다 현실의 변화와 개혁의 열망을 담은 급진 담론들이 무성했다. 정치적·경제적 기술잉여의 강력한 조건에도 여전히 시민 영역의 자생적인 디지털 자유문화의 신장, 그리고 때로는 오프라인과 연계된 온라인 저항과 정치 개입의 여론형성 과정의 매개로써 온라인 소통이 한국사회에서 중요한 역할을 수행한 것이 사실이다 (D-2 강). 이의 일종의 부산물로 현실 제도 정치의 변화 추동력 없는 비제도권 커뮤니티 온라인 행동주의가 자칫 원클릭 민주주의(클릭주의, clicktivism) 혹은 '슬랙티비즘(slacktivism)'[23]을 낳기도 했다. 제도적 변화 없는 인터넷상의 소란한 '이바구정치'를 슬랙티비즘 혹은 클릭주의라 본다면, 인터넷 한국은 현실 정치 논리와 무관하게 그리고 숙의 없는 정치적 카타르시스의 장으로 일부 변질되고 디지털 야만 상황을 만들어냈다. 다시 말해 기술적으로 보면 매우 고도의 소통 메커니즘을 기반으로 온라인상 논쟁과 난상토론의 계기성을 획득했으면서도 오프라인의 사회 변화까지 이르거나 영향을 미치지 못하는 단절된 온라인 현실을 보여주기도 했다(D-1 약).

---

23 '게으름뱅이(slacker)'와 '행동주의(activism)'를 합친 말. 실천이나 노력 없이 정치적 성과를 얻으려는 사회운동을 지칭한다. 여기서는 인터넷상의 '클릭주의'를 슬랙티비즘과 동격의 의미로 사용하고 있다.

5) 정치 가치(E-1 강한 주도 경향)

전 세계에서 유례없는, 하지만 다행히도 이제는 폐지된, 인터넷 실명제(일명 '제한적 본인확인제')라는 정보화정책은 한국을 기술잉여사회로 볼 수밖에 없는 중요한 근거 중 하나이다. 온라인 표현의 자유 권리와 정면으로 배치되는 이와 같은 정책 규제 수단은 주민등록번호라는 전근대적 권력 기술장치를 동원해 각 국민을 호출하는 식별자와 결합되면서 인터넷의 자유로운 소통을 막는 훈육의 기술로 둔갑했다. 흥미로운 점은 인권단체도 아닌 미국 웹 기업에 의해 인터넷 실명제가 국가적으로 공론화된 사건이 있었다. 이윤을 좇는 해외 웹 기업이 우리 대부분이 아무런 저항 없이 썼던 기술이 소통의 자유를 왜곡하는 무용의 기술임을 바깥에서 일깨웠던 경우다. 당시 국내에 진출했던 구글의 자회사 유튜브 서비스의 인터넷 실명제 거부 사건[24]은 국가 간 기술문화 차이의 소산이 아니었다. 이 사건은 방송통신위원회의 위신을 추락시키면서 우리 기술환경의 폐쇄성과 비정상성을 환기하는 계기가 되기도 했다.

사실상 통제 불능의 온라인 영역에 대한 정부 규제와 정보기관의 조직적 통제욕이 지난 세월 각종 인터넷 관련 악법의 도입과 연장 시도, 미네르바의 구속 수사, 포털업체들에 대한 정부 통제력 확대, 소셜 웹 내용 수시 심의와 선거법을 통한 처벌 강화 등 온라인과 미디어 영역에서 공공성을 훼손하는 형태로 진행되었다. 또 다른 예로 한국 정부는 2008년 미국 비자면제프로그램(VWP) 가입을 조건으로 전자여권 도입과 내국민 정보의 미국 정보기관

---

24 2009년 구글의 유튜브 서비스가 한국에서 개시되면서 한국 정부는 구글 또한 인터넷 실명제를 받아들여 누리꾼들의 주민등록번호 인증을 거친 본인확인을 의무화했다. 하지만 구글은 한국 정부의 본인확인제 정책에 항의해 한국 서비스를 포기했고, 공식적으로 유튜브에서 한국 국가설정으로는 누리꾼들이 동영상을 올리거나 댓글을 쓰는 것이 금지되었다.

양도를 일사천리로 처리했다. 미국 입국심사 면제라는 조건에 국민정보를 타국에 양도하는 결정이 어떤 시민사회의 제지나 논의 없이 이뤄졌다. 2011년에는 청소년을 보호한다는 명목으로 심야에 게임을 금지하는 '셧다운제'를 실시하고 관련 부처와의 중복규제를 낳고 있으며, 더 나아가 게임을 마약 등과 함께 '4대 중독물'로 지정하는 비상식적인 규제 정책으로 사회 공분을 사기까지 했다. 무엇보다 2008년 국무총리실에서 자행한 민간인 800여 명을 대상으로 한 불법 사찰, 그리고 2013년 국정원 등 정보기관의 조직적 대선 개입과 SNS 여론조작 혐의는 한국사회 민주주의의 근간을 뒤흔든 사건으로 기록될 수 있다.

결국 오늘날 한국정부의 통치 정당성 상실에는 기술을 통한 위기관리의 도를 넘어선 과도한 통치기술화라는 욕망이 도사린다. 예를 들어 빅데이터 신상 털기, 휴대전화와 문자메시지 도·감청, 카카오톡 열람, 이메일 열람, DNA정보 기록, 소셜 웹 등을 통해 여론을 조작하고 대중을 관리하려 했던 조직적 욕망이 오히려 통치자의 통제력을 실종하게 만드는 역설을 낳은 것이다(E-1 강). 반면에 그동안 한국정부는 시민사회의 문제의식을 공유해 「개인정보보호법」(2011) 제정, 공공데이터포털, 정보공개포털 등 정부 데이터 공유사이트 개설, 정부 지원 공공 라이선스 개발 및 CCL 대안 라이선스 지원 등 민주주의적 기술 적용을 꾀하기도 했다(E-2 약). 문제는 이것이 대안적 사회를 구성하기 위한 기술민주주의적 상상력 확대라기보다는 시민사회의 압력에 의해 추동되는 경향이 커서 언제든 애초의 취지가 퇴보할 수 있는 대단히 불안정한 지반 위에 서 있다는 점이다.

5. '신권위주의형' 기술잉여사회의 미래

한국이 지닌 기술잉여사회의 모습은 재벌 기업에 의한 기술 주도와 영향력(재벌기업들에 의해 추동되는 디지털 속도전의 강한 C-1 경향)과 이에 상응하는 국가 지원과 대중의 욕망 통제(E-1 강)에 의해 많은 부분 굴절되고 폐쇄되어 있음을 살필 수 있었다. 한국은 외부로부터의 디지털 기술과 문화의 습득 및 자가 발전의 과정과 관련해서 이것들을 발 빠르게 우리의 것으로 체화했으나 사회적 기술 성숙도와의 관계 속에서 대단히 퇴행적인 면모들을 보였다는 점을 확인할 수 있었다. 필자는 이 같은 재벌기업과 신권위주의 정부 간 공조형 기술발전의 모습을 '신권위주의형'(C-1/E-1 공조형) 모델로 명명하고자 한다. 즉, 한국은 기업과 정부의 공조와 연합에 의해 형성된 기술잉여의 지배적 조건들을 우리 사회의 상상력으로 삼는 특징을 보이고 있는 것이다.

국가-자본 공조형 '신권위주의' 기술잉여사회 모델이라는 명명법만을 보자면 실제로 대안의 커뮤니티적 가치를 공유하려는 시민의 잠재성을 포착하기 어렵다. 정치적·기업적 후진성이나 낮은 성숙도가 야기한 여러 구조적 문제점에도 불구하고, 이제까지 <표 1-2>의 개인 가치와 커뮤니티 가치를 중심으로 놓고 보았던 것에서 우리는 아래로부터의 자율적 문화 형성(강한 D-2 경향과 이용자들의 디지털 모바일 문화 형성의 자율적 계기)에 의해 기술잉여의 누적적 측면이 조금씩 감소된 면이 없지 않았음을 살필 수 있다. 오늘날 소셜 웹을 통해서 제도 정치적 이슈들이 활발하게 논의되는 한국과 같은 온라인 커뮤니티는 다른 곳에서 찾기가 그리 쉽지 않을 것이다. 한국은 분명 커뮤니티 문화가 대단히 높고 성숙된 국가임에 틀림없다. 마찬가지로 <나는 꼼수다> 등 풍자, 아마추어 패러디의 기발함이 끊임없이 생산되고 그것이 오프라인의 정서와 합류하면서 사회적으로 큰 반향을 일으키는 국내 이용자 문화는 분명 고유하고 독보적이다. 그러나 이 같은 대안적 사회의 상상력에 과도하게 열광해서도 곤란하다. 그 공과를 인정하더라도, 국가 정보기관의 선거 시기 소셜 웹을 조직적으로 동원했던 경우에서처럼 그 극단의 정치적 기술잉여의 순간들이 이를 압도하는 한국사회 속 패권적 정서를 빼고 얘기하긴 어렵기 때문이다.

국내 '신권위주의형(C-1/E-1 공조형)' 기술잉여사회의 모습은 결국 중국의 국가 주도 '권위주의 정치 가치형(E-1 주도형)'과 미국의 기업 주도 '웹 기업 주도형(C-1주도형)' 사이에서 양자가 뒤섞인 모양새임을 추측할 수 있겠다. 특징적으로 보자면, 한국이 기술을 통한 강한 시민사회적 의제를 형성하는 사회 경험이 풍부하다는 점은 중국과 미국에서 보기 힘든 예외적 온라인 역능의 증거라 봐야 한다. 중국, 미국, 일본에 비해 상대적으로 시민사회적 가치의 상상력이 여전히 크다는 점은 한국형 기술잉여사회의 가장 큰 희망이 아닐 수 없다. 비록 다른 기술경쟁국들처럼 지배적-대안적 사회적 상상력이라는 힘의 경합에서 지배 질서에 압도되긴 하지만, 우리의 경우 국내 기술잉여적 권력 질서에 크게 힘을 미칠 수 있는 시민사회 혹은 온라인 커뮤니티의 역능이 상대적으로 튼실하다는 점에서 기술 미래가 그리 어둡지만은 않아 보인다.

향후 관련 연구는 자연스레 이와 같은 우리의 '신권위주의형' 기술잉여사회의 지배적 질서에 어떻게 여전히 유효한 시민가치적 상상력을 기반으로 작은 균열을 일으킬지에 대한 고민으로 확장할 필요가 있어 보인다. 또한 이 첫 글에서 잠깐 시도했던 동북아 지형에서 중국, 일본, 미국 등에서 기술발전 모델 유형화가 좀 더 구체화될 필요가 있다고 본다. 예컨대 소셜 웹의 국가별 이용방식, 검색 엔진과 포털의 진화 방식, 협업·공유 문화 등 각 국가별 기술사회적 상상력을 북돋는 신종 디지털 문화 현상들, 국가 개입과 기업 주도의 정책 내용 등이 앞으로 좀 더 구체적으로 비교 분석되어야 할 것이다. 이를 통해 한국형 기술잉여사회의 윤곽이 분명해질 것이다.

정보 재난과 빅데이터 위험정보사회

제2장은 디지털 국면에 크게 의존하는 자본주의 사회의 새로운 위험사회 요인으로 빅데이터 현상을 주목한다. 이 글에서는 빅데이터 국면에서의 기술·정보 위험 상황을 전통적인 위험 영역들, 예컨대 정보/지식, 생태, 테러, 금융, 환경, 핵, 전쟁 등에 버금가는 새로운 형태의 체계적 '위험(리스크)'으로 판단한다. 특히 이 글은 한국과 같이 국가와 기업에 의한 개인정보 오·남용과 관리 부실이 특징적인 나라에서 예측 불가능한 정보 재난과 파국의 상황이 찾아올 확률이 대단히 높다고 진단한다. 이를 위해 필자는 먼저 이론적으로 울리히 벡의 '(글로벌) 위험사회' 개념에서 이 같은 변화된 정세에서의 디지털 위험요인에 대한 공백을 비판적으로 평가한다. 그리고 현대 다양한 리스크의 층위에 '빅데이터'에 의해 확장되는 새로운 형태의 '위험정보사회', 즉 '빅데이터 위험정보사회'라는 문제틀을 제안한다. 다른 한편으로, 이 글은 유럽 선진 사회에서의 위험사회 논리와 다른 실제 한국적 정보 위험사회의 국면을 특징화하고 이의 대안적 가능성을 살피고 있다. 무엇보다 한국은 서구와 달리 압축 성장에 따른 파행적 근대화를 겪어온 나라이기에 정보 인프라의 오작동 발생 시 걷잡을 수 없는 파국을 초래하고 그 어느 곳보다 정보 재난의 위험이 상시화되어 있다고 경고한다.

1. 한국사회의 정보 재난 분석을 위하여

위험과 재난은 계속해서 우리와 상존해왔다. 지진과 쓰나미 등 자연재해, 원자력과 전기 시스템의 과열과 오작동, 건물과 교량의 붕괴, 비행기 추락, 폭격과 테러, 환경 파괴와 훼손, 바이러스 확산과 광우병 공포 등이 오늘날 물리적 세계에서의 재앙 혹은 재난의 예에 해당할 것이다. 이와 함께 새롭게 디지털 위험의 영역 또한 확대되는 추세다. 금융전산망 해킹, 통신사나 온라인 서비스 사이트들의 고객 정보 대량 유출 사태와 이의 국제 범죄조직에 의한 악용, 국가전산망의 바이러스 타격, 국민 정보의 부실 관리로 인한 대외 유출과 피해 등은 정보화 국면 이후의 위험이자 자연재해에 버금가는 디지털 재난 상황으로 부각되고 있다.

이 장에서 필자가 자연재해 등의 실제 상황을 지칭하는 '재난'이라는 용어를 이용해 굳이 '정보 재난'이라는 개념을 쓰는 이유는 두 가지 문제의식에서이다.

하나는, 정보와 지식이 메타 수준에서 영향력을 미치는 단계를 넘어서 독자적으로 축적되고 유실·유용되면서 사회적 위험도를 구성하는 주요 요인으로 급상승하고 있다는 문제의식이다. 이는 규모와 영향력이 단순 위험이나 위협으로만 취급하기에는 이미 현실적인 파국에 이를 수 있는 위협이라는 데 있다. 예를 들어, 국내에서만 보더라도 1999년 Y2K 문제와 CIH바이러스 침해, 2003년 1·25 인터넷 대란, 2009년 7·7 DDoS 공격, 2011년 3·3 DDoS 공격, 2014년 개인정보 대량 유출사건 등은 국가재난 상황의 일부로 부각되고 있다. <표 2-1>에서 보는 것처럼, 개인정보 유출의 피해 규모가 근래 들어 대규모화되었다는 점도 정보의 재난적 속성을 더욱더 환기시키

<표 2-1> 한국의 주요 정보보안 사고 목록

시기	기관	유형	피해 규모	사건 명칭
2003년 1월	KT	DNS서버 공격	9시간 마비	1·25 인터넷 대란
2008년 2월	옥션	개인정보 유출	1,863만 명	옥션 개인정보 유출 사건
2008년 4월	하나로텔레콤	개인정보 유출	600만 명	
2008년 9월	GS칼텍스	개인정보 유출	1,125만 명	
2009년 7월	정부기관, 포털, 은행	사이트 마비		7·7 DDoS 공격
2010년 3월	신세계몰	개인정보 유출	820만 명	2010 개인정보 대량 유출 사건
2011년 10월	선거관리위원회	사이트 마비		10·26 DDoS 공격
2011년 11월	넥슨	개인정보 유출	1,320만 명	
2011년 3월	정부기관, 포털, 은행	사이트 마비		3·3 DDoS 공격
2011년 4월	농협	전산망 마비	수백억 원 추정	농협 전산망 마비 사태
2011년 4월	현대캐피탈	개인정보 유출	175만 명	현대캐피탈 해킹 사건
2011년 7월	SK컴즈	개인정보 유출	3,500만 명	네이트 개인정보 유출 사건
2012년 5월	EBS	개인정보 유출	400만 명	
2012년 6월	코웨이	개인정보 유출	198만 명	
2012년 7월	KT	개인정보 유출	870만 명	
2013년 3월	MBC, KBS, 신한은행, 농협 등	전산망 마비		3·20 전산 대란
2014년 1월	국민카드, 롯데카드, 농협카드	개인정보 유출	2,000만 명	2014 개인정보 대량 유출 사건
2014년 3월	KT	개인정보 유출	1,200만 명	
2014년 3월	SKT, LG U+ 등	개인정보 유출	1,230만 명	

자료: 위키백과, "대한민국의 정보보안 사고 목록" 내용 일부 수정, 정리.

고 있다.

다른 하나는, 현대 사회에서 메타정보나 지식이 예측성이나 체계성을 확보하기 위한 수단으로 이용되지만, 자체 과잉화 혹은 과잉연결된 정보나 지식은 위험에 대한 비예측성을 오히려 증가시키고 체제 위기 상황을 초래할수도 있다는 이율배반적 상황에 기인한다.

흔히 언급되는 위기, 위험, 리스크, 재난/재앙/파국은 어떻게 다를까? 울리히 벡(2010: 30)은 리스크(risk)를 '가능성으로 우리 앞에 있는, 우리를 위협하는 미래 사건'이자 '재앙의 예견'으로 규정한다. 즉, 리스크는 '파국이 아니라 예기된 파국, 잠재적 위험'이다.[1] 자연적 위험에 반하는 인위적 위험의 영역이 리스크에 해당한다. 반면 위험(danger)이란 사고가 일어날 가능성으로, 자연적 위험과 인위적 위험(리스크) 양자를 총칭한다. 후자의 잠재적이고 인위적인 리스크를 포함해, 실제적이고 경험적인 재난(disaster), 재앙(hazard), 파국(catastrophe)으로 발전할 수 있는 포괄적 상황이 위험이다. 한편 '위기(crisis)'란 주로 시간에 따른 주기성을 갖고 등장하는 인위적 위험을 지칭할 때 쓰인다. 이렇게 보면 리스크는 파국, 재난의 합리적이고 성찰적인 예견과 예측을 전제하고, 관리 가능한 위험 요인이다. 즉, 리스크란 위험 일반과 달리 경험 대상 없이도 관찰하고 인지하는 것이 가능하다. 대책을 세운다면 재난 상황에 이르기 전에 제어가 일정 부분 가능할 수도 있다는 얘기이기도 하다. 하지만 징후적으로 나타나는 현대적 리스크 양상과 형태에 대한 내용을 제대로 인지하지 못한다면 리스크 관리를 통한 재난과 재앙의 대비는 실제 불가능할 것이다. 결국 이 글에서 다루려고 하는 정보 재난은 인위적 위험의 가장 대표적 사례이자 리스크 관리의 실패로 볼 수 있다.

이 글은 현대 자본주의 사회를 규정하는 새로운 사회 위험 요인으로 '빅데이터(big data)' 현상을 주목하고, 이를 익히 언급되었던 정보/지식, 생태, 테러, 금융, 환경, 핵, 전쟁 등의 위험에 버금가는 새로운 형태의 '리스크'로 적극 사유해야 한다고 본다. 특히 현대 위험사회의 개연성 높은 리스크로 '빅데이터'에 대한 거버넌스 체제에 대한 적극적인 고민이 없다면, 한국과 같

---

1 울리히 벡(2010: 26)은 리스크와 위험(danger)을 구분해 사용한다. 혹자는 danger를 '위해' 혹은 '위협'으로 구분해 쓰기도 한다. 이 글에서는 리스크의 의미를 특별히 강조해야 하는 경우를 빼고는 위험이라는 개념을 대표어로 혼용해 쓴다. 맥락은 좀 다르지만 루만(Niklas Luhmann)의 경우도 이 양자를 구분해 본다. 위험은 '직접 관찰'에 의해 외부로부터 주어진 것이요, 리스크는 '간접 관찰'에 의해 인간의 결정을 거치는 것으로 구분된다. 그에게 리스크는 체계분화에 따른 인간의 자율권 확장에 따라 형성되고 올바른 결정과 커뮤니케이션을 통해 줄여나갈 수 있는 것으로 판단된다(김영욱, 2008: 34~35 참고). 루만에게 위험은 커뮤니케이션의 문제일 뿐 본원적이지 않다.

이 국가와 기업에 의한 개인정보 오·남용과 관리 부실이 특징적인 나라에서 예측 불가능한 정보 재난과 디지털 야만의 상황이 계속해서 일어날 확률이 높다. <표 2-1>은 그 징후들의 목록에 불과한 셈이다. 이에 이 글에서는 먼저 울리히 벡의 '(글로벌) 위험사회' 개념을 바탕으로 이 같은 변화된 정세에서의 디지털 위험에 대한 공백을 비판적으로 평가하고, 현대의 다양한 리스크의 층위에 '빅데이터'에 의해 확장되는 새로운 형태의 '위험정보사회'의 문제를 제기한다. 이어서 한국적 정보 위험사회의 국면을 특징화하고, 이에 대응할 수 있는 대안적 가능성이 무엇인지를 간단히 살펴보겠다.

2. 체계 위험의 진화 혹은 파국의 새로운 국면

위험사회의 개념화는 '후진사회'가 아닌 인류의 고도 과학기술과 문명을 앞세운 '선진사회'를 대상으로 고안된 모델이다(홍성태, 2009). 벡에게 과학기술과 정보의 선진화 정도는 이미 위험사회 구성의 '메타적' 속성에 해당한다. 왜냐하면 "위험(리스크) 사회는 자연이 끝나는 지점에서 시작"(Beck, 1988: 10)하기 때문이다. 인위적 질서란 지식과 정보의 축적된 체계 속에서 가능하며, 이러한 인공의 문명이 극도로 발달된 상황에서 리스크의 가능성이 커진다. 현대의 위험(리스크)은 그래서 "정치, 윤리, 수학, 대중매체, 기술, 문화적 정의와 관습을 결합하고 포함하는 '인위적 혼종(man-made hybrids)'"(Beck, 1988: 11) 상황에 해당한다.

벡(2006)이 위험사회를 산업사회의 새로운 국면으로 소개했던 것처럼, 위험은 자본주의 사회를 보편적으로 구성하는 체계화된 논리가 된다. 리스크는 리스크를 통제하려는 과학적·정치적 노력의 결과로 끊임없이 자가증식한다. 리스크는 삶과 따로 떼어낼 수도 없고, 좀처럼 계산 불가능하며 예측 불가능한 삶의 일부가 되어간다. 즉, 과학과 정치의 맹신, 그리고 '위험의 과학화(위험산업)'는 더 리스크를 키운다(벡, 2006: 107). 더구나 인류는 자신들이 만들어낸 과학과 기술에 대해 이해 불가하거나 통제 불능의 무지한 채로 남겨져 그것들이 어디로 가는지를 가늠하기조차 어렵게 되어가고 있다. 결국 "과학은 개연성들에 의해 작동하나 최악의 시나리오를 배제하진 않는다"(Beck, 1988: 13). 이 말은 현대 리스크란 결국 파국을 전제한다는 뜻이다. 이러한 '주조된 불확실성(manufactured uncertainty)'이 증가하여 리스크가 전면화된 사회가 바로 산업사회 이후에 등장하는 벡의 '위험사회'이다.

위험사회의 전면화란 기존에 '잠재적 부수효과'로 남아 있던 위험의 효과를 범위에서는 지구화 경향으로(벡, 2006: 77~78), 사회적으로는 부자나 권력가도 이들 위험으로부터 안전하지 않은 '사회적 부메랑효과'(벡, 2006: 78)로 확대한다는 뜻이다. 최근 일본의 후쿠시마 핵 원전사고 이후 낙진이 한반도에까지 비나 바람 등 기후변화에 의해 영향을 미치면서 타국민의 건강을 위협하고, 방사능을 머금은 참치들이 태평양을 헤엄쳐 미국 캘리포니아에 다량 포획·유포되면서 스시 횟집들이 문을 닫는 상황 등은 핵 재난 상황의 상호연결된 부메랑 효과의 특징적 현상이다.

1980년대 중반에 쓰인 벡의 『위험사회』 논의는 이렇듯 유럽 국가들을 중심으로 주조된 리스크에 의해 재편되는 자본주의 사회의 모습에 착목했다. 주로 과학·기술 위험과 생태 위험 요인을 부각해서 논의했던 초기 시도에 덧붙여, 최근 그는 『글로벌 위험사회』에서 리스크의 범주에 '불안 경제'의 핵심으로 떠오르는 글로벌 금융위기와 9·11테러 이후의 테러 위험을 추가한다. 특히 테러 위험의 경우에 의도성과 악의가 개입되면서 종래의 '리스크 계산'의 합리적 토대가 사라진다(벡, 2010: 37~38). 또한 유전공학적, 인간유전학적 변화, 정보의 홍수, 금융시스템의 붕괴, 테러와 생태학적 파괴 등의 현실적 도전에 직면하여, 벡은 독일이란 국민국가 단위에서 개진된 위험론의 시각을 변경해 그 시각을 '글로벌한 리스크'로 다루고 국가 간, 영토 간, 문화 간 '위험문화' 충돌로 설명하고 있다(벡, 2010: 60). 즉, 벡의 업그레이드된 책에서는 금융-테러 위험을 포함한 리스크의 범주 확대와 리스크의 전면화를 가정한 글로벌 위험을 지적하고 있다.

벡의 이와 같은 위험사회의 개념화와 논의 진전은 그 나름 현대 위험 국면에 대한 이해와 이를 대비할 수 있는 성찰적 사고를 이끌어내는 데 크게 공헌을 했다고 볼 수 있다. 하지만 그의 '위험사회' 개념에는 '정보사회'의 전면화된 고양에 대한 평가가 심각하게 이뤄지지 않았다. 정보사회의 정보위험이나 현 단계 '빅데이터' 시대 정보 위험사회의 리스크와 가능한 파국 국면에 대한 구체적인 논의도 없을뿐더러, 자본주의 메타정보나 지식에 의해 파생되는 위험과 '빅데이터' 자체의 축적에 의해 발생되는 리스크에 대한 구분조차 논의가 이뤄지지 않고 있다. 홍성태(2011)의 경우, 그나마 '정보 위험사회'라는 개념을 쓰고 있는데, 이는 벡의 위험사회론에 기초해 정보기술 확산 국면에서의 업그레이드된 위험사회 지형을 보여주는 정도다. 홍성태는 위험을 기술적, 개인적, 사회적, 생태적 위험으로 구분하는데, 기술적 위험은 정보기술 자체가 안고 있는 위험으로 보고, 나머지 세 가지 위험은 정보기술의 이용에서 발생하는 위험으로 분류하고 있다. 홍성태의 논의는 벡에 비해 상대적으로 위험사회의 정보화 국면을 설명하면서 그의 논의를 확장하려 한 노력이 보인다. 하지만 기존의 벡의 과학기술에 대한 리스크 요인의 연장선상에서 보고 있다는 점에서 홍성태의 논의를 또한 벡과 크게 다른 견해는 아닌 듯하다.

오히려 필자는 자본주의 재구조화와 관련해서 보면 데이터/지식 생산·가공·유통·분배에 의해 새롭게 글로벌 신경제가 논의되는 마당에 위험의 요인 또한 '빅데이터/지식'에 의해 형성되는 글로벌 리스크를 따로 떼어내 주목할 필요가 있다고 본다. 이는 달리 개념화하자면 '위험정보사회'로 명명할 수 있다. 즉, '정보사회'란 기존의 극소전자혁명(microelectronics revolution)의 자본주의 국면에 대한 우세한 장밋빛 전망론이 이제까지 40~50년간 별 이견 없이 쓰여왔는데, 이에 가장 큰 타격이 될 수도 있는 위험 혹은 리스크

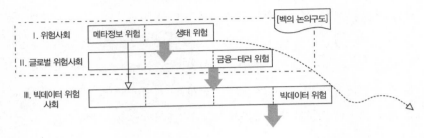

<그림 2-1> 빅데이터 정보 위험사회의 국면

의 전면화가 도래할 수도 있음을 '위험정보사회'로 개념화하는 것이 오히려 빅데이터 '재난'이란 상징적 효과 면에서 적절해 보인다. 위험사회의 정보화 국면인가 아니면 현 정보사회의 파국을 만들어낼 수도 있는 빅데이터 위험의 도래인가에서 필자는 후자에 손을 들고 싶다는 것이다. 즉, 디지털 야만의 시대에 대해 본격적으로 리스크를 파악해 대비하는 전략이 필요하다는 점을 말하고 싶다. 이 점에서 '정보 위험사회'보다는 '위험정보사회'의 전략적 개념화가 더 유리하다고 본다.

이제까지의 논의를 정리하면 <그림 2-1>과 같이 그려볼 수 있을 것이다. <그림 2-1>에서 보이는 것처럼, 위험사회의 기본 전제로 메타정보/지식 위험을 상정할 수 있다. 여기서 '메타'정보/지식이라 함은, 과학기술 영역과 관련해 위험의 다양한 경향들에 직간접적으로 영향을 미치고 기본 탑재되어 처리 과정에 쓰이는 경우들을 상정한다. 예를 들어, 핵발전소의 컴퓨터 시스템이나 특별한 공정을 위한 프로그래밍은 메타정보/지식에 해당한다. 메타정보/지식은 인위적 위험의 기본 전제이기도 하다. 한편 벡의 초기 위험사회론은 주로 환경위기 등 생태 위험을 부각시키고 있다. 그의 1980년대 중반의 첫『위험사회』저작 작업 이후에 거의 20여 년 만에 나온『글로벌 위험사회』는 위험의 글로벌 전면화를 목도하고 새로운 유형의 금융-테러 위험을 관찰하면서 글로벌 위험사회로 반경 확대를 도모하는 데 초점을 맞춘다. 이 점에서 벡의 위험사회론의 상당히 큰 리스크의 영역이 현실 파국이나 재난 상황에 맞춰 확대되고 있음을 확인할 수 있다. 여기까지가 일단 벡의 문제의식이었다고 볼 수 있으나, 벡의 문제는 정보사회의 위험 국면을 제대로 반영하지 않고 있다는 사실에 큰 문제가 있다.

필자는 이에 새로운 위험의 경향으로 '빅데이터' 위험을 꼽으며, 이에 대한 적극적 대안 모색이 필요하다고 본다. 마지막에 그린 '빅데이터 위험정보사회'는 바로 이와 같은 새로운 과잉 '빅데이터' 국면의 자본주의 리스크 상황을 묘사한다.[2] <그림 2-1>에서 보는 것처럼, 정보과다와 연결과잉의 리스크 파국 위험들이 부상하는 가장 강력한 새로운 리스크로 '빅데이터 위험'을 들고 있다. 빅데이터 위험의 새로운 구조화된 양식으로서 '빅데이터 위험정보사회'가 무엇인지 그 개념화를 다음에 이어서 시도해보자.

3. '빅데이터'와 빅데이터 재난 발생의 층위들

오늘날 빅데이터는 단순히 정보가 많다는 것(volume)뿐만 아니라 데이터 생성에서 활용까지의 빠른 속도(velocity)나 데이터 크기와 내용의 다양한 형태성(variety)과도 관계있다(*The Economist*, 2010; 채승병·안신현·전상인, 2012). 3V라는 세 가지 요소에 더해 이 '3V'를 관리·통제할 수 있도록 특정의 데이터를 찾고, 수집하고, 상호대조할 수 있는 기술 능력이 요구되는 영역을 빅데이터라는 말로 쓰기도 한다.[3]

---

2 또 다른 한편으로, 윤상오(2012)의 문제제기에서처럼, 만약 우리가 빅데이터 국면의 '위험정보사회'라는 개념을 사용한다면 기존의 정보사회의 위험 요인들(프라이버시, 감시사회, 사이버테러, 사이버전쟁, 신뢰위기 등)에 비해 '빅데이터' 위험으로부터 이전과 얼마나 다른 새로움을 발견해낼 수 있을까 하는 문제가 남아 있다. 고작해야 기존의 정보사회 위험 요인들의 후속판이 아닐까라고 그는 반신반의한다. 빅데이터의 사회적 리스크로서의 동시대적 혹은 부상하는 문제는, 이후의 '빅데이터 위험정보사회'를 개념화하면서 천천히 그것의 질적 특징들을 살펴보는 것으로 풀어보겠다.

일단 데이터의 과잉화된 생산을 보자면, 보통 빅데이터는 '구조화된' 데이터와 '비구조화된' 무정형의 정보 데이터로 구성된다. 전자가 기업과 정부 등에 의해 특수 목적을 위해 쓰이는 분석 데이터를 지칭한다면, 후자는 분석 알고리즘에 적용받지 않으면서 이용자들에 의해 기하급수적으로 생겨나는 비정형의 데이터 정보의 과잉 생산을 지칭한다.[4] 개인 데이터의 경우에는 '자발적' / '관찰된' 데이터(volunteered/observed data)의 형태로 빅데이터가 형성된다(조동원, 2012). 매일같이 주고받는 '자발적' 카톡 메시지와 페이스북의 코멘트, 그리고 끊임없이 드러낼 수밖에 없는 '관찰된' 위치정보 등이 그 예이다(빅데이터 작동방식의 구체적 내용은 제3장을 참고할 것).

빅데이터 위험의 특성과 함께 그것의 파급력을 함께 다뤄야 하는데, 정보 재난의 문제를 살펴보기 위해서는 그것의 발생 영역 혹은 층위를 살펴봐야 한다. 대체로 빅데이터 재난은 다음과 같은 발생 층위(레이어)를 지닌다.

첫째, 빅데이터 위험의 '내재적'인 층위가 있을 수 있다. 주로 구조화된 데이터 영역으로, 빅데이터가 생산되고 가공되어 유통되고 축적되거나 분배되어 네트워크 연결을 통해 흐르는 영역 전체가 이에 해당한다. 예를 들어, 빅데이터와 가공된 지적 생산물들의 내부 위험 요인에는 대규모 개인정보의 기업 유출과 국내·외 지하 거래(네이트/싸이월드, KT의 소비자 개인정보 유출과 중국 암시장의 신용카드 정보로 재가공 등), 국가에 의한 시민사회의 개인정보 관리와 통제(국무총리실 민간인 사찰 등), 시민 정보의 범죄 및 공안 정보 활용(경찰, 국정원 등 범죄정보 기록, 관리 등) 등, 주로 기업과 국가에 의해 소비자 정보와 국민 개인 프로파일 정보가 축적·유용되면서 벌어지는 위험과 재

---

3 빅데이터와 국가 감시, 그리고 기업 포획의 이중 메커니즘에 관해서는 이 책의 제3장에서 구체적으로 논의한다.

4 인문·사회과학적 접근과 무관하게, 비즈니스 관점에서 국내 기업들에서는 대용량 비정형 데이터 처리기술과 이의 지능형 서비스를 구현하는 기술만을 지칭하여 빅데이터(기술)라 부르기도 한다[예를 들어 손민선·문병순(2012) 참고].

<표 2-2> 빅데이터 위험의 층위와 영역

층위	하위 영역
내재적 층위	구조화된 데이터 영역
	구조화된 데이터 영역 내 융합 영역
관계적 층위	정형+비정형 데이터 융합 영역
외부적 층위	사회/문화적 영역
	기술설계 영역

난 상황이 존재한다. 빅데이터 영역 내 및 영역 간 데이터 정보의 융합 등에 의해 발생하는 정보 재난도 특징적이다. 빅데이터 영역 내 융합에는 경찰 - 검찰 - 법원이 시민의 정보를 함께 연동해 공유하는 시스템을 개발하는 경우나 파업 노동자들의 생체정보를 수집하는 경우가 해당한다. 빅데이터 영역 간 융합에는 생물학적 유전정보와 개인 신상정보의 결합, 주민등록번호 시스템과 개인의 각종 의료 및 범죄 정보의 결합 등 특정의 개인정보들이 여타의 정보들과 상호 연동되면서 개인의 정체성이 백일하에 드러나고 탈취당하는 야만적 상황이 해당한다. 당연히 빅데이터 영역 내 및 영역 간 정보들이 함께 연동되면 정보 효율성이 극대화되는 만큼 빅데이터 위험도 더욱더 극대화된다. 이와 같은 리스크의 국가 관료주의적 조장에 대한 논의는 다음 제3장에서 더 구체적으로 이뤄질 것이다.

둘째, '관계적'인 층위가 있을 수 있다. 주로 구조적 데이터와 특정의 비정형 데이터가 결합해 발생되는 위험과 파국 상황을 지칭한다. 최근 소셜 미디어를 통해 기록되는 개인의 사적 기록들을 의도적으로 '신상 털기'하여 특정인을 위험에 빠뜨리는 경우가 특징적인 예일 것이다. 옥스퍼드 대학교 인터넷 연구소(Oxford Internet Institute)의 빅토어 마이어 쇤베르거(Viktor Mayer Schönberger) 교수는 검색과 소셜 미디어를 통해 일상적으로 올렸던 글과 검색 내용이 온라인상에서 완벽하게 기억되어 네트에 떠돌거나 누군가에 의해 관리되는 현실을 감안하면, 이제는 무조건 기억되어 저장되는 현실이 '잊히고 삭제될 권리'보다 앞서 존재하는 시대가 되었다고 본다(마이어 쇤베르거, 2011). 즉, 인간의 사이버공간 내 우연과 목적된 행동 모두가 기억되고 저장되는 현실에서, '데이터마이닝'이나 '신상 털기'를 통한 특정 관계의 추론과 공개가 원활해지는 때가 온 것이다. 예를 들어, 거리시위를 통한 개인의 정치적 의사표현을 경찰이 영상 채증으로 담아서 개별 국민식별정보와 함께 축적하는 '경찰범죄정보관리시스템(CIMS)'의 경우가 이에 해당한다. 결국 이는 무엇보다 특정인의 개인 신상과 관계한 구조적 데이터에 무작위로 비정형의 사적 데이터들을 함께 결합한 것으로 그 야만적 인권침해의 위험은 심대해질 것이다.

셋째, 빅데이터 바깥으로 불리는 '외부적' 층위에 의해 발생하는 위험 혹은 파국 상황이 있다. 이는 빅데이터 영역에 영향력을 행사하는 사회적·문화적 층위라 볼 수도 있고, 빅데이터 영역과 상호연계된 또 다른 기술설계 영역을 의미할 수도 있다. 전자의 예로는 국민국가 내에 존재하는 조직윤리, 보안의식, 인권수준, 사생활보호, 정보문화, 기술신화 등이 빅데이터 설계부터 관리 능력과 밀접하게 연관되어 있다. 후자는 특정 기술설비와 아키텍처에 들어가는 데이터와 정보(메타정보/지식)가 외부의 다른 빅데이터 위험과 연계되어 있는 경우를 지칭한다. 기업 금융전산망이나 국가기간망 시설과 외부 빅데이터의 연동이 한 사례에 해당하며, 빅데이터 내부 침입이 특정설비(송유관, 전력, 오폐수, 핵발전소 등)와 설계에 영향을 미쳐 사전에 대비할수 없는 가공할 파국으로 향하는 경우가 있다. 예컨대, 핵발전소가 통제 타워에 연계되어 작동한다면, 외부로부터의 데이터 정보 오작동이나 연산 인식의 오류로 핵연료봉과 관련한 문제를 발생시켜 큰 재난 상황을 일으킬 수도 있다. 외부와의 연결과잉으로 인한 이와 같은 재난의 연쇄성과 파급효과는 현대 위험사회에서 일반화되는 경향이 크다. 즉, 서로 다른 설계로 구성된 데이터들이 연동되어 연결되고 영향을 미치면서 의도치 않은 전염과 파국의 상황을 맞는 경우가 증가한다. 결국 빅데이터 위험에는 내부 위험, 다른 빅데이터와의 상호관계적 위험, 외부 설계와의 영향 관계에서 발생하는 위험 등이 폭넓게 존재한다.

2003년 1·25 인터넷대란을 계기로 대통령령으로 「국가사이버안전관리규정」이 만들어지고 국가 차원의 사이버보안 대응 논의가 확산되기는 했으나, 이 규정에서는 여전히 국가사이버안전을 사이버공격으로부터 국가정보통신망을 보호(제2조 제3호)하는 것으로 정의하고 있다. 즉, 위험의 존재를 '외부의 적'으로 네트워크 바깥에 존재하는 것으로 대상화하고, 물리적 망에 담기는 데이터와 이것들의 '흐름' 개념 없이 그저 '물리적 망'을 보호하면 되는 것으로 보아 구태의연한 리스크 접근법을 택하고 있다.

이에 덧붙여, 개인, 시민사회, 기업, 국가, 국제 영역에 따라 그 정보위험과 파국의 양상, 특성, 범위 등이 다르게 나타난다고 볼 수 있다. 무엇보다 빅데이터 재난의 양상은 국가별로 서로 다른 정치적·경제적·사회적·문화적 차이로 인해 리스크의 비예측성과 특수성을 대단히 증대시키는 경향이 있다.

4. 빅데이터 위험정보사회의 특성들

빅데이터의 이와 같은 위험의 층위들을 전제로 하여 빅데이터 위험정보사회의 몇 가지 기본 특징을 정리해보자.

먼저, 과거에는 산발적이고 국부적·국지적으로 일어나던 디지털 정보위험이 이제는 물리적 위험들처럼 항상성을 지니거나 대규모화한다. 이는 조직이론가 찰스 페로(Perrow, 1984)의 '정상사고(Normal Accidents)'라는 개념에서도 볼 수 있는 것처럼, 고도로 복잡하고 연결성이 높은 시스템을 갖춘 사회일수록 사고가 일상화하며 이를 피할 방법이 없다는 주장의 연장선상에서 파악할 수 있다. 한때 로컬에 머물렀던 데이터들이 중앙에 집중하면 이것들의 리스크가 점차 증대한다. 분산성에 기초하던 것들이 한군데 모이면서 권력의 힘도 증가하나 그만큼 위험 확률도 증가한다. 한국 같이 주민등록번호에 모든 정보, 즉 의료, 자동차, 금융, 교육, 가족, 주거지 정보 등이 한꺼번에 다 연결되는 현실에서는 끊임없이 여기저기 흩어진 데이터 정보들을 쉽게 개인식별자를 통해 통합하여 한곳에 관리하려는 강한 유혹이 존재한다. 이는 곧 국내 상황에서 정보 재난의 리스크가 다른 나라에 비해 훨씬 크고 깊다는 사실을 일깨운다.

둘째, 물리적 재난 상황이 대체로 한 지역에 충격과 영향이 가해지고 소멸하는 것처럼, 과거에는 특정 서버에서의 해킹이나 정보 유출이 한 지점에서의 피해로 끝나는 경우가 많았다. 하지만 이제 온라인 공간에서의 해킹, 사이버테러, 사이버전의 파급력은 연쇄적이고 전 지구적이다. 개인정보는 한 국민국가 단위에서 멈추거나 피해상황이 끝나는 것이 아니라, 디지털 네트워크를 타고 타국으로 유출되어 재가공되어 본인도 모르는 사이 새로운 데이터 옷을 차려입고 또 다른 피해를 만들어낸다. 예를 들어, 국내 개인정보의 유출과 동시에 이를 통해 주조된 신용카드가 중국 등지에서 복제 생산되어 다른 곳에서 유통되는 상황은 바로 이와 같은 위험의 전 지구화한 국면을 지칭한다. 혹은 피해 발생지가 아닌 제3의 장소를 경유해 위험이 특정 장소로 전이되는 경우도 존재한다. 특정 국가의 이용자 컴퓨터들을 '좀비'화하고 이를 경유해 다른 국가의 특정 서버의 트래픽을 증가시켜 시스템을 무력화하는 방식, 즉 '디도스(DDoS)' 공격이 이의 적절한 예에 해당한다. 특히 2000년대 후반 이후 '사이버전(cyberwar)'으로 지칭되는 국제적 갈등 상황이 본격화하면서 빅데이터를 활용한 국지전이 새로운 형태의 글로벌 국제위험 요인이 되기도 한다.[5]

---

5 예를 들어, 2007년 러시아 정부의 에스토니아 정부를 향한 디도스 공격, 2008년 러시아 민간인들 중심의 조지아 사이버 공격, 2010년 이란 핵시설 사이버 공격 등 사이버전의 사례가 증가하는 추세다. 이들 사이버 전쟁 사례들에 대한 사이버안보적 차원의 접근은 조현석(2012) 참고.

셋째, '카트리나 효과(Katrina effect)'의 강화된 국면이 존재한다(Perrow, 2007). 카트리나 효과란 사고방지의 예방조치에 대한 과신이 오히려 재앙을 악화시키는 결과를 낳을 때 쓰는 말이다. 뉴올리언스의 미시시피 강 유역의 범람과 홍수가 반복되면서 체계적 제방 설계가 아닌 제방의 높이만 올리는 대책이 반복되었고, 많은 이들은 오히려 이를 믿고 이곳으로 인구 유입이 더 많아지는 효과를 낳았다. 그러나 카트리나 태풍으로 허술한 제방이 무너지면서 수많은 인명 피해와 재해를 낳은 대재앙이 발생했다. 결국 카트리나 효과란 디지털 영역에서 보자면 빅데이터 정보 과신과 기대에 관한 경고성 테제임에도 사실상 이러한 리스크에 대한 검토는 전혀 논의선상에 오르지 못하고 있다. 예를 들어 정부와 기업에 의한 빅데이터 활용이 무한한 비즈니스 이윤 창출이나 아카이브 정보 효율성에 기여하기도 하지만, 한번 문제가 되면 상상을 초월한 위험을 낳을 수 있다는 점도 상기해야 한다. 실제 앞으로 빅데이터 재난 상황에 대한 허술한 대비는 경제학자나 정부관료 등 정책입안자들의 잘못된 판단과 오류를 낳고 그것들이 누적되어 새로운 파국의 상황을 연출할 공산이 크다.

다른 한편, 나오미 클라인(Naomi Klein)은 '카트리나 효과'를 현대 자본주의의 일상화되고 총체화된 모습으로 그려내면서 '재난 자본주의(disaster capitalism)'라는 개념을 쓰고 있다(클라인, 2008). 즉, 전쟁, 테러, 주식시장의 붕괴, 절대 빈곤, 자연재해 등 재난, 파국 상황에서 오히려 자본주의는 신속하게 자신이 원하는 체제를 구축하고 이를 통해서 확장해왔다고 본다. 카트리나 피해 이전부터 존재했던 빈민 거주지 제방의 부실과 파국, 그리고 재난 이후 급속하게 재정비되면서 도시 경관이 바뀌어 저소득자나 빈민이 난민화하고, 뉴올리언스 시 당국은 이들을 더욱더 도시 외곽이나 타지로 몰아내는 데 성공한다. 이처럼 정보 재난의 특정 형태를 유발하거나 혹은 예정된 파국의 상황이 만들어지면 이를 체제 확장의 계기로 활용할 공산도 크다.

넷째, 빅데이터 간 '과잉연결'의 효과이다. 빅데이터 과잉화 현상과 빅데이터 간 과잉연결이 함께 연동해 특정의 위험 상황을 연출한다면 리스크의 발생과 파국 확률이 더 높아질 것이다. '연결과잉(overconnected)'의 시대에는 인터넷 등 상호의존성이 두드러질수록, 역으로 통제력이 상실될 확률이 높다. 『과잉연결시대』라는 책을 집필한 윌리엄 데이비도우(William Davidow)에 따르면, 과잉연결은 '고도연결(high-connected)'을 훨씬 지나쳐 "각 주체들의 변화속도가 너무 빨라 주변 환경이 변화 속도에 대체하지 못하는 단계"에 해당한다(데이비도우, 2011). 다시 말해 현실 변화와 연결성에 주체적 적응과 통제 능력이 급격히 떨어지는 단계를 말한다. 이는 마치 생물학적 전염과 전이처럼 손쓸 새도 없이 파국에 이르는 위기 상황을 지칭하는데, 작은 부위의 오류가 순식간에 전면적 재앙에까지 이르게 할 수 있음을 뜻한다.

국내 빅데이터의 '연결과잉' 사례로, 나이스(NEIS, 교육행정정보시스템)의 경우를 보자. 건강, 성적, 수행, 가족, 병력 등 수백여 항목의 중·고생 프로필 정보의 집적과 통합관리 및 추적은, 교육부가 도구적 합리성에 기초해 신상 데이터를 자체 관리하려다 데이터 윤리를 망각해 벌인 잘못된 IT정책 적용의 경우였다. 마찬가지로 지역 서버에 머무르고 집적·관리되던 학생 정보를 중앙 정부의 단일 서버로 통합하려는 행위는 단연 연결과잉의 오류다. 정보의 분산화가 네트워크 위험을 최소화한다는 기본 상식을 고려할 때, 단순히 효율성 논리에 근거해 데이터를 집중하는 것은 어리석은 관리 기제임이 분명하다. 나이스의 연결과잉은 집중과 분산을 적절히 결합하지 못해서 발생했던 문제이기도 하다. 즉, 학생 정보 수집은 기초 정보만으로 최소화하고, 그 정보들은 기존 몇 개 지역 교육청 서버에 분산해 관리했던 구시스템을 보완 유지하는 체계적 설계가 필요했던 것이다. 어쨌든 일단 현대 정보 재난은 빅데이터의 처리와 통제에 대한 제어 불가능성이 주로 문제의 발단이 된다. 빅데이터는 대량의 정보 생산을 통해 인류에게 예측, 기대, 전망의 통계치를 선사할 수 있지만, 그것이 집적되어 특정 목적으로 이용되면서 점점 더 많은 심각한 재난과 재앙의 파국을 가져올 수 있는 가능성의 지평도 함께 열고 있는 것이다.

이 점에서 어떤 나라보다 물리적 망 건설에서 선도적인 한국의 상황은 빅
데이터의 연결과잉을 극대화하는 리스크를 지닌다. 1990년대 말에 일반 이
용자들 대부분이 초고속 네트워크망을 쓰게 되었고, 이제는 거의 대부분이
무선 인터넷망까지 서비스를 받을 수 있는 한국에서 연결과잉으로 인한 재
난 상황이 도래할 확률은 크다. 이는 '타이타닉 효과(the Titanic effect)'와도
상당히 일치하는 면이 존재한다. 연결과잉을 마치 고도연결인 것으로 긍정
하고 안심하는 사회에서, 타이타닉의 침몰과 같이 그 가정을 깨는 파국의 상
황이 일어날 확률이 더 높다는 것이 타이타닉 효과의 설명법이다. 즉, 완벽
한 듯 보이는 빅데이터 기술 현실에서 더 큰 구멍이 발생할 수 있다는 경고성
메시지다. 정보 몰입도와 특정 데이터 이용의 '경로의존적' 행위들이 강한
우리 사회에서는 이 같은 연결과잉의 파국 상황에 쉽게 사회 전체가 붕괴에
이를 수 있다.

다섯째, 빅데이터 위험정보사회의 특성은 복합적이고 이에 따라 불확실
하다는 데 있다. 과거에는 어느 정도 예측이 가능한 범위와 경계를 지니고
특정의 데이터 현상과 효과가 발생했다면, 이제는 위험과 재난 상황이 불확
실하고 복합적으로 얽혀 있다. 빅데이터 정보과잉과 연결과잉의 기술적 조
건 속에서, 한 곳에서의 위험 소용돌이가 다른 곳으로 전이되거나 눈덩이처
럼 불어나거나 다른 위험 요인에 촉매제 역할을 할 수도 있기 때문이다. 게다
가 여기서 복합적이라 함은 기술적 영역과 사회적 영역이 함께 연동된다는
의미라고 볼 때, 위험의 발생 원인은 기술적 상황에서뿐만 아니라 구조적·사
회적 요인에서도 온다고 볼 수 있다. 빅데이터 시스템을 운용하는 정부 정책,
공무원 기강과 윤리, 조직 효율성, 업무 책임, 보안 교육, 당대 기술 위험에 대
한 국민 인식과 교육, 개인정보 보호, 정보문화, 위기 거버넌스 시스템 등에
따라 빅데이터에 의해 발생하는 리스크의 영향과 정도가 달라질 것이다.

마지막으로, 벡의 위험사회론에 따르면 자본주의 사회에서의 생산관계

속 모순과 적대의 생산은 새로운 형태의 적대와 모순을 생산한다. '새로운 적대는 위험의 정의를 생산하는 사람들과 그것을 소비하는 사람들 사이에서 형성'된다(벡, 2006: 93). 벡에 의하면, 지식의 사회적·경제적 중요성이 커 가며 그와 함께 지식을 구성하고 퍼뜨리는 미디어에 대한 권력이 커진다. 이는 빅데이터 국면에서 풀어보면, 정보-지식의 수집, 생산, 가공, 분배의 가치 영역에서 빅데이터 격차와 불평등이 크게 발생하며, 빅데이터를 활용하거나 이로부터 가치를 창출하거나 소유하는 그룹이 현실의 권력을 독점하게 되고, 그렇지 못한 그룹들이 이에 종속되어 단순히 소비하는 위치를 점할 거라는 예측이 가능하다. 그것도 빅데이터 소유자와 비소유자 간의 단순 대립 구도가 아닌, 수집에서 가공, 유통, 분배에 해당하는 각 영역에서의 빅데이터 점유와 활용에 따라 다층적인 적대와 격차, 불평등 구조를 만들어낼 공산이 크다.

이렇듯 위험정보사회와 재난의 특징은 항상성, 연쇄성, 예방 과신, 연결 과잉, 복잡성, 불평등구조 등에 기반을 두고 미래의 빅데이터 위험 예측을 더욱더 어렵게 만들고 있다.

5. 정보 재난의 국내 특성과 거버넌스

정보사회의 데이터 위험이 대체로 산발적·국부적·지역적·예측적 상황에서 발생했다면, 위험정보사회의 빅데이터 위험은 항시적·전 지구적·연쇄적·불확실한 상황을 전제한다. 빅데이터 위험의 조건이 이전보다 질적인 측면에서 깊어지고 거대해지고 복잡해져 간다는 점을 추측할 수 있다. 이와 같은 일반적 조건에서의 빅데이터 위험 가능성뿐만 아니라 각 국가별로 현재 위험정보사회의 가능성을 키우는 특수성의 조건이 서로 다르게 작동하는 것도 사실이다.

상황이 그렇다면 여타 국가들과는 다른 한국적인 빅데이터 위험 요인들이 존재할 경우 그것은 무엇일까? 첫째, 한국은 압축 성장에 따른 '돌진적 근대화' 혹은 야만적이고 파행적 근대화를 겪어오면서 정보 재난의 상황 또한 그로부터 확대되고 있다(벡 외, 2010: 97~99). 한국식 발전에는 비생태주의적 야만의 근대화 모델, 효율성 중심의 논리, MS 등 특정 소프트웨어 다국적기업에의 종속관계, 성과주의식 정보통신 정책 집행, 국민 개인정보의 오·남용 등이 뿌리 깊게 자리하고 있다. 이와 같은 디지털 야만들은 빅데이터 위험의 주요 원인이 되면서 기간의 한국적 위험사회를 '이중적 복합위험사회(dual complex risk society)'(임현진, 2004)로 점점 더 몰아가고 있다. 근대화의 성과조차 왜곡되고 파행적으로 진행됨으로써 서구에서 얘기되는 위험사회의 일반 모델에 한국적 디지털 야만으로 인한 위험이 이중고로 작동하는 상황이 발생한다.

둘째, 압축적 근대화의 전형적 폐해로서 사회 전반에 퍼져 있는 기술입국의 신화화가 그 중심에 있다. 위험의 유형으로 보자면, 2000년대 들어와 한국에서 가장 큰 위험 요인으로 기술적 재난위험이 사회적 해체 위험, 생태 위험, 자연재해 위험 등을 앞서고 있다. 그만큼 시민들이 성장의 동력이 경제·기술이라는 신화적 논리로부터 위험과 파국의 가능성을 더욱 체감하고 있었던 셈이다. 예를 들어 빅데이터 이슈에 관한 국내 국가정보화전략위원회의 보고서 내용을 보면(국가정보화전략위원회, 2011) 바로 이러한 긍정적 수사의 '빅데이터 활용 시나리오'만 존재한다. IT 영역에서 성공적 정책에 힘입어 부상하는 정보기술의 경제 동력화에 대한 발전국가 내 정부 관료들의 뿌리 깊은 욕망은 이들 정보기술을 신비화하고 신화화하는 데 크게 일조해 왔다. 벡은 관료들의 무한한 진보에 대한 환상 등 과학기술의 신비적 요소에 대해 문제를 제기하면서, 기술적 신화화에 대한 성찰적 대응을 요구하는 '성찰적 근대화' 테제를 제기했다(김영욱, 2008: 39~44). 산업 근대화의 핵심 명제인 기술·경제 중심 추동 경향을 깨고 문제 해결을 위한 시민 주체들에 의한 풀뿌리 민주주의정치의 활성화가 위험 요인을 해결할 수 있는 대안이라 보았던 것이다.

셋째, 빅데이터 재난 상황을 키우거나 이에 쉽게 등장하는 정치 논리와 반인권적 디지털 야만의 문제가 고질적으로 존재한다. 효율성 명목으로 끊임없이 국민들을 감시하거나 개인정보의 보호에 대한 불감증이 이를 증명한다. 통제와 지배를 욕망하는 주체는 스스로 국민을 감시한다고 느끼지 못하며, 이를 주로 대민 서비스 향상과 관료주의적 효율성의 논리로 본다. 하지만 많은 부분 효율성 논리에 의해 합리화되는 국민 정보의 감시와 정보 축적, 그리고 이의 반영구적 보관이나 오용은 해킹이나 사이버테러에 의해 언제 어느 때고 터지는 파국 상황을 초래해왔다. 이는 사적 영역이나 기업 영역에서의 개인정보 불감증으로 이어진다. 국가의 시민 빅데이터 남용과 오용은 소비자 개인정보 해킹, 판매, 유출, 도용 등이 도처에서 발생하고 창궐하는 데 일조해왔다.

마지막으로, 빅데이터 정보과잉과 연결과잉에도 불구하고 이를 대비하는 체계적 보안구조 또는 보안체계 문화가 없는 공백도 문제다. 국내 금융거래에서도 각종 인증 방법을 동원해 해킹 사범들을 막는 조치를 취하고 있지만, 2011년 농협 전산망 마비 사태 등 실제 한국만큼 보안과 해킹에 취약한 나라도 없는 것이 사실이다. 앞서 <표 2-2>에서 본 것처럼, 기업에 의해 의도적이거나 실수로 소비자 정보가 대량 유출되는 건수도 심각한 수준이다. 개인식별번호(주민등록번호 등), 은행계좌, 신용정보, 소비정보, 학생신상정보 등이 내부 거래되거나 대량 유출되는 사건이 비일비재하나 사회적으로 이에 대한 경각심을 갖거나 사법적 대책을 강화하는 논의는 부족하다. 국민들의 사적 정보가 이렇듯 인터넷을 통해 무방비로 노출되고 해외로 팔리고 음성 거래되는 현실을 위기 상황으로 받아들이고, 주민등록번호의 재발급이나 궁극적 폐지 등 이에 대한 국가적 대응을 취하는 것이 현명하다.

사실상 데이터 과잉과 연결과잉이 대세이자 흐름으로 자리 잡은 현대 자본주의 사회를 받아들인다면 빅데이터 정보 재난 상황을 막을 수 있는 방법은 딱히 없어 보인다. 그래도 한국형 정보 재난의 특수한 상황들이 이렇듯 디지털 야만의 인위적 요소들로 인해 발생한다는 점에서 대안 마련이 필요하다. 거세지는 연결과잉과 빅데이터 흐름을 '조절'하는 차원에서 리스크를 관리하는 총체적 거버넌스 모델이 필요함은 분명하다. 이 점에서 원론적 수준에서 몇 가지 빅데이터 정보 재난에 대한 향후 거버넌스 이슈를 제기하고자 한다.

일단은 앞서도 잠깐 언급되었지만 네트워크 설계에서 집중형보다는 분산형 모델을 추구해야 할 것이다. 전국 단위 네트워크 설계보다는 지역이나 업무분장 단위 위주의 분산형 네트워크 모델을 추구해야 할 것이다. 분산형이 어려우면 집중·분산 통합형을 지향해야 한다. 데이터 정보의 집중은 정보 탈취와 해킹의 표적이 되기 쉽다. 분산형은 파국이 발생해도 그 영향력이 국부적이고 지엽적일 수 있다. 일부 빅데이터 집중을 통해 효율성을 살리면서도 사이버 보안을 위해 최적화된 분산이 필요하다.

둘째로 분산형 아키텍처와 연결되는 의미로서, 연결과잉 수위를 낮추고 줄여야 한다. 상호연동과 연결이라는 것이 효율성을 증가하는 듯 보이지만, 장차 파국의 전염과 재난의 수위를 더 크게 만들고 예기치 않은 곳에서 파국이 발생하도록 추동한다. 불필요한 과잉연결을 차단하는 조절과 통제가 필요하다. 디도스 공격의 증가나 바이러스의 글로벌한 영향 등은 이와 같은 과잉연결의 폐해이다. 예컨대, 2003년 1월 24일 MS SQL바이러스에 의한 컴퓨터재난과 2009년 7월 7일 디도스 공격 등은 바로 '연결과잉'에 의한 국가적 재난 상황이었다.

셋째로 사회적으로 체계적 리스크 관리를 실시해야 할 것이다. 개인 시민 혹은 고객 정보의 치밀한 관리와 파기 의무화, 외부 해킹과 바이러스 보안 체계 구축, 시스템 보안요원들의 정보윤리와 안전 교육, 무차별적 정보 수집에 대한 정책 개선 등 국가, 기업, 시민사회, 개인 층위에서 빅데이터로 발생할 수 있는 리스크 요인들에 대한 예방과 사후 대책이 필요하다.

마지막으로 좀 더 근원적으로 벡의 '대항권력' 논의에서처럼 근대성의 권력화된 기술에 뿌리박힌 권력의 흔적들에 이의를 제기하거나 그 흔적을 제거하기 위해서 관련 법 제도 개혁과 정책입안을 통해 과학·기술문화의 설계를 바꾸는 작업이 선행되어야 한다. 예를 들어 이미 역사적으로 실험되거나 제도화된 과학·기술체계의 재설계 노력들로는, 과학지식의 상업화에 대한 대안으로서 '과학상점', '과학·기술영향평가', 과학기술 민주화나 재난 대응체계로서 '합의회의'나 '시민배심원회의' 등이 거론될 수 있겠다(이영희, 2011). 어느 정도 기술 정책적으로 성공한 이 같은 경험들은 빅데이터 국면에 맞게 응용해서 향후 대안적으로 활용이 필요하다. 다른 한편, 벡의 논의를 따르자면 기술·경제의 무한 질주를 막고 빅데이터 위험과 재난 상황을 방지하기 위한 대안 정치로서 사회운동을 조직하여 개인들의 성찰을 대항권력화하는 작업이 동시에 밑으로부터 진행될 필요가 있다.

제3장
지배양식의 전화와
빅데이터 감시사회의 도래

제3장은 권력과 감시의 구조적인 조응 관계를 추적한다. 특히 한국사회에서 국가권력의 지배양식 변화를 사회적 기반 기술의 조건과 변화에 맞춰 살핀다. 지배양식의 역사적 전화라는 관점에서 정보통신기술이 감시·통제의 메커니즘과 갖는 긴밀한 연계성을 따져본다. 구체적으로 정보통신기술이라는 물적 기반의 힘에 기대어 국가권력이 어떻게 구성되어왔는지를 역사적으로 탐구한다. 감시사회의 질적 이행에 맞춰 실제 한국의 국가권력의 지배양식의 특성이 어떻게 다른지, 특히 '빅데이터'에 기반을 두고 감시의 형식과 내용이 어떻게 변모해왔는지를 시론적으로 진단한다. 이 글은 1970년대 중반 데이터베이스 전산화, 1980년대 중반 이후의 국가기간전산망 시대를 거치면서 군부 집권세력이 질적으로 '훈육사회'의 내용을 갖춰갔다고 본다. 이어서 1990년대 중반 이후에 시작된 브로드밴드망 중심의 스마트사회 건설의 국가적 욕망이 현실화된다. 이 글은 그동안 권력의 비민주성과 미성숙으로 인해 통치형 감시기술의 권력 매개 효과가 반감했으나, 기술적 매개수단의 활용 면에서 크게 질적 전환을 이뤘다고 분석한다. 국내 기술 감시의 역사적 조망에 기반을 두고, 이 글은 국내 스마트 '통제사회'에서의 감시권력이 앞으로 빅데이터 기반형 알고리즘 기술을 중요한 권력 매개수단으로 적극 활용할 가능성이 높다고 예측한다.

1. 권력의 매개와 지배양식

오늘날 권력이란 무엇인가? 재독학자 한병철(2011)의 표현법을 빌려보자. 권력은 사회적 신체 전체를 총괄하여 통제하고 구성해내는 관계망의 구조이다. 즉, 국가와 같은 초개인적 권력체는 항시 개별자와 다양한 수준의 '매개'를 맺고 맺으려 한다. 대개 그 매개는 권력의 실체화된 대상물들, 정부, 의회나 국회 등 '대의제' 정치기구, 그리고 군사·안보기구, 금융, 미디어, 정보, 과학기술기구 등 국가기구 혹은 일상을 규제하는 다양한 사회적 장치(apparatus)에 의해 구현된다. 종종 권력의 매개가 결핍되거나 투박해지면 강제, 억압과 야만적 폭력을 낳는 반면, 매개 수준이 높아지면 개별자들의 자유도는 당연히 상승한다. 마치 개별자의 자유가 권력과 수렴되는 것처럼 보이는 것이다. 매개 수준이 높은 권력은 개별자에게 금지의 폭력보단 세련된 담론적·비담론적 장치들을 끊임없이 동원한다. 대중으로부터 긍정과 자기계발의 논리까지 끌어내며 개별자들의 신체를 투명하게 관통하고 생산하면서 권력 관계망의 일부로 기능토록 한다. 푸코식으로 보자면, 개별자의 삶을 생산하는 현대 권력은 정치(polis)를 삶(zoē)의 영역으로 전면화하는 과정이거나 확대이다. 결국 권력은 인간 삶과 생을 통제하려는 총체화된 힘(bio-Power)이나 다름없다.[1]

---

1 푸코의 '삶 정치'는 기본적으로 국가권력 혹은 정치(polis)의 삶(zoē)으로의 전면화 과정이나 확대, 혹은 인간 삶의 정치화이다. 안토니오 네그리의 논의는 이 같은 푸코의 '삶 정치' 개념을 부정하기보다는 권력의 일상화된 파장을 벗어나기 위한 실천적 저항을 더욱 적극적으로 해석하고 있다. 일견 권력과 삶의 합일 과정을 살폈던 푸코에게 '삶 정치'와 '삶 권력'이 분명하게 구분되어 쓰이지 않았고, 이를 무너뜨리려는 활력에 대한 고민이 부족했던 반면, 네그리는 분명하게 그 이중의 변증법적 계기와 저항의 정치

한국은 반대로 국가권력의 매개 수준이 줄곧 낮았다. 군부통치의 '벌거 벗은' 폭력과 처벌은 퇴행적 사회구조를 고착화했고 거센 저항을 불렀다. 훈육적 세련됨이라는 국가장치적 특성조차 제대로 작동하지 못하는 조악한 매개 권력의 수탈구조와 퇴행성이 지배적이었다. 매개 수준이 낮으면서 대중의 갈등과 저항의 생산이 상시적인 구조였다. 마누엘 카스텔(Manuel Castells)에 따르면, 권력자는 대중들의 삶이 의존하는 대부분의 네트워크를 관리하거나 설계하는 초개인적 권력 실체인 '프로그래머(programmers)'에 해당한다(Castells, 2012: 8~9). 이 글은 바로 이 낮고 약한 매개 수준을 보정하고 교정하려는 국가권력의 '체계적(systematic)'인 '프로그래밍' 과정이 어떻게 진화해왔는지를 역사적으로 탐구한다. 이 글은 한 사회 권력 형성의 메커니즘을, 당대의 기술 조건을 권력의 매개 수단화하는 '지배양식(the mode of domination)'이라는 관점에서 찾는다. 즉, 지배양식적 관점은 '정보통신기술이 지배력, 지배관계, 감시 통제의 메커니즘과 갖는 관련성'(강상현, 1994)을 이론적으로 그리고 역사적으로 그 특징과 통제 전화의 방식을 통해 살피는 것이다. 다시 말해 이 글은 권력 매개 수단의 변화, 특히 국가권력의 지배양식 변화를 사회적 기반 기술의 조건과 변화에 맞춰본다.

먼저 이론적으로 국가 통제 기제의 변화를 보기 위해 주로 많이 인용되었던 푸코의 '훈육사회(disciplinary society)'와 질 들뢰즈(Gilles Deleuze)의 '통제사회(society of control)' 개념과 함께 오늘날 권력 매개 방식의 변화와 밀접하게 조응하는 '빅데이터' 기반 사회에서 지배의 형식과 내용이 어떻게 변모했는지를 구체적으로 살피고자 한다. 특히 마테오 파스퀴넬리(Matteo Pas-

---

를 잘 포착하고 있다. 예를 들어, 네그리가 한때 구분해 사용했던 '삶 권력(biopotere)'에 대응한 '삶활력(biopotenza)'의 용법은 이를 반증한다(Negri, 2003: 63~64, 그리고 Casarino and Negri, 2008: 148~149 참고). 최근 네그리의 저술에서는 '삶 정치=삶 권력/삶활력'의 구분법 대신 '삶 정치'를 '삶 권력'에 대응한 용어로 쓰면서, 푸코식의 명명으로 다시 돌아가는 느낌을 준다(Hardt and Negri, 2009: 57 참고).

quinelli)의 '메타데이터 사회' 개념으로 이어지는 지배양식론의 특징들을 살피고, 이것이 한국사회 권력의 지배양식의 최근 모델로 적합한지를 징후적으로 살핀다. 권력 매개 방식의 실제 역사적 분석을 통해서 정보통신기술에 의해 매개되는 사회의 질적 이행에 맞춰 국가권력의 지배양식의 특성이 어떻게 다르게 나타났는지를 살핀다. 사실상 이와 같은 지배적 권력의 매개를 위한 정보기술의 전화 방식에 대항해 이를 '대항권력'으로 '리프로그래밍' 해왔던 대중적 사례들에 대한 탐구는 이 장의 논의 범위를 벗어난다. 온라인 대중 저항의 시사점은 차후에 논의될 제6장과 제7장에서 일부 얻을 수 있을 것이다.

이 장에서는 정보기술에 기반을 두고 진화해온 국가 감시와 권력 매개 유형이 이제 개별자의 삶 형식 전체를 데이터로 생성하고 관리 조건화한다고 평가한다. 이를 확인하기 위한 방법으로 국가권력에 의해 수행되었던 감시양식의 역사적 접근을 택한다. 구체적으로 각 시대별 정보 인프라 정책과 국가 레짐의 성격을 보면서 어떻게 감시 기제가 전화해왔는지를 살핀다. 역사적으로 박정희 정부로부터 출발해 최근 박근혜 정부의 정보화 정책 기조까지 감시 기제와 매개 수단의 변화를 단계별로 추적·비교하려 한다. 무엇보다 박근혜 정부에서 '빅데이터'에 대한 정보 정책적 주요 관심은 장차 대국민 비정형 데이터의 생성과 관리가 현대 감시사회의 중요한 통치 매개 수단이 될 공산이 크다고 추측한다. 결론에서는 자신의 족적을 드러내는 소셜 웹 문화 속에서 국가가 수행하려는 폭넓은 데이터 수집 행위에 대한 제한을 주장한다. 국민들 스스로의 신체 데이터 권리와 일상 데이터에 대한 자기결정권을 적극적으로 확보하는 것은 무엇보다 중요하다고 본다. 다른 한편으로는 국가에 의한 빅데이터 정보 이용의 투명성 또한 요구한다. 이는 대중에 의한 권력 남용의 가능성을 역감시하고 차단한다는 점에서 유효하다.

2. '벌거벗은' 훈육의 시대: 병영국가의 대민 데이터 전산화

훈육의 통치 기법이란 물리적 폭력에서 통계적 관리시스템에까지 걸쳐 있다. 전투경찰의 강경 진압, 정치 사찰, 강제 철거 등의 물리적 폭력에서부터 작업장 내 노동 분업, 공장 내 시·공간 분할, 구획과 관리, 인구 통계학적 관리 등 다양한 매개적 권력 수단과 통치 기법이 이에 해당한다. 이와 같은 훈육 기제 아래서 국가권력의 매개 수단은 조악하고 쉽게 훈육의 폭력성을 드러내면서 대중적 저항을 불러일으켰다. 낮은 수준의 매개는 권력의 작동을 쉽게 포착하게 만들고 분노의 정치를 쉬 불러일으킨다.

한국은 1960년대부터 1990년대 초반까지 수직의 권력 기제, 즉 군사정권의 권위주의 문화에 멍들며 지냈다. 예를 들어, 장발족들은 잦은 단발령에 길거리 한 모퉁이에서 머리에 땜통을 만드는 수모를 겪어야 했고, 통금 사이렌에 밤거리 광장을 누빌 자유를 박탈당했고, 저항하다 이유 없이 곤봉에 맞거나 갇히는 억압의 논리가 압도했다. 보이지 않는 권력의 시선들이 증가하는 오늘과 달리 곤봉이 난무하고 군홧발에 차이던 '벌거벗은' 폭력 권력의 시절이었다. 당시 대중의 분노는 저항의 비등점에 훨씬 빨리 다다랐다.

한국사회에서 권력과 정보통신기술의 결합은 이와 같은 낮은 권력의 매개 수준을 극복하려 할 때 등장한다. 헌정을 파괴한 쿠데타로 등장했던 군부에게 동아시아 개발독재의 영향과 효율적 대중 관리기제는 저항을 무력화하고 일상적 훈육 체제를 구성하는 데 대단히 중요했다. 적어도 1970년대 중반 박정희 정권은 전국 국민들의 140여 개 개별 신체 정보를 데이터베이스 공간에 수집, 집적하고 언제든 전국 어디에서든 조회할 수 있는 공안망과 경찰망을 구성하려는 욕망을 지녔다. 일제 식민주의자들에 의해 조선인 훈육의 통계기법으로 마련된 주민등록체제가 당시 군부 통치의 중요 매개 수단이 되고 전산시스템으로 발전했던 것이다.

군부는 국가 안보와 치안이라는 명분으로 1968년 지금의 주민등록번호 부여와 주민등록증 휴대를 의무화한다. 유신 이후 1975년에는 전국 주민등록 전산화 사업을 추진했다. 군부의 주민등록 전산화 동기에는, 당시 권력의 매개 수단이 낮고 일상적 대민 정보통제 능력이 현격하게 떨어진다는 판단이 작용했다고 본다. 박정희 정부는 주민등록 전산화 사업을 통해 가시적 처벌과 폭력의 수위를 일부 조절할 수 있는 능력을 얻게 된다. 비상식의 폭력적 억압과 통제와 함께 국민 정보의 항시적 관리라는 훈육의 기법이 권력 매개의 일부로 들어오고 '비가시(invisibility)' 권역으로 숨어든다. 거친 폭력을 가라앉히는 비가시적 통치 수단들은 억압의 본질을 은폐하는 데 효과가 높다. "권력 스스로를 비가시화함으로써 모든 타자들을 가시화"(Foucault, 1980: 71)하는 방법을 통해 개발독재의 통치성을 강화한다.

역사적으로 보면, 1967년 4월 경제기획원 조사통계국에 국내 1호 'IBM 1401' 컴퓨터가 최초로 도입되었다. 당시 시가 40만 달러에 매달 9,000달러의 사용료를 내고 통계국이 빌려 쓴 이 기계는 1초에 6만 자의 데이터처리 능력을 자랑하는 전자계산기였다(서현진, 2001: 185~186). 1970년 경제기획원은 예산업무를 전산화해 박정희 대통령 앞에서 시범까지 보인다(한국전산원, 2005: 28). 1960년대 말부터 1970년대 말까지 국내 주요 공공 기관과 기업이 도입한 컴퓨터 대수가 420여 대가 넘는다.[2] 최초의 국산 미니컴퓨터 하드웨어 개발도 이어졌다. 1973년 미국 컴퓨터를 해킹하고 개량해 한국과학기술연구소(KIST)가 완성한 '세종 1호'가 최초의 국산 전자계산기로 등장한다. 이 컴퓨터의 개발 프로젝트는 청와대에 의해 '메모 콜(Memo Call)'이라는 암호명으로 1972년에 시작되었다. 이는 외부 도청을 차단하고 보안능력을 높여 청와대와 중앙정보부 간 초특급 핫라인용 사설전자교환기의 일환으로 구상되었다.[3] 1975년 박정희 정권의 주민등록 전산화, 그리고 운전

---

2 서현진, ≪컴퓨터파노라마≫, 1996. 3. 18. http://ubuntu.or.kr

3 서현진, 1996. 3. 25. http://ubuntu.or.kr

면허, 여권을 중심으로 하는 데이터망 구축을 기본으로 했던 '행정전산화 기본계획(1978~1986)'은 이와 같은 컴퓨터의 가치가 국가사업의 하나이자 경제 효율성을 높이는 전산 기계로 자리 잡아가는 시점에 나왔다.

군부권력에 의한 훈육 기제는 일상적 폭력과 더불어 데이터베이스 전산화로 축적, 정리, 분류, 관리되는 대민 정보 데이터베이스 시스템에 관심을 갖게 된다. 이것이 대중의 감성을 덜 자극한다는 점을 권력자는 너무도 잘 파악했던 셈이다. 1980년대는 아직도 정보통신이 산업화되는 초기 단계에다 물리적으로 취약한 조건을 지녔던 시기였다. 그럼에도 군부는 행정업무 전산화를 통한 전산화 기반 확대와 훈육사회의 비전을 연계하려 했다. 이를테면, 1987년 전두환 정부는 본격적으로 '제1차 국가기간전산망 기본계획 (1987~1991)'을 세분화해 추진한다. 행정, 금융, 교육·연구, 국방, 공안이라는 5대 기간망을 핵심 과제로 삼았던 것도 이와 맥을 같이한다. 구체적으로 행정망은 관료주의적 효율성이라는 목표 아래 구축되었다. 금융망과 교육·연구망은 주로 경제적 체질 개선과 성과와 연결이 되고, 행정망, 국방망과 공안망은 고도화된 훈육사회로 가기 위한 전산자료 축적과 관리에 관계했다. 마지막으로 공안전산망은 안전기획부(현 국정원)를 중심으로 하여, 보안사, 검찰청, 치안본부 등이 공동으로 사업을 벌였다. 국가 백서에서도 당시 공안망 사업 내용은 미공개이고 그 실제 내용이 민간에 공개되지 않고 있다 (한국전산원, 2005: 28~31).

전두환 정권 시절 행정전산망과 관련해 특이한 사실은, 당시 내무부가 전 국민의 인적사항을 컴퓨터에 수록해 전국 3,700개 읍·면·동사무소 지역을 온라인으로 연결하는 작업을 펼치는 등 대국민 기본 통계자료를 영역별로 하나둘 축적해 관리했다는 점이다. 예컨대, 내무부 부동산 관리(전국 3,200만 필지의 토지 및 임야 대장을 전산화하여 298개 시·군·구를 온라인으로 연결), 교통부의 자동차 관리(자동차 등록사항을 전산화하여 전국 133개 기관에 온라인으로 연결), 노동부 고용 관리(취업 알선, 사업장 관리, 직업 지도 업무를 전산화하여 전국

49개 노동부 지방사무소에 온라인으로 연결), 통계청 국민 통계관리(물가, 인구 등 20개 부문을 전산화하여 온라인으로 정보 제공) 등 영역별로 대국민 정형 데이터(뱅크)들이 구축된다(한국전산원, 2005: 39). 이렇게 전두환 정부의 5대 기간망 구축 작업은 박정희 집권 시기에 비춰 보면 디지털 기반 전산화의 심층 단계로 볼 수 있다. 이는 노태우 정부 시기에 '제2차 국가기간전산망 기본계획(1992~1996)'으로 이어지긴 하나 불안정적 재원 등으로 사실상 전두환 정부의 1차 때만큼의 효과를 보지는 못한다.

종합해보면, 박정희 정권이 주민등록 전산화를 통해 시초적으로 대국민 데이터를 모았던 데 비해, '87년 체제' 이후 대중통제의 불안정성이 극대화하면서 군부는 더욱더 비가시성에 기반을 둔 권력 매개 장치들을 고안할 수밖에 없었다고 볼 수 있다. 즉, 전두환 정권은 국가기간망 사업을 통해 국민 정보들을 기관 영역별로 세분화하여 취합하고 축적하여 관료적 합리화와 훈육 사회의 기초를 다진 셈이다. 당시 행정망, 경찰망과 공안망의 정비로 인해 전국 단위 네트워크망이 형성되었고, 적어도 국가에 의해 수집된 국민 데이터들이 디지털화되어 국가망을 통해 전국 어디서든 검색 가능한 상황이 마련된다. 베니거(2009)식으로 보면, 군부들은 초기 형태의 국가기간전산망 사업을 통해 효율적 통제혁명을 가능토록 하려 했다. 즉, 디지털화와 내부 기간전산망을 통해 대국민 감시의 전자 데이터뱅크를 구성하여 전형적 훈육사회의 틀을 마련하려 했다고 가늠해볼 수 있다. 일상적으로 만연한 물리적 폭력의 병영국가 시스템하에서 당시 대중의 거센 정치적 저항 등으로 말미암아 물리적 폭력과 함께 점차 기술과 디지털 정보의 수집, 축적과 분류에 의지한 비가시 권역에 숨는 매개 행위를 선호하기 시작했던 것이다. "권력이란 자신의 본질적 부분을 외부로부터 숨길 때만이 견딜 만한 것"(Foucault, 1990: 86)임을 군부들 스스로 일부 터득했다. 하지만 이 사실을 충분히 깨닫기도 전에 이들 권위주의 권력체는 청산되고 새로운 통치의 매개 조건 위에 올라선 민간 정부들이 등장한다.

3. 스마트 통제사회의 완성

1) 훈육에서 스마트 통치로

들뢰즈(Deleuze, 2005)는 누구보다 신생 기술에 의한 현대 권력의 통치성에 있어서 형질 전환을 잘 내다봤다. 그는 자본주의 일상 속 저항들의 진지전이 지속되면서 권력의 통치 방식도 바리케이드를 치고 시민을 타격하거나 데이터를 관리하는 푸코식 '훈육사회'에서 디지털 기술과 네트워크망을 활용한 부드러운 매개기술들을 동원하는 '통제사회'로 이동하고 있다고 주장한다. 푸코의 훈육사회에서도 가능했던 데이터 축적과 통계 전산화의 훈육 권력과는 다른, 들뢰즈가 선언한 통제사회의 새롭고 다른 점은 무엇일까?

우선은 전자 통치의 '심화(intensification)'와 '강화(augmentation)'이다. 통제사회에 이르면 권력의 매개 행위는 좀 더 세밀하고 촘촘하게 신체를 개별적으로 관리하며 그 행로와 흔적을 샅샅이 기록하는 능력을 지닌다. 예를 들면, 시위 현장의 경찰 폭력(물대포, 경범죄 처벌법 등)에서부터 스마트 통제(디지털 사진 채증과 소셜 웹 신상 털기 등)까지 이들 모두가 권력 매개의 장치들로 서로 연동된다. 이 점에서 통제사회는 훈육 논리를 완전히 대체하지 않는다. 즉, 스마트 통치는 훈육의 특징들과 함께 가고 심화되는 경향이 더 크다.

둘째, 유목(nomadism)과 '유동성(liquidity)'의 논리다. 통제사회의 물적 기반이 네트워크망에 기반을 두면서 점점 이전의 훈육통치 방식으로부터 구별된다. 들뢰즈가 '훈육'사회와 '통제'사회의 구분을 아날로그와 디지털의 대별에서 찾았으나, 적어도 표현법에서는 오히려 독일 사회학자 지그문트 바우만(Zygmund Bauman)의 구분법이 통제사회의 기술적 조건을 비유적으로 설명하는 데 더 적합해 보인다(Bauman, 2000). 바우만은 '고형성(solidity)'에 견주어 '유동성'의 사회가 도래할 것이라 얘기한다. 비슷하게 카스텔(Castells, 2000)은 이미 새로운 공간의 변화를 '장소(place)'에서 '흐름(flow)'

의 전환으로 파악한 적이 있다. 그는 한곳에 머무르지 않고 끊임없이 모이고
흩어지는 동태적인 권력의 유동적 흐름을 파악한다. 디지털 데이터라 하더
라도 한곳에 축적되어 고형적인 경우에는 사실상 그 온전한 힘을 발휘하기
어렵다. 딱딱한 고형의 아날로그 산업 세계에서 진화해 미끄러지듯 흘러 다
니는 데이터의 세계가 바로 유동성이며, 그런 권력은 네트워크 도관의 힘을
빌려야 온전히 가능하다. 들뢰즈 등의 통제사회에 대한 설명은 바로 이와 같
은 유동성과 흐름에 기초한 권력을 뜻한다. 멈춰 있는 상태의 권력, '정주권
력(sedentary power)'을 넘어선 '유목 권력(nomadic power)'이 이에 해당한다.
바우만은 "모든 굳어 있는 것들을 녹이는" 현대 권력의 핵심을 "영토성과
정착의 원칙 위에 올라선 노마디즘의 반역"(Bauman, 2000: 13)으로 묘사한
다. 결국 통제사회의 권력 통치와 감시의 기본 성격은 부유하는 데이터들의
전자 네트워크망을 통해 가능한 공간 확장과 이동이라는 기술적 조건 없이
는 불가능하다.

셋째, 네트워크 권력의 유동성은 어디든 '편재(ubiquity)'하도록 이끈다.
편재성은 유선이 무선이 되고 '유비쿼터스' 기술 아래 이들 모두가 통합되
고 사물들끼리 대화하는 때에 더욱 강화된다. 오늘날 유·무선 전자 장비들,
예컨대, 위성위치확인시스템(GPS), 무선식별 태그(RFID), 위치정보시스템
(LBS), 폐쇄회로 텔레비전(CCTV), 휴대전화 위치 추적 장비, 유·무선인터넷,
사물인터넷 등은 현대 권력의 시선을 어디든 머물게 한다. 예를 들어, 장소
성에 기반을 둔 CCTV의 '국지적' 응시는, 내부망으로 연결된 경찰의 CCTV
통제센터(이미지 데이터 관리, 분류, 체계화)의 도움으로 '보편적' 권력으로 등
극한다. 현실의 감시 카메라는 이제 더 이상 고착된 촉수가 아니라 움직이는
권력의 촉수와 같다. 이 디지털 장비들은 일종의 탈중심화된 권력 촉수가 되
고, 일단 어디서든 연결되어 공간 기동성을 부여받게 되면 이 촉수들을 관리
하는 권력의 중심이 어디인지를 가늠하기가 어려워진다. 손오공의 도술처
럼 권력의 위임이 작동하는 이유는 바로 '연장(extension)' 혹은 '모듈화

(modulation)' 때문이다. 연장은 쉽게 생각하면 몸통에 달려 있는 길게 연결된 단자들(ports)과 같다. 연장과 모듈화는 권력 행위를 위임하거나 대리하는 기술적 매개 행위이다. 연장과 모듈화는 통제력의 눈과 촉수, 그리고 도관을 만들어 활용하는 행위에 가깝다. 이 상황에서는 겉보기에 권력이 부재한 듯 보이나, 권력은 언제나 편재하는 힘으로 작동 가능하다.

현실 역사로 돌아와 살펴보면, 네트워크 기반 통제사회의 특징들이 드러나는 때는 1994년 김영삼 정부의 등장 이후로 가늠해볼 수 있다. 정확히 얘기하면 초고속정보망 사업으로 물리적 망이 완성되던 1990년대 중·후반 이후 바야흐로 권력의 새로운 매개 수단이 디지털 네트워크망 기술을 기반으로 재탄생한다고 볼 수 있다. 앞서 본 것처럼, 박정희 정부가 주민등록 시스템의 전산화를 꾀하고 전두환 정부 시기 행정전산망 사업이 진행되면서 대민 데이터의 디지털화와 데이터베이스화의 기반이 어느 정도 만들어졌다고 볼 수 있다. 문민정부 이래 경제적 체질 개선이라는 국가적 명제와 함께 정보통신기술이 네트워크 기반 모드로 본격화한다. 국가정책으로나 민간에서나 데이터의 흐름과 유동성에 더욱 고도의 환경이 조성되었던 것이다.

실제 김영삼 정부하에서 최초 네트워크 관련 정책 사업들이 대거 나온다. 1994년 정보통신부가 만들어지고 그다음 해 「정보화촉진기본법」이 제정된다. 같은 해 10여 년이 넘는 초고속정보통신망(KII) 계획 사업이 진행되면서 이에 힘을 받은 민간 영역도 브로드밴드 인프라를 구축하기 시작했다. 이렇듯 전자 네트워크 기반 사회로 이동하면서 감시 매개 형식과 관련해 '통제사회'로 급진전한다. 군부의 노력으로 대중의 아날로그 신체 정보를 디지털화하는 전산화 국면이 일정 수준에 도달하면서, 민간 정부들은 이 데이터를 전국적으로 실어 나르는 전자 네트워크망를 세우는 작업에 주도적으로 개입한다. 국가기간망을 고도화하는 초고속정보통신망 기획은 네트워크 '속도'를 고도화함으로써 선진국들의 정보경제 입성을 추격하고 관료적 효율성을 극대화하려는 목표를 달성하기 위해 이뤄진다. 이는 김대중, 노무현 정부 시절에 '전자정부'와 'e거버넌스' 개념을 낳고, '종이 없는 사무실', 인터넷을 통한 대민 증빙자료 서비스, 인터넷 민원 서비스 등으로 구현된다.

1990년대 중반 이후 문민정부는 이와 같은 네트워크형 인프라 계획경제부서인 '정보통신부'를 통해 다양한 정보화 인프라 정책 기획 프로젝트를 쏟아냈다. 그때마다 대한민국의 정보화 열망을 표상하는 수사학은 조금씩 달라졌다(Lee, 2012). 김영삼 문민정부 시기를 기점으로 세계화를 등에 업고 '정보화촉진 기본계획'이 입안되고 인프라정책의 시발을 알린다. 물론 IT 정책의 대국민 수사학에는 그리 세련된 맛이 없었다. 김대중 국민의 정부 시기에 들어오면 '사이버코리아 21', 'e코리아 비전21'이 만들어지면서 본격적으로 '글로벌 지식사회'를 준비하자는 메시지가 넘쳐난다. 그리고 일명 '올빼미 대통령'으로 불린 노무현 참여정부 시기에 만들어진 정책 기획들, 즉 '브로드밴드 IT한국비전 2007', 그리고 새로운 정보 인프라와 IT 신성장 동력을 마련한다는 취지의 'IT839' 전략이 등장한다. 이명박 정부에서는 '그린' 개념과 결합하면서, '녹색기술', '그린IT' 등 어찌 보면 상호 이율배반적인 녹색 성장과 디지털 정보기술 간의 동거를 꿈꾼다. 민간 정부들의 이 같은 정책 수사학적 접근은 물질적 차원에서의 스마트 인프라의 조건들을 조성하기 위한 대국민 홍보 변화이자 실제 권력의 매개적 기술 조건의 변화를 상징하는 정책 사례들이다.

2) 네트워크 기반 통제사회의 쟁점

군부 시절 훈육을 체감하는 방식에서 네트워크 기반 통제사회가 되면 어찌 달라질 것인지 앞서 몇 가지 특징적 개념들을 통해 살펴봤다. 훈육사회와 구분되는 통제사회의 특징들에 대응해, 민간 정부들에서 구사되었던 몇 가지 중요한 권력 매개 장치를 살펴보자.

먼저 국민의 정부 말기 도입된 '나이스(NEIS)'의 경우를 보자. 나이스는 건강, 성적, 수행, 가족, 병력 등 수백여 항목의 중·고생 프로필 정보의 집적과 이의 통합관리, 그리고 추적 시스템이다. 나이스는 애초 교육부가 도구적 합리성에 기초해 신상 데이터 자체를 관리하려다 데이터 윤리를 망각해 벌인 IT정책 오용의 지나친 경우였다. 따져보면, 지역 서버에 머무르고 집적되었던 학생 데이터 정보를 중앙 정부의 단일 서버로 통합해 관리하려는 중앙 통제형 구상이었다. 당시 어느 정도 완성된 전국 단위 전자 네트워크망 인프라가 갖춰지지 않았다면 사실상 논의조차 될 수 없었을 사안이다. 실지 나이스는 관료적 효율성이라는 명분에도 불구하고, 권력 매개 방식의 '연장'과 '모듈화'를 통해 스스로를 어디에든 현현하려는 '편재'적 권력의 욕망에서 나온 신종 기술적 아키텍처로 읽을 수 있다.

둘째, 네트워크 기반 감시 권력의 '심화'와 '강화'의 특징적 사례로는, '제한적 본인확인제'(소위 인터넷 실명제)가 있다. 2005년 12월 참여정부 시기 정보통신부에 의해 추진되어, 2008년 11월까지 확대 적용되고 살아남다 2012년 8월 위헌 판결로 폐지되었다. 사실상 인터넷 실명제는, 군사정권에 의해 오프라인 대국민 개인식별 코드로 쓰였던 주민등록번호가 온라인 영역으로 확장, 확대되는 상황을 지칭한다. 적어도 인터넷실명제는 네트워크망에서 유동하는 수많은 데이터를 통제하기 위해서, 온라인상에 글을 올리는 개별자들이 고유의 식별코드를 기입하게 함으로써 표현의 자유를 막는 사전 검열과 사후감시의 체계적 효과를 얻을 수 있는 강력한 통치 수단이었다. 이는 온라인 스토킹과 모욕을 잡겠다는 명분을 걸고 한국적 훈육의 기제를 온라인에 끌고 들어온 경우다.

셋째, 전국 단위 초고속망 사업을 통해 그 디지털 유동성과 기동성을 획득한 것에 대한 권력 반응을 나이스와 인터넷실명제로 특징화한다면, 참여정부 말기와 이명박 정부 시기 줄곧 '유비쿼터스' 기술 정책 기조로 인해 개별자 확인의 위치정보 추적 방식들이 국가와 사회 모두에서 대중화된다. 사회 저변 상황으로 보면, 위치와 지리 정보 추적방식은 2000년대 말부터 갑자기

신종 정보 서비스 영역으로 각광을 받게 된다. 인터넷 위성 지도검색, 도로 상황 실시간 시스템, GPS를 이용한 자동차 네비게이션, 지리정보시스템 (GIS)을 이용한 공간통계분석 등 공간과 위치 정보를 보여주는 애플리케이션과 서비스가 이제는 점점 보편화하고 있다. 그 수준은 단순한 물리적 지형도를 넘어서서, 그 안에 거주하는 인간과 인간, 사물/지형과 인간이 맺는 공간 정보, 그리고 목적지에 이르는 정보 흐름의 방식을 읽는 쪽으로 나아간다. 현재는 스마트 통치 사회를 위해 권력의 노마디즘을 확보하는 기술로 확장, 응용되고 있다.

예를 들면, 2008년 이명박 정부가 들어서기 직전, 구정통부가 RFID 칩 같은 전자태그의 보급이 '사물의 정보화'를 위한 첫걸음이라 간주해 이를 각종 물류, 유통업 등에 적용하면서 대규모 국가사업으로 육성했다. '사물의 정보화'란 사물들을 상호연결해 멍청한 사물들을 똑똑하게 바꾸자는 것인데, 이를 위해선 무수한 정보와 인공지능을 탑재한 칩들을 여기저기 네트워크로 연결하는 것이 급선무라 본다. 이는 '사물인터넷'이라는 보편어로 치장하고 이명박 정부와 박근혜 정부의 미래 핵심 IT 육성 기술 중 하나로 또다시 각광받는다. RFID 칩과 U센서 기술을 통해 인간이 사물들에게 말을 걸고 사물들끼리 서로 연결되는, 한 단계 업그레이드한 새로운 'U-코리아' 세상을 만들자는 정책 제안들이 줄곧 채택되고 있다.

사실상 지능형 칩 장착의 국가적 선례로는, 이명박 정부가 2008월 4월 미국과 비자 면제프로그램(VWP)에 가입하는 조건으로 RFID 칩을 내장한 국민 전자여권 시스템을 도입하고 채택한 경우가 있다. 이 전자여권은 개별 고유 식별자에 의해 이동 중에도 개인의 행방을 확인하도록 돕고, 동시에 미국 정보국에 의해 한국인들의 개인정보가 채집될 수 있도록 기술적으로 허용한다. 전자여권 소지자를 위한 비자인터뷰 절차 없는 해외여행 간소화라는 효율성의 수사학이 국민 정보 주권을 미국 정보기관에 통째로 넘겨주는 상황을 만들었다. 비록 국가의 도발적 감시 행위는 아니지만 휴대전화를 통한 위치 추적도 사회적으로 폭넓게 통용되고 있다. 예를 들어, 2005년 삼성SDI의 노동자 휴대전화 위치 추적 의혹 등 사내 노조를 만들려던 노동자들의 모임을 위치 추적해 감시한 경우, 그리고 배우 전지현의 복제폰 사건처럼 소속사 연예인들의 사생활을 관리하는 등 위치 추적 기술이 사회적으로 크게 오·남용되기도 했다.

종합해보면, 현실정치의 성숙도는 별개로 하더라도 대체로 문민정부로부터 참여정부 시절까지 디지털 감시와 관련한 권력의 매개 수준은 꽤 높았다. 인터넷 실명제와 나이스와 같이 사회적으로 논란이 컸던 경우를 빼면, 유비쿼터스 기술 등 다양한 유·무선 네트워크 기술의 부드러운 부분들을 잘 활용해 권력 통치의 세련됨을 끌어냈다. 그러나 이명박 정부 시기 물질적으로 더 진전된 기술 환경을 조성했음에도 정치적으로 신권위주의 국면이 확장되면서 그 매개 방식이 조악하거나 거친 훈육의 기제들과 불협화음을 냈다. 정치적 미성숙으로부터 확장하는 디지털 감시의 아주 낮은 매개 수준이 2008년 촛불 정국 이후로 수많은 논란을 낳았다. 각종 인터넷 관련 악법의 도입 시도, 심각한 온라인 콘텐츠 규제, 2009년 미네르바의 구속 수사, 포털 업체들에 대한 간접 통제력 확대, 소셜 웹 내용심의와 각종 선거법을 통한 통제, 국정원 중심의 대통령 선거여론 조작 혐의, 국정원의 폭넓은 DPI 감청과 KT 등 통신기업으로의 감청기법 확대, 국무총리실 민간인 사찰 등 헌정을 무시하거나 비민주적인 방식으로 폭넓게 그리고 쉽게 국민적 반발을 초래할 만한 문제를 일으켰다. 고도의 기술적 수단과 인프라에 의존하면서도 이명박 정부가 지닌 정치 레짐의 미성숙과 비민주성으로 말미암아, 감시 권력의 매개 방식이 전혀 효과를 발휘하지 못하는 상황이 발생했던 것이다. 그 속에서 인터넷 실명제의 전면 폐지는 네트워크 기반 한국형 통제사회의 작동이 더 이상 원활치 못함을 예증한다. 달리 보면 적어도 현실적으로 온라인 감시 권력의 좀 더 다른 세련된 매개 수단을 필요로 하는 상황이 도래한 것이다.

4. 빅데이터 감시사회의 새로운 징후

1) 빅데이터의 정치경제학

2010년 ≪이코노미스트≫ 특집호는, "데이터를 중심으로(around data, data-centered) 만들어지는 경제 형식"을 처음으로 논하면서, 이 새로운 경제 체제에서 "데이터는 비즈니스를 위한 새로운 원재료"(*The Economist*, 2010: 2) 역할을 할 것이라고 적고 있다. 이 영국계 경제잡지가 주목하는 자본주의 시장 패러다임의 변화는 소위 '빅데이터'에 맞춰져 있다. 가치가 추출될 수 있도록 인터넷 이용자들이 뒤에 남기는 무수한 클릭과 네트상의 동선과 흔적, '데이터 배출(data exhaust)'이 빅데이터의 핵심이 된다. 이는 이용자들이 남긴 데이터 부스러기, 즉 '데이터 조각'으로 불리기도 한다.[4] 보통 이용자의 데이터 배출과 조각을 시장 기업이윤으로 전환하는 행위를 '전도(inversion)'라 표현하는데, 이는 '전유(appropriation)'라는 자본의 잉여가치화 과정과 일맥상통한다. 각 개별자들의 데이터 배출이 "모이면 달라지고"(셔키, 2008), 그의 전유 과정으로부터 잉여를 만들어내는 시스템이 다가올 빅데이터의 정치경제인 셈이다.[5]

매일같이 주고받는 '자발적' 카톡 메시지와 페이스북의 댓글과 '좋아요' 클릭, 그리고 끊임없이 드러낼 수밖에 없는 '관찰된' 위치정보 등은 데이터 배출과 데이터 조각의 흔한 예들이다. 매일같이 소셜 웹 등을 통해 만들어지는 매일의 정보들은 이미 인간이 공식적으로 기록해 남기는 역사적 사료와

---

4 KBS1, <시사기획 창 – 빅데이터, 세상을 바꾸다>, 2012년 1년 31일 방영.

5 정보재 가치논쟁의 확장선상에서 비정형 데이터의 후기자본주의적 가치 전유 방식을 조정환(2011)은 '인지자본'으로 개념화하며, 백욱인(2012, 2011)은 이를 빅데이터 시대 '축적과 전유 체제' 혹은 소셜 웹을 통한 '비트 수취기계'로 모델링화하면서 비판적 접근을 취하기도 한다.

아날로그 기록들의 양과 규모를 넘어서고 있다. 문제는 이 모든 빅데이터들은 시·공간적 즉시성과 상호연결성을 기반으로 전 세계 어디든 흘러 다니고 대량으로 축적되기도 하고 분류되어 특정의 목적을 위해 쓰인다는 점이다. 즉, 빅데이터가 자본주의 가치 체제 내에서 특정 목적하에 쓰인다면, 이는 메타데이터/지식의 활용방식과 달리 단독으로 '데이터 상품' 혹은 누군가에 의해 '해석된 데이터' 형태로 가치를 창출한다는 점이다(강정수, 2012). 이는 수집 및 채집, 분류, 저장, 분석과 통합, 생산 등의 순환 고리를 통해 데이터 자체가 정부, 기업, 특정 개인에 의해 새로운 가치창출의 기제를 만들어내는 상황을 의미한다. 즉, 특정의 데이터를 찾고, 수집하고, 상호대조할 수 있는 실시간 분석 '알고리즘'[6]의 기술 능력이 요구되는 영역이 사실상 빅데이터의 본질이다. 현대 자본주의는 이처럼 수많은 이용자가 만들어내는 데이터 배출의 흔적을 기업들이 원하는 자신만의 방식(이윤 행위를 위한 적절한 알고리즘을 짜고 데이터의 데이터, 즉 메타데이터[7]에 의존해 특정의 원하는 패턴이나 정보를 추출하고 얻는 방식)으로 새롭게 연결하여 '빅데이터 기반 경제'를 만들어낸다.

빅데이터 시대의 핵심은 단순히 정보를 찾고 발견하는 데 있지 않다. 누군가 거대한 데이터 집합으로부터 쉽고 빨리 원하는 연관 데이터를 추출해 자신의 손에 가져오는 것이 중요해진다(*The Economist*, 2010 참고). 국가권력, 그

---

6 파스퀴넬리의 정의에 따르면, "알고리즘(순서도, 코드, 유사코드에 표현된 방식들 또는 일련의 단계들)은 소프트웨어의 작동법을 압축적으로 보여준다. 알고리즘 없이 소프트웨어를 개념화하기는 어렵다"(파스퀴넬리, 2012: 185). 즉, 알고리즘은 소프트웨어의 골격이고 데이터베이스로부터 유효한 결과나 패턴을 추출하는 명령 체계로 볼 수 있다.

7 '메타데이터'의 예로 도서관을 보자. 우리가 열람하는 책이 데이터라면, 색인카드(저자명, 색인번호, 책 요약 등)가 메타데이터에 해당한다. 또 다른 예로, 플리커(Flicker)에 올린 사진이 데이터라면, 그것이 언제, 어디서, 어떤 카메라로 찍었는지에 대한 자동 업로드 정보가 메타데이터에 해당한다고 볼 수 있다(*The Economist*, 2010).

리고 또 다른 감시와 통제를 행하는 주체의 입장에서 보면 그래서 "정보를 축적하고 메타데이터를 추출하는 알고리즘"의 구성 논리는 대단히 중요해진다. 기실 빅데이터의 집합은 아무것도 얘기하지 않는 셈이다. 단지 생산되는 원데이터(raw data)의 거대화로부터 얻어지는 데이터의 총량 증가가 문제가 아니다. 무엇보다 중요한 것은 권력 주체가 특정의 알고리즘으로 정형·비정형의 거대 빅데이터로부터 특정의 패턴, 관계, 정보를 추출한다는 점에 있다. 국가권력에 의해 일상적이고 광범위한 통제가 가능해지는 기술적 조건이 새롭게 생성된다.

개별자들이 생성하는 비정형 데이터가 알고리즘의 그물에 걸리는 메타데이터 영역에 놓이면서 삶 형식이 데이터화하고, 이제는 개별 삶 형식 전체가 수집과 분석을 위한 메타데이터로 생성 조건화하는 환경이 형성된다. 파스퀴넬리(2012)는 이 점에서 들뢰즈가 언급했던 '통제사회'의 특성들, 즉 개별자들이 데이터 표본이 되고 데이터(뱅크)가 되는 것만이 아니라, 이것이 진화하여 메타데이터에 의해 추출되어 관리되는 '메타데이터 사회'를 내다본다.[8] 그래서 그는 현재의 국면을 "삶 정치적 통제(데이터 감시)" 사회로 판단한다(파스퀴넬리, 2012: 186, 189).

알고리즘의 작동방식을 좀 더 살펴보자. 대표적으로 구글 설립자 중 한 명인 로런스 페이지(Lawrence Page)가 고안한 페이지랭크 알고리즘(Page-Rank algorithm)의 사례를 보자. '페이지랭크'는 "서치엔진 결과들 내에서 웹페이지의 중요성과 그것의 위계적 위치를 결정하는 치밀한 알고리즘"(Pasquinelli, 2009)에 기대고 있다. 이 알고리즘은 "복잡한 네트워크 내 각

---

8 '메타데이터 사회'의 이행기적 틀에 대한 파스퀴넬리의 관심은, 주로 '정보자본주의(informational capitalism)'의 분석과 관계한다. 즉, 시장 내 잉여가치를 만들어내는 '포획 장치(an apparatus of capture)' 방식의 변화를 메타데이터와 알고리즘의 논리로 확장해 살펴보고 있다. 이 글에서는 서두에서 언급한바, 현대적 자본의 가치생산의 방식은 곧 권력에 의한 개별자의 통제 양식에 비견될 수 있고, 주로 권력의 성격 변화와 관련해 그의 논의를 빗대어 해석한다.

노드들의 '주목도(attention value)'를 계산하는 수학적 공식"이자 대칭적이고 동등하게 보이는 노드들이 "하이퍼텍스트와 네트워크의 비대칭적인 구성"(Pasquinelli, 2009)을 드러내기 때문에, 개별자들이 서로 관계 맺는 상황과 위계적 차이를 관찰하는 데 제격이다. 페이스북의 '엣지랭크(EdgeRank)'라는 알고리즘도 비슷한 논리이다. 특정의 뉴스피드를 서열화해 보여주는 방식이 구글의 알고리즘을 닮았다. 예를 들어, 텍스트, 이미지, 영상, 링크 등 객체(object)에 대한 반응, 즉 엣지(edge)에 해당하는 '좋아요', '댓글', '초대', '공유', 그리고 개별 스폰서 광고에 의해 서로 다른 '가중치'가 정해지고, 그에 의해 비대칭적으로 뉴스피드 순서가 확정된다(Bucher, 2012). 결국 구글이나 페이스북의 알고리즘은 인간들의 무수한 데이터 배출, 끊임없이 찾는 검색 과정에 의해 만들어지는 데이터, 이 '주목(attention)'들의 위계화 등을 통해 이익을 내는 "공통 지식에 의해 생산된 가치를 포획하는 기생 장치(a parasitic apparatus of capture of the value)"라고 볼 수 있다(Pasquinelli, 2009). 이와 같은 페이지랭크나 엣지랭크 알고리즘과 함께 24시간 실시간 작동하면서 웹을 인덱싱(색인분류)하는 거대한 구글 등의 데이터센터가 바로 새로운 '인지자본'의 잉여를 제공하는 디지털 정보공장이다.

파스퀴넬리나 타이나 부처(Taina Bucher)의 말처럼, 구글의 페이지랭크나 페이스북의 엣지랭크는 파놉티콘의 중앙집중화된 비가시적 시선의 작동 방식과는 사실상 거리가 멀다(Bucher, 2012). 소셜 웹에서는 이용자 스스로 드러내고 흔적을 남기며 자신의 행적을 보이고자 하는 욕망을 지닌다. 그들은 그래서 어디서든 보이지 않는 곳에서 빅브러더의 시선이 머무는 권력 기술로서 '파놉티콘'의 테제가 바뀌어야 한다고 본다. 예를 들어, 페이스북의 '익스체인지' 알고리즘은 개별자의 이용행위 데이터를 인덱스 삼아 특정의 상품 정보를 노출시키는 알고리즘이다. 즉, 개별자들의 데이터 추구 행위를 기본으로 알고리즘을 돌려 특정의 맞춤형 광고를 내보내는 방식이다. 예를 들어 페이스북 외 사이트에서 상품 정보를 본 후 페이스북에 접속을 하면 빅

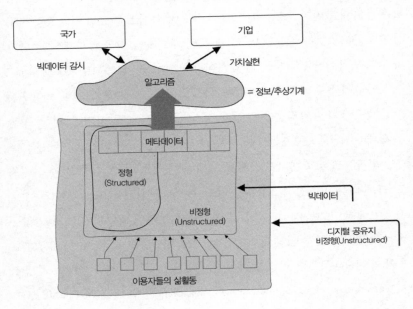

<그림 3-1> 빅데이터 알고리즘의 작동방식

데이터 분석을 통해 분석된 데이터의 친밀도에 따라 가장 높은 광고비를 제시한 광고주 광고를 사용자에게 노출시키는 식이다(오세욱·이재현, 2013). 데이비드 와인버거(David Weinberger)의 책 제목에 빗대어보면, 빅데이터 시대에는 "모든 것이 규정되지 않고(Everything is miscellaneous)" 그저 거대 데이터로 머물다가 누군가 필요에 의해 알고리즘 추출 과정을 통해 원하는 결과를 얻는 새로운 형태의 감시 시나리오가 가능하다(와인버거, 2008).

우리의 실제 사례로 와보자. 이제 온라인상 주민등록번호를 통한 본인확인 절차 없이도(혹은 전 세계 유례없는 최초 인터넷 실명제 도입 국가의 오명을 씻어낸 것처럼)[9] 원하는 정보를 이 메타데이터의 추출방식에 의해 대중의 신체와

---

9 이 점에서 정부가 국제적 위신에 상처를 입으면서까지 '인터넷 실명제'라는 개별 신원 정보를 활용한 대중의 인터넷 관리 감시 기제를 무리하게 유지할 필요도 없었다. 굳이 주민등록번호를 통한 신원 확인의 메커니즘을 무리하게 쓰는 대신에, 대중의 빅데이터

신체활동 정보들을 수집, 분류하면서 더 효과적이고 범용의 통제가 가능해지는 조건이 만들어진다. 세계적 경영컨설턴트인 니콜라스 카(Nicholas Carr)조차, 이제 누군가 정교한 알고리즘을 쓴다면 온라인 데이터베이스들 사이의 연결을 통해 일반인의 데이터 활동을 확인하고 매우 정확하게 신원을 파악하는 일이 가능하다고 주장한다(Carr, 2008: 260~261). 이는 푸코와 들뢰즈의 훈육사회와 통제사회의 효과와 결이 다른 빅데이터 기반의 감시사회의 모습이자 데이터 수집, 활용, 접근 방식 자체의 패러다임 변화를 상징화한다. 다시 말해 이제 개별 인간의 삶 형식 전체가 수집과 분석을 위한 데이터로 생성 조건화하고, 특정의 목적을 위하여 메타데이터로 추출되어 수집, 분류되면서 감시 권력을 위해 새로운 조건이 마련된다고 볼 수 있다(<그림 3-1> 참고).

정부의 데이터 감시가 상시적으로 이뤄지고 개인이 만들어내는 비정형 빅데이터가 기하급수적으로 늘어나면, 직접적으로 정부의 정보기관들이나 행정, 법, 공권력 집행기관들이 나서서 삶 형식을 영위하는 대중들의 데이터 수집을 체계적으로 수행하려는 욕망이 커질 것이다. 빅데이터 사회의 신종 '데이터 계급(data-classes)'이 형성될 공산이 크다(Manovich, 2011). 빅데이터 인문학 연구자인 레브 마노비치(Lev Manovich)는 이 신흥 계급군을 세 유형으로 나눈다. 데이터 생산자, 데이터 수집자, 데이터 분석가. '데이터 생산자'는 일상적으로 무수한 데이터 배출 행위를 수행하는 일반 대중에 해당하고, '데이터 수집자'는 대표적으로 구글, IBM 등의 빅데이터 기업과 국가기관이 될 것이고, 이들에 의해 고용되어 특정의 알고리즘을 개발하는 이들이 '데이터 분석가' 혹은 '데이터 과학자'에 해당한다. 빅데이터 수집자와 분석가, 이들의 지배적 역할 분담은 앞으로 국가권력의 감시와 통제와 관련

활동 정보(데이터 배출)를 활용한 데이터 알고리즘 추출법이 그 이상의 정확한 정보를 적대감 없이 중립적으로 확보해줄 수도 있기 때문이다.

해 핵심적일 수밖에 없다.

우리는 대중의 데이터 배출 행위를 '대중적 자아-소통(mass self-communication)'의 무한한 확장으로 간주할 수도 있다(Castells, 2012: 6). 실제 디지털 플랫폼을 활용해 배설하는 개별자의 이야기와 이들이 무한 증식하는 데이터들의 무한 집합은 사실상 정부나 기업이 관리 통제하려는 범위를 넘어서서 통제 자체를 대단히 어렵게 할 수 있다(이 책의 제7장 참고). 하지만 빅데이터의 물질적 국면에서는 네트워크 기반 '통제사회'에서 불가능했던 일들이 또한 가능해진다. 태그와 메타데이터에 기반을 둔 알고리즘 분석은 그 무한한 데이터와 정보의 흐름으로부터 원하는 바대로 바늘귀를 꿰는 능력을 부여한다. 그것은 무수한 데이터로부터 실시간으로 특정 패턴을 읽고 원하는 정확한 개별자를 찾아내는 능력이다. 특정의 알고리즘을 통해 특정의 데이터 결과를 추출하는 실시간 기법이 유효해지면서, 이용자들의 방대한 정보 활동들을 사적 기업은 물론이고 감시 권력 스스로 유효한 지배양식으로 탈바꿈할 수 있는 조건들을 서서히 체질화하기 시작하는 것이다.

2) 빅데이터 감시사회의 징후

한국사회에서 '스마트'와 '융합'은 다시 빅데이터로 대체되는 과정에 놓여 있다. 빅데이터란 말은 국내에서 그저 스쳐 지나가는 흥행어만은 아닌 듯싶다. 미국 국가안보국(NSA)이 '프리즘(PRISM)'이라 불리는 감시 알고리즘을 이용해 구글과 페이스북 등 인터넷기업들을 대상으로 해서 사용자 정보 수집을 폭넓게 해왔다는 사실은 결국 국가에 의한 대민 빅데이터 감시가 우리에게도 낯선 시나리오가 아님을 예증하고 있다. 우리의 경우, 빅데이터에 대한 정부 차원에서의 논의는 이명박 정부 시절 국가정보화전략위원회 (2011. 11)의 보고서 「스마트국가 구현을 위한 빅데이터 마스터플랜」에서 거의 처음 등장한다. 이 보고서에는 빅데이터 활용의 '국가적 가치'와 관련해, "기관 간 데이터 상호접근으로 포괄적 정보를 생성"하는 것과 "소셜 미디어, 포털 데이터 등과 같은 민간 데이터와 공공 데이터의 연계·활용을 위한 체계 및 기술 확립" 등이 명시되어 있다. 즉, 국가 기관들 사이에 정형 데이터의 연동을 통한 총체적 데이터 관리체제 확대와 이를 넘어 대민 비정형 데이터와의 관리 및 연계까지도 상정하고 있다. 데이터베이스 간 연계와 연동 방식에서「스마트국가 구현을 위한 빅데이터 마스터플랜」은, 흥미롭게도 권력의 데이터뱅크를 계속해서 일상의 영역까지 그 범위를 연장하는 방식으로 서술하고 있다. 대신에 데이터(뱅크) 구성과 접근에 대한 공적 제어나 데이터 보관 및 데이터 추출 규제 방식에 대한 논의는 구체적으로 언급조차 되어 있지 않다.

국가 기관들 사이의 정형 데이터들의 연동은, 2004년 말경 이미 경찰 - 검찰 - 법원이 시민의 정보를 함께 연결해 공유하는 시스템을 개발하려는 시도나 2010년 파업 노동자들의 생체정보를 수집하여 범죄 데이터베이스를 구축하려는 시도 등을 그 선례로 삼아볼 필요가 있다. 더군다나 신권위주의 정부에 의한 시민사회의 일상적 개인정보 감시 관리와 통제(예를 들어, 청와대 민정수석실 민간인 사찰 등), 시민 정보의 범죄 및 공안 정보 활용(경찰, 국정원 등 범죄정보 기록, 관리 등)을 통해 국민 프로필 정보를 불법적으로 수집, 축적, 유용한 사실이 백일하에 드러나면서, 기술의 세련됨과 무관하게 권력의 매개 수준이 대단히 후진적이라는 인식을 대중에게 심어줬다. 마찬가지로 국가정보원의 조직적 선거 개입 의혹은 빅데이터 '신뢰도'와 관련해 권력에 의한 데이터 교란과 데이터 조작의 가능성을 시사했다. 선거여론을 특정 정치세력에 이롭게 할 목적으로 국정원이 소셜 미디어 등 무정형 빅데이터 수집 영역에서 오도된 정보를 흘리고 유포하는 행위는 사실상 여론조작의 새로운 기법이자 장차 빅데이터 자체의 엄밀성을 떨어뜨리는 요인이 될 공산이 크다.

2011년 국가정보화전략위원회 보고서의 또 다른 한 축은 '정부·민간 데이터 연계 및 활용'이었다. 이것의 의미는 재차 정부가 생산하는 구조적(정형) 데이터와 민간의 비정형 데이터를 연동해 적극적으로 활용하겠다는 의미다. 이의 위험 가능성은 신원 식별정보와 비정형 데이터의 결합에 있다. 예를 들어, 카카오톡 등 메신저 서비스 회사의 개별 대화 내용을 수사 목적으로 활용하는 것, 이메일 내용을 열람해 증거물의 일부로 사용하는 것, 거리 시위에서 개인의 정치적 의사표현을 경찰의 영상 채증으로 담아서 '영상판독시스템'을 가동해 개별 식별정보를 연동하는 경우[10]가 이미 빅데이터 국면의 부작용에 해당할 것이다. 이는 무엇보다 특정인의 개인 신상과 관계한 구조적 데이터에 무작위로 비정형의 개별 데이터들을 함께 결합한 것으로, 권력 감시와 통제의 효과는 훨씬 더 증대하고 내밀해진다.

대중이 흘리는 비정형 빅데이터에 대한 통치 권력의 관심과 이에 대한 통제력 확장 욕망은 앞서 살핀 인터넷 실명제의 폐지로 더더욱 새로운 단계로 접어들었음을 보여주고 있다. 2012년 8월 23일에 헌법재판소는 인터넷 실명제를 전원 일치 위헌 판결해 폐지 결정했다. 옥션, SK, KT 등 대규모 해킹 사건으로 국민 대부분의 주민등록번호 정보 등이 외부 유출되면서 인터넷 실명제가 오히려 개인정보 유출을 부추긴다는 지적이 일자 정부는 더 이상 이를 끌고 갈 명분을 잃었다. 적어도 이로 인해 2007년부터 대중의 온라인 발언을 개별자들의 신체 식별번호로 이끌어왔던 관리의 핵심 준거인 메타데이터가 사라진 셈이다. 앞으로 감시 권력이 인터넷 실명제에 견주어 비슷하게 참고할 수 있는 기술적 조건은 다양한 비정형 데이터들로부터 정확한 결과를 얻을 수 있는 치밀한 알고리즘의 생성에 있다고 볼 수 있다.

---

10 국내 공안사범 데이터베이스와 연동된 '영상판독시스템'의 문제는, 경찰이 미리 데이터뱅크(주민등록사진)를 대조군으로 하면서 연동된 권한을 획득한 후 화상인식 소프트웨어를 활용하여 얼굴 이미지를 데이터마이닝하고 신원을 파악하는 과정이 개입해 있다는 추측이 있다. 즉, 이것이 사실이라면 개인정보에 대한 자기결정권을 심각하게 침해할 소지가 큰 것이다. 이 같은 영상판독시스템의 문제는 천주교인권위원회 강성준(2011)의 발표에 의해 알려졌다.

새로운 빅데이터 매개 장치를 응용하려는 더 실제적인 정부의 움직임을 보자면, 박근혜 정부 출범 이후 '빅데이터' 영역을 중요한 국가 정보정책 사업으로 삼고 있는 모습에서도 발견할 수 있다. 먼저 새로 출범한 안전행정부와 그 소속기관 직제[11] 가운데 창조정부전략실의 핵심 기조를 보면, "행정기관 및 정부와 민간 간의 개방·공유·협업·소통을 통하여 국민 맞춤형 서비스를 제공하는 투명하고 유능한 정부('정부 3.0')에 대한 종합 계획"[12](제15조 1항)을 마련한다고 적고 있다. 이를 위해 "행정정보 관련 대용량의 정형 또는 비정형의 데이터 세트(이하 '빅데이터'라 한다)에 관한 제도, 정책 및 기본 계획의 수립, 시행"(16항)과 "행정정보 관련 빅데이터 기반구축, 운영 및 활용"(17항)에 대한 내용이 명시되어 있다.

마찬가지로 거의 모든 IT 연관 정책 집행단위가 되는 미래창조과학부와 그 소속기관 직제[13]에서도 빅데이터 관련 정책을 본격화한다. 제18조 정보화전략국 신설과 관련해, "빅데이터(초대용량의 정형 또는 비정형의 데이터 세트를 말한다) 활성화 정책 수립 및 기반 조성"(29항)을 명기한다.[14] 빅데이터 관련 정책은 미래창조과학부 내 지능통신정책과장의 분장 업무 사항으로 구체화되어 있는데, 기술적으로 보면 빅데이터는 미래 인터넷, 국가 그리드, 클라우드, 사물인터넷, 센서네트워크, SNS, 데이터 분석 등의 기반 위에서 작동하고 함께 응용되는 중요한 IT정책 사업 영역으로 정의되어 있다.[15]

---

11 대통령령 제24425호, ≪관보≫, 제17978호(그2), 2013.3.23.
12 정부 행정조직 단위의 핵심인 안정행정부의 주요 업무 내용으로, '정부2.0'의 공공데이터의 민주적 활용을 넘어서 정체 모를 '정부3.0'이라는 슬로건이 새로이 등장하고 있다. 비정형 데이터 세트를 활용한 '빅데이터'를 '정부3.0'의 주요 의제로 삼겠다는 약속인지, 그 업무 내용의 실체는 불투명하다.
13 대통령령 제24444호, ≪관보≫, 제17978호(그2), 2013.3.23.
14 빅데이터 활용 외에도 정보화전략국 내 업무로 클라우드 서비스 활성화 정책 수립 및 기반 조성(25항), 사물인터넷 및 센서 네트워크의 이후 지속적 활성화 정책 수립 및 기반(27항), 데이터 기반 지능형 서비스 활성화 정책 수립 및 기반 조성(30항). 소셜네트워크 서비스 촉진에 관한 사항(32항) 등을 담고 있다.

박근혜 정부의 IT정책과 관련해 미래창조과학부와 안전행정부의 창조정부전략실 공히 '빅데이터' 개념을 주요 정책 사항으로 새롭게 명기해놓고 있다는 점이 흥미롭다. 무엇보다 우려할 만한 사실은 아직 그 구체적 방법론과 수집의 전제 조건들이 마련되지 않은 채 기존의 정형·비정형 데이터의 활용에 대한 방향을 구체적으로 언급하고 있다는 데 있다. 비슷한 맥락에서 안전행정부의 창조정부전략실에서 개념화한 '정부3.0'도 그 내용을 좀 더 천착할 필요가 있다. 이미 호주, 영국 등에서 공공 부문 데이터 수집, 공유 프로젝트를 보통 '정부2.0'이라 칭하는데, '국민맞춤형'이라는 업그레이드된 개념을 덧붙여 '3.0'을 쓰는 이유에는 전시적 효과에 대한 노림수도 있지만, 사실상 정부가 생산하는 정형 데이터의 개방과 민간 비정형 빅데이터의 적극적 활용이라는 주요 변수가 반영된 것으로 보인다. 그리고 미래창조과학부령의 수행 규칙에서 보이는 것처럼 기술적으로 모바일, 인터넷, SNS, 사물인터넷 등 지능형 네트워크의 기술 발전과 정책 영역이 동일 사업 계열로 확정되면서, 이들 기술 기반이 빅데이터를 안착시키는 물적 조건 역할을 하고 있음도 파악할 수 있다. 미 연방 주도로 이뤄지는 데이터센터 건립이나 '프리즘'에 의한 체계적 민간 정보 수집과 같은 '빅브러더' 감시 플랜들이 우리에게는 아직 가시화되거나 공론화되지도 않은 채, 무분별하게 정보 정책 방향의 정황상 이미 빅데이터에 기반한 새로운 기술 단계로 접어들 채비를 하고 있다. 이는 정부 관료주의에 기댄 대민 데이터의 좀 더 나은 효율적 관리에 대한 욕망으로 표출되면서 빅데이터를 통한 권력 매개수단화의 조건이 좀 더 무르익었음을 예상할 수 있다.

---

15 미래창조과학부령 제1호, 《관보》, 제17979호, 미래창조과학부와 그 소속기관 직제 수행 규칙, 2013.3.24.

<표 3-1> 전자감시의 역사적 특징과 변화

	훈육사회 (~1980년대 말)	통제사회 (~2000년대 말)	빅데이터 감시사회? (2010년대 초~)
주요 인프라	주민등록증 도입 및 전산화 체제, 국가 행정전산망	국가 초고속망, 전국 공공·사적 네트워크망, 유비쿼터스 네트워크, 광대역통합망(BcN)	모바일 / 유비쿼터스 망, 사물 간 인터넷, 센서 네트워크, 빅데이터 기반 정보시스템
관련 정책	주민등록 전산화(1975) 민원서비스(1991) 전산망 보급과 이용법률 재정(1986) 국가기간전산망 기본계획(1987~1993)	초고속정보통신망 사업 추진 (1995~2005) 정보화촉진기본계획(1996~2000) 사이버코리아21(1999~2002) e코리아비전2006(2002~2006) 브로드밴드 IT 코리아비전2007 (2003~2007) 'IT839전략'(2004) 국가정보화 기본계획(2008~2002)	스마트국가 구현을 위한 빅데이터 마스터플랜 (2012) 미래창조과학부 정보화 전략국내 빅데이터 정책 (2003)
주요 감시 기제	CCTV, 도·감청	제한적 본인확인제(인터넷 실명제), 위치정보 추적	소셜 미디어 감시, DPI 감청, 알고리즘 분석
인프라 효과	전산화/디지털화	네트워크화	알고리즘 기법
권력 매개 효과	데이터 축적과 검색	로컬 정보의 집중과 통합	비정형 데이터 관리
감시 주요 특징	비가시성, 훈육의 심화와 강화	유동성·편재성·연장·모듈화	메타데이터 추출

3) 소결: 지배양식의 이행과 새로운 감시 권력

이제까지의 논의는 <표 3-1>을 통해 좀 더 명확한 이해를 얻을 수 있을 것이다. <표 3-1>에서 편의상 단절의 시기와 국면처럼 묘사되고 있는 훈육, 통제, 빅데이터 감시 국면은 사실상 많은 부분에서 중첩되고 연속되어 있다. 다시 말해서 권력을 작동시키는 '매개' 수단들, 특히 권력의 감시 장치들은 이행과 진화의 불연속적 과정으로 이뤄져 있는 듯 보이나, 여전히 과거 매개 방식들과의 중첩, 강화, 심화라는 연속성을 지니고 있다. 이를테면, 데이터베이스 - 네트워크망 - 유비쿼터스망 - 빅데이터 국면에서 특징적 감시기술들의 진화나 이행이 권력 지배양식의 불연속과 단절적 변화를 보여주는 중요한 계기이긴 하다. 하지만 군부 시대 폭력과 훈육의 기제들은 그 매개 수준이 거칠고 낮더라도 오늘날 꾸준히 중요한 권력의 통치 매개 수단으로 잔존한다. 결국 첨단의 감시와 비민주적 국가 장치들의 매개가 적절히 혼재하는 상황이 오늘날 한국의 감시 권력 작동의 풍경에 가깝다.

논의를 종합해보면, 시기별로 주요 정보통신 인프라 정책 의제는 물리적 망 구축과 고도화를 동반했고, 이는 매 시기 국가 감시기제의 특징적 경향으로 드러남을 알 수 있다. 마찬가지로 이때 주요 감시기제들은 서로 중첩되거나 진화하거나 새롭게 대체·변형되기도 한다. 이미 확인한 것처럼, 1970년대 중반 주민등록 전산화를 기본으로 1980년대 중반 이후의 국가기간전산망 시대를 거치면서 군부는 '훈육사회'의 내용을 쌓았다고 볼 수 있다. 시민 정보의 데이터베이스화와 통계 전산화는 훈육 통치를 기반으로 하는 권력 유지의 첫걸음이라 볼 수 있다. 1970년대에는 주로 대민 주민등록 정보의 데이터베이스화에 집중했다면, 1980년대에는 이 데이터뱅크의 전국망인 행정망, 공안망, 경찰망을 중심으로 해 전자 네트워크 효율성을 높이는 데 군사 통치의 초점이 있었다. 주요 감시 기제로서 공장, 사무실, 공공 영역에서의 CCTV 활용은 성능만 떨어졌을 뿐 이미 군부 때부터 여전히 쓰였고, 또한 정보기관들에 의한 도·감청이 폭넓게 이뤄지던 반인권 사회라 볼 수 있다. 감시 권력의 작동방식은 대단히 은밀하고 비가시적이었으며, 공권력의 폭력이 세련된 훈육의 빈자리를 메꾸는 역할을 수행했다.

1990년대 중반에 이르면, 군부 시절 데이터베이스 전산화를 넘어서는 망 중심의 스마트 사회 건설의 국가적 욕망이 커간다. 실제 정보통신기술 기반 인프라 건설은 범세계화의 파고 속에서 경제적 사활을 위한 새로운 경향이자 도전으로 각광받는다. 우리 정부도 물리적 망 건설을 통해 새로운 경제 도약을 꿈꾸려 했다. 김영삼 정부 이래 수행된 대부분의 망 사업들은 네트워크 인프라 구축에 초점이 맞춰져 있고, 국민경제 체질 개선이 핵심 정책 지향이었다. 예를 들어, 전국 단위의 초고속국가망, 공공 혹은 사적 인터넷 브로드밴드망, 유비쿼터스 네트워크, 광대역통합망(BcN) 등 국가 주도형 망구축 사업들이 국내 경제 재구조화에 초점을 맞춘 몸부림이었다. 이는 데이터의 축적과 관리를 넘어서서 일상 모든 것의 데이터화와 이의 빠른 전송을 위한 인터넷과 모바일 등 유·무선망의 환경적 조건에 맞춰져 있었다. 이 상황에서 권력의 통치 매개 수단 또한 업그레이드될 수밖에 없었다. 국내 전자 네트워크망의 고도화 환경은 이미 2000년대 초에 이르면 거의 갖춰지기 시작해 2000년대 말에 이르면 바야흐로 초고속 네트워크 시대라 할 만했다.

네트워크 기반형 인프라 구조는 로컬과 지역 분산에 기초했던 정보 간 경계를 무너뜨리고, 효율성과 비용 절감의 명목하에 흩어졌던 정보를 집중시키고 통합해 통제할 수 있는 네트워크 기반 감시사회, 즉 '통제사회'의 근간을 마련한다. 인터넷과 모바일 문화의 대중화와 함께 2010년대 초까지 인터넷 실명제가 온라인상 개별자들을 식별하기 위한 보편적 기제로 쓰였고, 모바일 위치 추적이 폭넓게 수행되었다. 유비쿼터스망에 기반을 둔 부유하는 '노마드 권력(nomadic power)'의 탄생으로 말미암아 감시 권력의 매개 수단은 대단히 유연해진다. 여전히 권력은 비가시적 영역에 머물고 있으나 흐름에 따라 빛의 속도로 유동하는 정보에 의해 힘을 얻는다. 또한 감시 권력은 로컬 어디에든 존재하는 자신의 모듈화된 연장인 단말기들(미시권력의 촉수들)로부터 계속해서 한곳으로 정보를 이동, 집적, 집중해 관리하는 양상을 보인다. 때로 이와 같은 과도한 연결과 네트워크 욕망은 국가적 재난 상황을 만들기도 했다.[16]

마지막으로, 한국사회는 대민 정형 데이터 축적과 통계 전산화의 시대

---

16 권력 주체에게 상호연동과 연결이 효율성을 증가하는 듯 보이지만, 마찬가지로 파국의 전염과 재난의 수위를 더 크게 만들고 예기치 않은 곳에서 위험이 발생하도록 추동했다. 이에 대해서는 앞서 제2장에서 정보 재난과 '위험정보사회' 개념들을 통해 충분히 논의했다.

(1970~1980년대 말)에서 물리적·모바일 망 구축과 고도화 시대(1990년대 초~2000년대 말)를 거쳐 이제 기술 감시에 질적 전화를 겪고 있다(<그림 3-2> 참고). 특히 박근혜 정부에서 등장한 '빅데이터' 정책의 기조에서 긍정적 활용론에 대한 비전 제시에 급급함을 보면서, 이후 전개될 빅데이터의 후폭풍이 우려된다. 지금도 일반적 징후들로 감지되는, 기하급수적으로 증가하는 이용자들의 비정형 데이터에 대한 통제(소셜 웹 감시와 신상 털기 등), 이를 어디에서든 저장하는 새로운 능력(클라우딩 컴퓨팅 저장방식 등), 이를 추출하는 정교한 알고리즘(소셜 웹 기업들의 알고리즘 활용 능력 등)은 사실상 새로운 감시 권력의 탄생을 예견케 한다. 일상적 채팅문화와 다양한 온라인 잉여 행위는 무수한 비정형 데이터 생산의 근원지가 되면서, 현대 권력의 통치와 권력의 매개 방식과 관련해 중요하게 부각되고 있다.[17] 이러한 상황에서 개별자는 스스로의 자유 의지에 의해 그리고 잉여 놀이를 통해 데이터 배출과 조각의 흔적을 남긴다. 이 속에서는 파놉티콘적 총체화된 권력의 시선이 감소하고 미시적 분석의 알고리즘이 더 중요해진다. 알고리즘 권력 감시는, 특정 개별자의 신원, 관계, 행동, 성향, 패턴 등을 빅데이터(메타데이터)로부터 특정의 알고리즘을 가지고 추출하는 방식이다. 그 효과는 이미 존재하는 통제사회의 유·무선 네트워크망을 포괄적으로 활용하고, 때론 훈육사회에서 누적되고 축적된 신원정보 등 정형 데이터와 연동하면서 더욱 정확해진다. 필자는 이 새로운 시대를 '빅데이터 감시사회'라 명명하고자 하나 아직까지 우리의 국가 통치 영역에서 감지된 내용은 사실상 거의 없다. 다만 지금까지의 한국 정치 레짐의 민주적 성숙도와 과거 인프라 기술 활용의 방식을 따

---

17 예를 들어, 정형 데이터 분석보다 비정형 데이터 그 자체만을 가지고도 대단히 정교한 예측 능력을 발휘할 수 있다는 것이 기술적으로 흔하게 입증되고 있다. 예를 들어, 선거 결과를 예측하기 위해 수행하는 선거 여론조사보다 구글, 네이버, 다음 등 특정 후보의 검색빈도수 등의 비정형 데이터를 통한 분석이 훨씬 더 정확한 정보를 제공할 때가 많다(윤형중, 2012: 28~30).

<그림 3-2> 국내 지배양식 체제의 흐름 양상

인프라/정책:	1차 행정전산화 주민등록전산망	2차 행정전산화 기본계획 1, 2차 국가기간전산망 계획	정보화촉진 기본계획 초고속정보통신망	e코리아비전2006 사이버코리아21	브로드밴드 IT 코리아비전2007 IT'839' 전략	국가정보화 기본계획 빅데이터 마스터플랜	미래부 정보화전략국 빅데이터 정책
정부:	박정희 정부 (1963~1979)	전두환 정부 (1980~1988) 노태우 정부 (1988~1993)	김영삼 문민정부 (1993~1998)	김대중 국민의 정부 (1998~2003)	노무현 참여정부 (2003~2008)	이명박 정부 (2008~2012)	박근혜 정부 (2013~현재)
레짐:	군부주의 군사정권		민간 정부			신권위주의 민간 정부	
감시/국민:	훈육사회			스마트 통제사회		빅데이터 감시사회?	

제3장 지배양식의 전화와 빅데이터 감시사회의 도래 115

져보면 권력의 매개 수단으로서의 빅데이터 기술의 통제적 활용이 충분히 가능할 수 있겠다는 우울한 추측만을 할 수 있다.

5. 빅데이터 감시의 몇 가지 대안들

<그림 3-2>에서 볼 수 있는 것처럼 역사적으로 한국에서 1980년대 말과 1990년대 말 이후 진행된 정보화 국면(특징적으로는 전두환 정부의 국가기간망 사업과 김영삼 정부의 초고속정보통신망 사업) 이후로 권력의 일반적 통치 방식이나 매개 수단에서 커다란 질적 전환을 이뤘다고 볼 수 있다. 사실상 이 글이 제시하는 새로운 형태의 빅데이터 감시 현상은 소셜 웹 혹은 스마트문화로 상징되는 시대인 '정보자본주의'라고 언급하는 체제 안에서 작동하는 권력 매개수단의 변화를 강조하려는 데 의의를 뒀다. 이는 이용자들이 만들어내는 다종다양한 비정형 데이터의 수취와 통제를 통해 본격적으로 자본주의의 중요한 가치를 창출해가는 구조적 시스템을 지칭한다. 이 글은 한국 사회에서 정보자본주의의 본격화와 빅데이터 기반 통제의 움직임이 시기적으로 이명박 정부 말기쯤에 시작되는 것으로 파악한다. 이제까지의 논의는 그 역사적 전 단계로서 전산화와 네트워크 기반 사회의 감시 권력의 비가시성, 유동성, 모듈화, 편재성 등의 주요 특성이 새롭게 부상하는 '정보자본주의'에서 어떤 지속성을 갖는지 혹은 또 다른 변화를 겪는지를 구체적으로 고찰하는 데 있었다.

요약하면, 이 글은 오늘날 현실에서 부상하는 빅데이터 기반의 감시 기제를 이전 통치 권력에서 유추해봄으로써 점차 총체화되고, 알고리즘 논리가 정교해지며, 메타데이터가 중심적 역할을 하고, 데이터의 전유와 추출을 이용한 감시 로직으로 바뀌는 현대 감시 권력의 변화를 유추하는 데 의의를 두었다. 특히 이명박 정부의 '신권위주의'적 국가 통치전략의 말기 그리고 박근혜 정부의 초기 정보통신 관련 직제 개편을 통해서, 우리는 기존의 스마트 통제사회에서의 감시 장치들과 더불어 빅데이터 기반형 감시 알고리즘들이 새롭게 중요한 권력의 매개 수단으로 떠오를 수도 있음을 포착할 수 있었다. 무엇보다 인터넷 실명제 폐지 이후 전자 저항을 누그러뜨리는 권력의 '매끄러운' 통치 수단과 매개가 필요하다는 측면에서, 비정형 데이터의 활용과 관리가 그 어느 때보다 중요해질 것이다. 대중의 삶 자체를 총체적으로 관리하는 빅데이터 감시의 도래가 우려되는 측면이다.

대안적 입장에서 이와 같은 우울한 미래에 대비하려면, 사실상 대중이 생산하는 비정형 데이터에 대한 자본과 국가에 의한 전유와 감시 과정, 즉 개별자 데이터의 생성, 보관, 유통, 처리의 알고리즘 및 추출 기제에 대해 그들 각자 스스로의 자기 정보 결정권을 요구하는 것이 필요하다. 관련 제도 입안이나 개혁 이전에, 우선 비정형 데이터의 문제점과 피해 가능성에 대한 가이드라인 제작이 필요하다. 특히 생애주기상 소셜 웹과 함께 삶을 살아가는 청소년들의 비정형 데이터 생산이 가져올 무한한 개인적 피해에 대한 교육 현장에서의 교육과 대국민 가이드라인 제안이 필요하다. 적어도 제도 이전에 자신의 정보가 어떻게 국가와 기업들에 의해 유출, 유용될 수 있고 신상 털기 대상이 될 수 있는가를 파악하는 사회적 인지 절차가 필요하다.

신체 데이터의 유출과 감시에 저항해 데이터 권리를 보호하고 법적으로 권리장전화하는 노력도 시급하다. 마이어 쇤베르거(2011)는 검색과 소셜 미디어를 통해 일상적으로 올렸던 글과 검색 내용이 온라인상에서 완벽하게 기억되어 네트에 떠돌거나 누군가에 의해 관리되는 현실을 경고한 적이 있다. 무조건 기억되어 저장되는 현실이 '잊히고 삭제될 권리'보다 앞서 존재하는 시대에 대한 탄식이다. 이같이 우연과 목적된 행동들 모두가 기억되고 저장되는 현실에서, 개인의 정형·비정형 데이터에 대한 접근 제한을 이전보다 더욱 엄격히 적용해야 한다. 특히 비정형 데이터로 사업을 하거나 감시를 행하는 사적 주체들에게 잊힐 권리, 즉 신상정보 삭제권을 의무화하여 적용토록 해야 한다. 예를 들어, 카톡 등 앱을 통해 개인 채팅 내용을 보관하는 기간 제한이나 파기를 의무화하고, 수사기관 요청에 따른 정보 제공 등에 좀 더 엄격히 관리할 필요가 있다. 마찬가지로 개별자의 신상정보에 대한 '데이터마이닝'이나 '신상 털기'를 통한 특정 관계의 추론과 정보 추출 방식에도 제한을 두어야 함은 물론이다.

빅데이터 국면에서 개인 신상정보와 삶 정보의 자기결정권을 보장하는 것이 한 축이라면, 다른 측면에선 국가에 의한 빅데이터 활용의 정보공개와 투명성의 문제를 거론할 수 있겠다. 대중의 비정형 데이터가 행정 정보와 연동되는 경우, 이에 대한 투명한 집행과 공개 시스템을 도입해야 한다. 개인 식별이 가능한 개인정보를 제외하고는 웹 응용프로그램 인터페이스(API) 등을 통해서나 다양한 프로그램과 애플리케이션을 통해 정부 데이터 접근도를 향상시키는 것은 기본이다. 오히려 처벌과 감시의 주요 기구들, 검찰, 국세청, 감사원, 국정원 등이 수집하는 민간 정보의 수준, 수집 방식, 관리절차 등에 대해 시민들 스스로 모니터링할 수 있는 '빅데이터 커먼즈(공유) 시스템'을 도입해야 한다. 이와 함께 정부 각 기관들의 무차별적 개인정보 수집에 대한 정책 개선 등 국가, 기업, 시민사회, 개인 층위에서 빅데이터 수집으로 발생할 수 있는 위험 요인들에 대한 예방과 사후 대책이 필요하다.

마지막으로, 기술에 뿌리박힌 국가 감시 권력의 흔적에 이의를 제기하거나 그 흔적을 제거하는 데는, 대중들이 나서서 관련 법 제도의 개혁과 정책 입안에 대한 문제제기와 빅데이터 수집의 근거 제시와 알고리즘의 설계를 바꾸는 등 과학·기술 체계를 재설계하려는 관심과 노력이 중요하다. 어느정도 정책적으로 성공한 기술민주주의의 경험들이 존재한다면, 이를 가지고 빅데이터 국면에 맞게 응용해 정보 인권 침해 소지가 높은 고도 감시 체계를 비판하고 이를 막을 수 있는 대안적인 논의의 장을 구성해야 한다.

제4장
'문화융성' 시대 창조산업의 문제

제4장은 '문화융성'이라는 슬로건 아래 문화 영역 내 시장 과잉을 꾀하는 국내 문화산업 정책의 내용에 대한 전면적인 재검토를 의도하고 있다. 즉, 박근혜 정부의 문화융성 정책의 가장 핵심적 가치, 기업의 매출과 국부로 여겨지는 '창조산업'과 문화콘텐츠의 기본 철학과 전제들에 대한 비판적 논의에 집중한다. 먼저 국내 문화산업 지형 변화의 지점들을 논의하기 위해서, 영국에서 시작된 창의산업 논의 이후 전개된 다양한 국제 문화산업정책 분류 모델들을 검토한다. 이의 장·단점 분석을 통해 결론에서는 오늘날 정동과 인지자본의 시대에 전통적 방식의 문화/창의/창조산업과 이로부터 생산되는 문화콘텐츠의 범주를 어떻게 새롭게 재규정해야 할 것인지에 대해 몇 가지 제안을 제시한다. 구체적으로는, 첫째로 문화산업 내 공공성의 정책 철학 확보, 둘째로 문화콘텐츠 범주 내 대중 삶 활동의 적극적 재고, 셋째로 문화산업 창의력의 원천으로서 사회적이고 공공적인 정보 자원에 대한 강조와 법률 검토, 그리고 마지막으로 창조산업 내 문화적·사회적 가치의 균형감각 회복 등을 제안한다.

1. 창조경제와 문화융성의 논리

구체 없는 개념들이 압도한다. 대중적 합의에 의한 개념의 정착 과정보다는 통치권자의 입에서 나온 언어가 곧바로 개념이 되고 내용을 채운다. '창조경제'라는 개념은 그렇게 인수위 시절 박근혜 대통령의 무심한 언설로 시작되어 부처 담당자들의 무수한 추측과 상상적 해석이 가미되어 그럴듯한 내용들로 완성되었다. 2013년 6월 미래창조과학부는 전경련 등 기업단체의 제안을 받아 한껏 붙인 주석들로 집대성하여 '창조경제'의 청사진을 만들었다. 「창조경제 실현계획」은 그렇게 발표되었다.[1] 하지만 개념만 난무하고 실현의 방식 또한 추상적이라는 뭇매를 맞았다.[2]

창조경제를 통한 '경제부흥'이라는 국정 과제에 이어 '문화융성'의 개념이 함께 등장했다. 또 한 번 이를 해석하기 위해 관련 부처 담당자들의 손발과 입이 바빠졌다. 박근혜 대통령은 스스로의 수수께끼 같은 개념들에 또 다른 수수께끼 같은 단서를 남겼다. "문화융성은 창조경제의 토대"이며, "문화는 다른 산업의 새로운 고부가가치를 더해주는 21세기의 연금술"이라 했

---

1 미래창조과학부 관계부처 합동 보도자료, 「창조경제 실현계획 – 창조경제 생태계 조성방안」, 2013.6.5.

2 '창조경제' 개념은 불분명하지만 추상적 수준에서 자본주의 가치 패러다임의 변화를 전제하는 듯 보인다. 즉, 가치 창출의 요소가 노동·자본(산업경제), 지식·정보(지식경제)에서 이제 "혁신적 기술과 창의적 아이디어"가 중심인 '창조경제'의 시대로 이동한다는 가정을 그 근거로 삼고 있다. 그래서 미래창조과학부에서 확정한 창조경제란, "국민의 상상력과 창의성을 과학기술과 ICT에 접목하여 새로운 산업과 시장을 창출하고, 기존 산업을 강화함으로써 좋은 일자리를 만드는 새로운 경제전략"이라는 뜻을 갖고 있다. 상상력과 창의성의 실제 정책사업으로, 아이디어의 특허화, 창업 투자조건 조성, 창의인재 양성 등을 꼽고 있다.

다.[3] 소위 "국민의 상상력과 창의성"을 추동해 한국경제를 일으키는 데, 문화를 그 근원으로 삼고자 한다는 점은 분명해 보인다. 실제 그는 문화융성의 예로 영국의 비틀즈와 해리포터를 들면서, 우리도 한류와 전통문화를 기반으로 문화산업을 발전시켜 경제의 견인차로 만들자고 주문했다. 그가 생각하는 문화의 본질이 무엇인지 좀 더 분명해진다. 물론 박근혜 대통령은 창조경제의 견인차가 되는 문화융성의 시장 요인만 부각하려 하지는 않는다. 문화적 삶의 질을 높이고 보편적 문화 향유도 이뤄 '국민행복'을 가져오자는 문화적 가치 논의를 함께 동반하고 있다.[4] 시민진영에서 누차 지적했던 보편적 권리로서의 문화권에 대한 주장을 박근혜 정부에서 어찌 수용했는지는 여전히 불가사의한 일이다. 어찌되었건 문화가 창조경제와 국민생활 행복, 둘 다의 매개체라는 이 양가적 입장은 이미 그의 취임사 한 대목[5]에서도 드러난다.

21세기는 문화가 국력인 시대입니다. 국민 개개인의 상상력이 콘텐츠가 되는 시대입니다. 지금 한류 문화가 세계인들의 사랑을 받으면서 기쁨과 행복을 주고 있고, 국민들에게 큰 자긍심이 되고 있습니다. 이것은 우리 대한민국의 5,000년 유·무형의 찬란한 문화유산과 정신문화의 바탕 위에서 이루어진 것입니다. 새 정부에서는 우리 정신문화의 가치를 높이고, 사회 곳곳에 문화의 가치가 스며들게 하여 국민 모두가 문화가 있는 삶을 누릴 수 있도록 하겠습니다.

문화의 가치로 사회적 갈등을 치유하고, 지역과 세대와 계층 간의 문화격차를 해소하고, 생활 속의 문화, 문화가 있는 복지, 문화로 더 행복한 나라를 만들겠습니다. 다양한 장르의 창작활동을 지원하고, 문화와 첨단기술이 융합된 콘텐츠

---

3 박근혜 대통령, 문화융성위원회 1차회의 인사말, 청와대, 2013.7.25.

4 박근혜 정부의 4대 국정 기조는 잘 알려진 바와 같이, '경제부흥', '국민행복', '문화융성', 그리고 '평화통일 기반구축'이다.

5 박근혜, 대통령 취임사 – 희망의 새 시대를 열겠습니다, 2013.2.25.

산업 육성을 통해 창조경제를 견인하고, 새 일자리를 만들어나갈 것입니다.

　박근혜 대통령 당선자가 이날 행했던 전체 취임사의 3대 키워드는 '경제부흥', '국민행복', '문화융성'이었다. '문화융성'과 관련된 윗글만을 톺아보면, 경제논리(고딕체)와 문화논리(명조체) 간 조합이 눈에 띈다. 즉, 산업적 가치(문화콘텐츠, 한류, 창조산업, 일자리 창출 등의 키워드)와 문화적 가치(문화유산, 갈등 치유, 격차 해소 등 사회적 가치 확산, 문화복지, 행복문화 등의 키워드)가 공존해 있다. 박근혜 정부의 국정기조라는 대범위에서 보더라도 문화융성의 위치란, 한편으로 경제부흥을 위해서는 '창조경제' 성장 동력이요, 국민행복을 위해서는 사회적 갈등 치유와 통합 기제로 동시 취급된다. 즉, 박근혜 정부의 정책 기조와 비전에는 문화라는 촉매제를 통해 성장과 복지를 함께 추구한다는 모순어법이 공존한다.

　박근혜 정부 아래 문화는 이렇듯 '문화의 융성'과 '문화를 통한 융성' 두 범주 모두를 지칭하는 방식으로 쓰이고 있다.[6] 이번 정부에서 문화의 융성이 "인문, 예술, 콘텐츠, 체육, 관광 등 문화 분야의 역량이 전반적으로 향상"(대체로 문화체육관광부 소관 업무들이었던 것) 되는 것이라면, 문화를 통한 융성이란 "문화의 융성이 다른 사회 분야의 발전에 기여하는 것"(대체로 미래창조과학부 소관 업무들이 될 것)을 지칭한다. 즉, 전체 국정기조에서처럼 문화융성이란 정책 과제에서도 문화는 지금 정부에서 중요한 매개역할을 수행하는 것으로 고려된다. 마찬가지로 문화를 융성하려는 가치 실현 방식에서는 양가적 갈래를 보여준다. 하나가 경제적 가치 추구(창조경제/창조산업)라면 다른 하나는 문화적·사회적 가치 추구(국민행복/문화행복)이다. 박근혜 정부가 본격적으로 제기하는 문화융성이란 이렇듯 경제성장의 논리와 국민생활 행복이라는 두 마리 토끼를 잡으려는 정책기조에 있음을 알 수 있다.

6　이동연(2013), 그리고 문화체육관광부, 대통령업무보고, 2013.2.28.

대체로 이전 이명박 정부의 문화정책에서 보여줬던 비즈니스 중심의 정책기조에 비해 문화를 통해 국민행복, 특히 사회통합을 도모하려는 적극성도 함께 보인다. 하지만 그 실상을 들춰보면 역사적으로 문화적·사회적 가치를 문화경제에 들러리 세우거나 주변화했던 경험들을 반추해보건대, 지금 정부에서도 문화융성의 경제적 논리 혹은 시장주의에 대한 과도한 집중이 다시 반복될 가능성이 높다. 또 다른 축으로서 문화적 가치 또한 국가주의적 혹은 문화복지 수혜의 논리에 의해서 이용당할 확률 또한 높다. 그럼에도 두 모순적 가치가 현 정부의 문화정책 내에서 지속가능한 공존을 이루려면, 일단은 각각의 가치 구현의 내용이 무엇인지에 대한 구체적 재고가 필수다. 예컨대, 문화의 사회적 가치를 구현하는 데는, 행복 추구, 문화권의 확보, 문화다양성의 보장이라는 「문화기본법」을 통한 국민 문화융성의 함양에 대한 조건이 마련되어야 함은 물론이다(이동연, 2013 참고). 다른 한편, 문화의 경제적 영역에서는, 적어도 문화시장 생태계의 민주화 조건 아래 작동하는 문화의 산업화와 함께 일반 대중의 문화소비와 참여의 사회적 조건에 대한 논의가 포함되어야 한다.

이 글은 박근혜 정부의 문화융성이라는 추상적 개념에 흐르는 문화적 가치를 실제 구현하기 위한 내용에 대한 재검토는 좀 더 지켜보더라도, 무엇보다 시장과잉을 기조로 하는 '경제(창조경제/창조산업)를 키우는 문화'의 내용에 대한 전면적 재검토를 위해 기획되었다.[7] 즉, 문화가치에 의한 국민생활 행복 증진을 이 글이 다루려는 범위에서 논외로 놓더라도, 문화경제를 통한 21세기 국가경쟁력의 미래 비전 또한 잘못된 전제하에 있다면 이의 대안적 논의 구성은 무엇보다 시급한 일이다. 이 글에서는 무엇보다 후자, 즉 산업적 원칙과 원리에 대한 재구성에 집중한다. 즉, 정부 문화융성 정책의 가장

---

7 문화체육관광부는 2013년 업무계획에서, "문화로 창조경제 이끌기"와 "문화로 국민행복 가꾸기"로 국정과제 추진계획을 대별하고 있다.

핵심적 가치, 기업의 매출과 국부로 여겨지는 문화산업과 문화콘텐츠의 기본 철학과 전제에 대한 비판적 논의에 집중한다. 일부는 문화생산의 시장 논리와 경제적 가치를 자본주의의 필요악으로 간주하여 문화산업정책의 대안적 구성 논의에 소극적이거나 이의 비판적 분석에 면죄부를 발부해주곤 했다. 문화의 사회적 가치 확장을 위한 비판적 개입과 대안 제시는 상대적으로 중요하게 취급되었으나, '창조경제', '창조산업', '상상콘텐츠'[8] 등의 새로운 개념을 등에 업고 등장하는 문화산업정책은 대세로 이에 대한 비판적 논의는 열외로 취급되는 측면이 있었다.

이 글에서는 이렇듯 개념의 과잉만 있고 실제 문화경제의 변화를 제대로 파악하지 못한 채 운용되는 문화산업의 오도된 정책 방향에 문제를 제기하고, 오늘날 인지자본의 시대에 과연 전통적 방식의 문화/창의/창조 산업과 이로부터 생산되는(디지털) 문화콘텐츠의 범주를 어떻게 새롭게 재규정해야 할 것인가에 대해 몇 가지 정책 제안을 하려 한다.

2. 창조산업과 문화콘텐츠 개념의 역사적 형성

박근혜 정부 시기 문화융성의 핵심 경제적 과제는 "문화와 산업의 융합", 특히 '한국 스타일'을 지닌 문화를 통해 콘텐츠산업을 육성하고, 이를 "창조경제의 핵심동력으로 육성"하는 일이다. 문화체육관광부와 한국콘텐츠진흥원이 최근 국회에 제출한 자료에 따르면, 2012년 SM기획사 단독으로 케이팝 수출액만 1,036억 원을 기록했다고 한다. 케이팝의 위세로 추측컨대, 예서 '한국 스타일'이 지칭하는 의미가 무엇인지 분명하다. 비즈니스의 일

---

8 문화체육관광부는 개개인 상상력과 창의성을 기반으로 한 '상상콘텐츠기금'을 조성해 창작활동을 지원하는 사업을 시행할 예정이다.

부로 문화를 포획하는 단계를 넘어 이제는 문화경제가 자본주의 이윤원을 주도하는 시대에 들어서고 있다.

문화가 비즈니스의 일부로 편입되거나 합쳐지는 과정은 역사적으로 자본과 문화시장의 확대뿐만 아니라 재개념화를 동반했다. 전후 소비문화가 본격화하면서 자본 축적의 확대가 '문화(연예)산업(cultural / entertainment industries)'을 낳았다면, 1990년대 말 신경제 이후 영국을 중심으로 정보·지식 생산의 자원들이 문화산업의 중심으로 떠오르면서 '창의산업(creative industries)'[9]의 국면으로 접어든다. 이 개념의 진원지는 잘 알려진 대로 영국 토니 블레어(Tony Blair)의 노동당이다. 1997년 노동당이 집권 여당이 되면서 문화미디어체육부(DCMS)에 '창의산업추진팀(CITF)'을 만들고 이에 의거해 문화산업 영역을 재개념화하면서 생겨난 조어가 '창의산업'이다. '문화/창의도시', '창의계급'(Florida, 2002) 등은 창의산업을 위한 핵심적 동력의 일부가 되고, 창의산업을 더 확대된 사회나 경제에 적용할 때 이를 '창의경제'로 취급한다(이기현 외, 2010).

역사적으로 '창의산업'은 정보·지식 생산의 가치가 극대화하고 동시에 안정된 고정 지대를 보장하는 지적재산권이 전면화되었던 신경제 국면 이후 정부 주도 캠페인으로 나왔다. '창의산업'이란 주로 데이터/지식에 기반을 둔 디지털 경제 국면을 전통적 문화·예술산업 분야에 적극 끌어오려는 의도를 가지고 산업정책적으로 만들어진 신조어였다. 디지털 정보의 문화

---

9 '창의산업'이라는 말은 호주 정부의 '창의국가'(Office for the Arts, 1994)에서 처음 사용되었다. 이후에 1997년 영국 토니 블레어의 노동당이 집권 여당이 되면서 문화미디어체육부(DCMS) 내에 '창의산업추진팀(CITF)'을 만들고 이에 의거해 문화산업을 재개념화하면서 '창의산업'이 등장했다. 창의산업은 "개별 창의성, 기술과 재능에 근원을 두며, 또한 지적재산의 생산과 개발을 통해 부와 일자리 창출의 잠재력을 지닌 창조적 활동들"(DCMS, 1998)로 평가한다. 영국은 이처럼 우리의 '창조경제'와 거의 유사한 정의법을 가진 타이틀을 이미 사용하고 있다. 이 글에서는 박근혜 정부의 '창조'산업과 구분하여, 영국 등 유럽의 문화산업 개념을 '창의'산업으로 달리 사용할 것이다.

산업적 활용과 더불어, 이제까지 소홀하게 다뤄졌던 각 지역 단위의 지적 자산들(전통의 유·무형 문화유산과 인적 구성 등)까지 문화산업 개념 안에 포괄하려는 의도가 들어 있다(Florida, 2002 참고). 적어도 당시 영국 문화정책에서 다뤘던 창의산업은 상징 생산의 문화산업 영역을 중심으로 새롭게 디지털 정보산업과 전통적 예술·공연 부문을 더해 문화경제 내부의 시너지를 얻으려는 개념으로 이해할 필요가 있다.

국내에서는 좀 늦었지만 1980년대 말 소비자본주의의 형성과 더불어 서서히 문화산업에 대한 가치를 주목하기 시작한다.[10] 한국은 1994년 문화산업을 최초 정책에 반영해 문화부 내 문화산업국을 신설했다. 김대중 국민의 정부 시기에는 문화산업을 국부와 국가 경쟁력의 일부로 보고 국가기간산업으로 최초 인식하기 시작했다. <쥬라기 공원>과 현대 차의 비유로 문화산업의 가치 생산에 찬사를 아끼지 않았던 김대중 대통령은, 영화 등 대중문화 영역을 문화산업의 가장 중요한 정책으로 대상화하여 문화관광부 주도의 효과적 지원체계를 구축하게 된다. 이의 현실화로 「문화산업진흥 기본법」(1999)도 제정되어 문화산업의 체계적 분류가 이뤄지고, 이의 지원체계인 한국문화콘텐츠진흥원, 영화진흥위원회 등 지원기구 설립, 문화산업진흥기금 등이 마련되었다. 대체적인 문화산업의 정책과 틀이 국민의 정부 시절 처음 마련된 셈이다.

참여정부에 이르면 문화산업 대신 영국 등 유럽의 문화정책을 벤치마킹하면서 '창의' 개념이 도시와 지역 개발(예를 들면, 문화도시와 문화클러스터 등)과 관련된 논의 속에서 일부 정착한다. 노무현 참여정부 시기에는 디지털

---

10 1992년 2월 제정된 「문화산업진흥 기본법」에서는 문화산업을 구체적으로 정의하고 있다. 이때 문화산업은 "문화상품의 기획, 개발, 제작, 생산, 유통, 소비 등과 이에 관련된 서비스를 행하는 산업"에 해당하고, 문화상품은 "예술성·창의성·오락성·여가성·대중성이 체화(體化)되어 경제적 부가가치를 창출하는 유형·무형의 재화(문화콘텐츠, 디지털 문화 콘텐츠 및 멀티미디어 문화 콘텐츠를 포함한다)와 그 서비스 및 이들의 복합체"라 표현하고 있다.

기술 개념을 문화산업정책에 접목하려는 문화기술(CT) 정책 비전도 마련된다. 즉, 기술변화에 대응한 문화산업 정책 지형이 본격화되던 시점이었다. 당시 문화산업정책 지향은 아마도 영국 노동당의 창의산업 개념에 가장 근접했던 것으로 보인다.[11] 하지만 참여정부는 영국식 창의산업이 의도한 만큼의 전 방위 효과를 보지는 못했다.

이명박 정부 시기에 오면서 이전 문화산업 혹은 창의산업의 영역은 오히려 '콘텐츠산업'이라는 협의의 그리고 상업주의적 범주로 영역화되었다.[12] 이명박 정부는 콘텐츠산업을 국가의 신성장 동력으로 구체화했다. 2008년 문화체육관광부는 이전 문민정부 시절부터 내려오던 문화산업국 직제를 없애고 문화콘텐츠산업실을 신설하여, 이 밑에 콘텐츠정책관, 저작권정책관, 미디어정책국을 뒀다. 2009년 여러 문화콘텐츠 진흥 관련 국책 기관들을 한데 모아 한국콘텐츠진흥원을 만든다. 2010년 「콘텐츠산업 진흥법」이 구체화되고, 기존의 문화/창의산업 역량을 저작권과 관련된 부문들, 그리고 신한류 등을 등에 업고 미디어·엔터테인먼트산업 영역을 주로 관리하는 쪽으로 대단히 좁혀나간다. 영국의 창의산업이 디지털 부문과 전통적 예술·

11 이제까지 특정 영역과 부문을 강조하기 위해 다양한 유사 개념들이 공식적으로 존재해 왔다. 예를 들어, '정보산업(디지털통신 주도형)', '미디어산업(영상산업 주도형)', '연예오락산업(미국 할리우드 등 저작권 생산물 주도형)', '레저산업(관광과 스포츠 주도형)' 등이 그것이다.

12 사실상 2010년이 되면 국내에서 문화산업에 의해 특수산업 분류는 사라지고 이를 콘텐츠산업이라는 용어로 대체한다. 신설된 「콘텐츠산업 진흥법」([법률 제11318호, 2012.8. 시행]에 따르면, 우리의 콘텐츠산업이란 "경제적 부가가치를 창출하는 콘텐츠 또는 이를 제공하는 서비스(이들의 복합체를 포함한다)의 제작·유통·이용 등과 관련한 산업"(제2조 2항)을 뜻하며, 여기서 콘텐츠는 "부호·문자·도형·색채·음성·음향·이미지 및 영상 등(이들의 복합체를 포함한다)의 자료 또는 정보"(제2조 1항)를 지칭한다. 국내 콘텐츠산업의 영역 문화체육관광부 『콘텐츠산업백서』(2010, 2011)에 따르면, 12가지 콘텐츠산업으로는 영화, 애니메이션, 음악, 게임, 캐릭터, 만화, 출판(서적), 정기간행물(신문, 잡지), 방송, 광고, 지식정보, 콘텐츠솔루션/패션문화(마지막 항목 패션문화는 2011년 백서에 새로이 추가됨)를 들 수 있다.

문화 영역을 창의성의 근간으로 삼는 데 반해, 우리의 새로운 콘텐츠산업 모델은 케이팝 중심의 '연예·미디어 산업'에 주력화하면서 경제적 가치를 즉각적으로 얻는 지적재산권이나 할리우드 산업의 분류에 준하는 완성된 콘텐츠 제작물 형태로 축소하는 경향을 보여왔다. 이는 미국 저작권산업 중심 모델에 더 가까운 듯한 모습을 보여줬다.[13] 이렇듯 이명박 정부에서 시작된 (문화) 콘텐츠라는 상품화된 문화형식의 정의법은, 영국이 '창의'산업에서 기대했던 전통적 문화산업 영역과 다양하게 부상하는 창의적/창조적 부문들 간의 통합적 시너지 효과를 얻으려는 야심에 비해 그 범위를 대단히 좁게 잡고 있고, 연관 창의 영역들과의 관계 효과를 무시하는 경향이 강하다.[14]

박근혜 정부의 문화융성을 통한 '창조경제'와 '창조산업' 진흥의 면면만 보면, 이명박 정부에 비해 그 기조 측면에서 상대적으로 포괄적이다. 이전 콘텐츠 중심의 기업 생산논리에 비해 일반 국민들의 창발성을 가미한 소프트경제 발전에 대한 기대치를 일정 부분 보여주고 있다. 하지만 용어만 '창조'로 바꿨을 뿐 이미 참여정부 시절에 온전하게 담지 못했던 '창의산업'의 정책 기조와 크게 다르지 않아 보인다. 문화체육관광부의 2013년 업무계획에서 보여주는 바처럼,[15] 여전히 게임, 케이팝, 캐릭터, 영화, 뮤지컬을 포함하는 '5대 콘텐츠 육성', 그리고 이와 맞물려 저작권의 체계적 보호라는 기존의 주류 문화산업 육성이라는 관성적 접근에서 크게 벗어나지 못하고 있

---

13 디지털 부문의 확대는 2002년 제정된 「온라인 디지털콘텐츠산업 발전법」이 정통부 해체와 함께 2010년 5월 「콘텐츠산업 진흥법」으로 전면 개정되면서 이뤄졌다.

14 이명박 정부 시절 정보화 영역은 많은 부분 국내 주력이자 핵심 동력사업이기에 문화산업에 반영된 듯 보이나, 적어도 영국 '창의산업' 분류에서 주요하게 추가되었던 건축, 디자인 등의 연관 부문은 빠져 있었다. 그러다 산업디자인을 제외한 디자인 영역이 2012년 「문화산업진흥 기본법」 개정 과정에서 추가된다. 지적재산의 원천에 대해 매우 미국 상업주의적인 관점을 갖고 대중 연예 미디어·문화콘텐츠를 보고 있다.

15 문화체육관광부, 「문화가 있는 삶, 행복한 대한민국 ─ 2013년 문화체육관광부 업무 계획」, 2013.3.28.

다. 큰 틀에서 보면 우리의 현재 문화융성 정책 목표에서 문화의 경제적 가치로 삼는 내용들은 사실상 영국식 '창의산업' 논의의 언저리에서 나타난 변종 정도에 불과하다.

영국 DCMS의 '창의산업' 기획에서와 마찬가지로 이와 같은 정부 주도 캠페인을 적절히 따랐던 우리와 같은 대부분의 국가들에서, 전통적 문화·예술 정책을 디지털 국면과 지역 문화자산과 연계하는 방식은 기본적으로 그 어느 때보다 문화 정책에 대한 시장주의적 관점 속에서 기획된 측면이 강했다(Garnham, 2005; Cunningham, 2009). 즉, '소프트웨어 부문'의 확대는 경제적 성과와 성공이 근본이 되어가는 문화정책 내부에 경제 논리의 헤게모니를 더욱 확대하는 데 일조했고, 지속적으로 문화정책이 경제정책의 하위 수행 아이템으로 전락하는 과정을 만들고 있다(Throsby, 2010). 특히 선진국형 경제에서 문화/창의산업의 쾌속 성장은 문화정책의 국민경제적 영향력과 정당성을 확보하고, 국가주의적 홍보전략과 맞물리면서 문화수출의 경제적 측면을 과도하게 강조하도록 만들고 있다. 특히 케이팝과 한류의 위세로 말미암아 과도하게 시장주의적 정책과 행정적 가치에 투여하거나 '국격' 상향의 목표를 연예산업을 통해 얻으려는 국가주의적 욕망도 커졌다.[16] 최근 CJ 임원이 한 학술대회에서 발표를 하면서 국내 문화산업의 기대를 모아 '문화융성'에 대해 행한 뜻풀이는 압권이다. "저는 전 세계인이 매년 2~3편의 한국 영화를 보고, 매월 1~2번의 한국음식을 먹고, 매주 1~2편의 한국 드라마를 시청하고, 매일 1~2곡의 한국음악을 들으며, 일상생활 속에서 한국 문화를 마음껏 즐기게 하는 것을 꿈꿉니다(CJ그룹 이재현, 이미경)."[17] 더 큰 문제는 우리 정부의 문화정책의 방향이 이와 같은 문화 재벌들의 '아(亞)

---

16 예를 들어, 싸이의 <강남스타일>이 전 세계적 히트를 하면서, 정부 관계자는 그를 독도홍보대사로 임명해 활용하려는 입장을 보였던 적이 있다.

17 정헌식, CJ E&M 글로벌 진출 현황 및 전략, 「미디어기업의 글로벌 진출, 전략과 과제」, 2013 한국미디어경영학회 특별세미나, 대한상공회의소 국제회의장, 2013.9.6.

제국주의'적 시각에 그대로 정부 문화 국격과 문화교류 정책을 동일시하려는 데 있다.

결과적으로 1990년대 중반 이후 문화산업을 국가를 통한 신경제 부흥의 핵심 의제로 삼아왔지만, 이제까지 문화산업 부문에 대한 정부의 접근 방식은 대단히 정태적이고 기존 기업의 정서 구조만을 반영한 생산자 위주의 정책을 유지해왔다. 즉, 문화 환경 변화의 조건들을 수사학적으로만 차용하고 실제 문화의 경제적 가치생산의 전면적 조건 변화를 능동적으로 고려한 문화산업정책 비전이 미비하다. 예를 들어, 오늘날 문화의 소비자 혹은 향유자로만 평가받던 시민들의 예술과 문화 창작과 콘텐츠 생산에의 개입이 보편화된 문화현상이 되어간다. 이와 같은 사회 패러다임적 전환의 시기에 우리는 문화정책 영역에서 문화콘텐츠의 범위를 재획정하고, 관련 정책 영역의 대상화나 범주화의 패러다임을 추적하고, 기존의 창작 재산권 개념에 대해 어떻게 사회적으로 재정의할 것인가 등에 대한 구체적 준비가 필요하다. 현재 급속히 진행되는 사회적 수준에서의 집단적 문화 생산의 경향에 대한 고려 없는 맹목적 시장(확장)주의적 문화산업 정책에 대한 전면적 재고가 필요한 것이다.

3. 기존 문화산업 혹은 창의산업 범주 논의와 한계

현재 진행되는 문화산업 지형 변화의 지점들을 논의하기 위해서는 영국에서 시작된 창의산업 진행 이후 전개된 국제적 문화산업정책 분류 모델들을 재검토하고 넘어갈 필요가 있다. 이하 논의는 기존의 대표적인 연구나 보고서 혹은 관련 해외 정부기관에서 파악하는 문화산업의 범주화 작업에 대한 사전 검토 작업을 수행한다. 변화하는 자본주의 질서와 문화정책의 가치 변화와 맞물려 해외 국가들이 수행했던 문화산업에 대한 범주화 논의들을 살펴 그 장점과 한계점을 발견하고, 그로부터 우리 문화산업정책 지형에서 향후 기본적으로 고려해야 할 몇 가지 쟁점을 이끌어내려 한다.

1) 문화산업의 표준 구획화와 문화적 가치 부각

영국 노동당 토니 블레어 정권은 미국을 중심으로 한 디지털 기술 기반의 신경제 질서에 대응해 1998년 문화미디어체육부(DCMS) 창의산업추진팀을 통해 13개 창의산업 부문들을 획정한다(<표 4-1> 참고). 이와 같은 분류 작업은 향후 문화산업정책과 국부의 원동력에 대한 기조를 잡는다는 점에서 큰 의미를 지녔다. 무엇보다도 영국 집권당인 노동당이 나서서 창의산업 정책을 선전했던 실제 목적은 대처의 신자유주의 정책 지향을 승계하면서 향후 노동유연화의 길을 모색하겠다는 복안이었다. 노동유연화 과정이란 노동집약적 산업에서 기술과 정보 서비스 기반의 첨단 고부가가치 산업으로의 이행을 시도하는 일이었고, 이는 그리 어려운 일만은 아니었다. 대중문화 콘텐츠 창작과 생산의 근거지라 할 정도로 우위를 점하고 있는 영국의 입장에서, '문화와 창의성의 가치'를 중심에 두고 정보테크놀로지와 유관 서비스 영역들을 본격적으로 지원하고 사업화하여 전투적 조합주의를 누그러뜨리고 온순한 '창의' 영역을 국가사업으로 키우려는 복안은 나름 실효성이 높았다. 영국 정부는 이렇듯 미래 문화산업의 영역을 아우르는 개념으로 '창의산업'을 채택하고 DCMS 표준산업분류법(1998, 2001)을 고안한다.

DCMS의 분류에는 구체적으로 전통적 예술과 대중문화 영역 외에도 디지털 정보 영역의 확대와 비물질 영역에 대한 강조, 그리고 문화상품을 처리하거나 전송하는 영역 혹은 이를 응용하는 영역에 대한 관심이 그대로 반영되었다. 이는 경제적 가치를 위주로 하는 문화산업 정책의 상대적인 범위 팽창(Throsby, 2010: 14~31)과 밀접한 관련이 있다. 영국 정책 지형이 문화산업에서 창의산업으로 넘어가는 단계에서, 지식과 정보 자산에 기초한 새로운 지적재산의 시대에 선두권을 잡고자 하는 영국정부와 문화자본의 욕망이 존재했던 것이다. DCMS의 분류법은 현대 문화산업 분류법의 기준점으로 삼을 정도로 세계 각국에 표준화된 모델을 제공했고, 국내에서는 「문화산업진흥 기본법」(1999)이나 여러 학자들의 분석에 아직도 응용되어 사용되어왔다.[18]

이미 알려진 대로 창의산업의 표준분류법은 여러 문제를 안고 있다. 먼저 문화산업에서 새롭게 부상하고 변화하는 부문들을 담아내지 못하며, 산업 영역들 간 상호관계 혹은 범주 바깥과의 상호관계에 대한 고려가 떨어진다. 특히 지속적으로 변화무쌍하게 움직이는 디지털 창의성의 영역을 담아내기에 너무 정태적이다. 둘째로, 산술적 성과에 의해 각 부문별 문화산업적 기여도를 파악하면서(예를 들면 매출액 규모, 고용 성과 등) 가시적 성과를 보여주는 연예·미디어산업, 소프트웨어·게임 등을 과도하게 강조할 수밖에 없다. 당연히 지적재산권 수입과 단기 성과로 판단해 문화산업정책이 쏠리거나 집중 집행되는 경향이 있다. 셋째로, 실제 창의산업 내 소위 '창의'노동의 구성 비율 파악이 어렵다는 문제도 존재한다. 문화산업 각 부문들에서 만들어내는 수익과 피고용인의 숫자를 파악하는 통계자료를 만들어낼 수는 있지만, 각 부문에서 얼마만큼 소위 '창의성'을 담보하면서 자가발전이 이뤄지는지 알기 어렵다. 예를 들어, 광고·홍보회사 노동자의 경우에 과연 그 전체 노동력 가운데 몇 퍼센트가 창의노동을 수행하고 있는지, 혹은 집단적 협업 등 일반인들의 '잉여' 삶 활동을 통한 문화 창작과 생태계에의 기여도는 어떻게 각 산업 부문들에서 고려할 것인지, 아니면 이를 위해 새로운 범주가

---

18 우리의 문화산업 분류는, 대체로 산업 부문별('콘텐츠산업') 산업특수분류와 「문화산업진흥 기본법」상에서 정의하는 분류법 규정을 기본으로 삼는다. 2013년 현재 콘텐츠산업 산업특수분류에 따르면, 대분류는 8개에서 12개로 확대되었다(<표 4-1> 한국 콘텐츠산업 특수분류 참고). 지식정보산업과 콘텐츠 솔루션 사업 등 항목들을 추가하면서 문화산업의 신규 부상하는 영역들을 반영하는 모양새를 보여주고 있다(통계청, 「콘텐츠산업 특수분류 1차 개정 개요 및 개정분류 항목표」, 2012.9).

필요한 것인지 등등 국민경제 내 '창의'적 문화산업 영역에 종사하는 구성
비율이 얼마인지를 평가하기가 어렵다.

　　DCMS가 지닌 분류상의 한계에서 가장 큰 문제는 한마디로 문화산업과
부문 영역들 간의 상호 영향 관계의 부족과 성과 중심의 문화산업정책의 평
가 시스템이라 할 수 있다. 이에 호주 문화경제학자인 데이비드 스로스비
(David Throsby)는 그의 '동심원 모델(concentric circles model)'을 통해서 영국
DCMS의 13개 표준분류법을 비판한다(Throsby, 2008; 2010). 그의 비판 근거
는 문화산업 혹은 창의산업의 시장주의에 대한 반발이었다. 동심원 모델은
바로 이와 같은 표준분류법에 대한 적절한 문제제기였다. 무엇보다 스로스
비는 기존의 창의산업 붐을 바라보면서, 창의성보다는 산업적·경제적 가치
에 과잉 집중하는 경향에 문제의식을 가졌다. 그는 창의력을 고취하기 위한
방식으로 전통의 예술 영역을 핵심에 두고, 순차적으로 관련 '공공 문화 영
역(GLAM: Galleries, Libraries, Archives, and Museums)',[19] 대중문화산업 영역, 유
관산업 영역의 나이테를 바깥으로 그려나가는 '동심원 모델'을 고안했다.
동심원은 중심(예술)에서 밖(대중문화)으로 창의성이 확산되는 영향력의 유
포 과정을 보여주며, 이로부터 과도한 경제주의를 배제하는 모델로 인정되
면서 이후에 UNESCO 모델(2009)에도 영향을 줄 정도로 문화의 공공성을
견지하는 데 큰 역할을 수행한다. 동심원 모델은 문화산업 정책 내 시장 지상
주의의 독주를 막는 하나의 방법으로서, 예술적 가치를 중심에 두고 경제적
가치가 함께 공존할 수 있는 정책 지향을 밝힌 셈이다. 문제는 전통 예술을
그 중심에 놓고 대중문화를 그 영향권 아래에 둠으로써, 위계적으로 고급예

19　영국의 창의산업 모델에서 상대적으로 정보·디지털 부문에 대한 강조에 비해 GLAM
　　부문의 배제는 문화정책의 경제주의적 지향 때문에 발생한다는 의견들이 존재한다(예
　　를 들어, Hesmondhalgh, 2007). 즉, 문화의 공공성을 강조하고 시민의 문화권을 보장할
　　수 있는 공공 문화서비스 영역들이 문화산업 혹은 창의산업에서 빠지면서, 궁극적으로
　　재정 지원 등 많은 혜택 부분에서 소외되는 상황을 만들어낼 수 있는 것이다. 스로스비
　　는 문화산업 분류의 공백이었던 GLAM 부문을 복원한 셈이다.

술 - 대중문화산업을 이원화하고 예술을 창작의 근거지로 삼아 엘리트주의를 옹호한다는 비판을 받는다.[20]

동심원 모델의 문화적 가치에 대한 강조와 상업적 가치와의 형평성이라는 긍정적 취지에도 불구하고, 이 모델은 소프트웨어를 기반으로 하는 신성장 동력으로서의 정보화 부문을 주목하지 못했다는 한계를 지닌다. 여전히 작가적 창의성의 근원이 전통적 예술 영역에서 발생해 대중문화산업에 그 혜택을 준다는 엘리트주의적 전제, 디지털 시대 문화 소비자들의 문화 생산에 미치는 영향력 간과, 그리고 새로운 창의성의 원천이 개인 엘리트 창작보다는 협업에 의한 아마추어 집단 창작이 문화산업에 핵심으로 등장한다는 현실 등을 그의 분석에서 발견하기 쉽지 않다. 한마디로 현대적 '창의성'의 신생 가치를 담으려 하기보다 상업주의에 맞서 수세적으로 무게 중심을 전통적 예술문화 영역에서 다시 가져오려는 후퇴적인 모델링으로 볼 수 있다. 그럼에도, 과도한 상업주의에 기반을 둔 문화산업정책의 지배적 경향을 근본적으로 반성하고, 각 문화산업 부문들 간의 상호 영향력 관계를 고려한다는 점에서 동심원 모델의 긍정적 의의를 찾을 수 있겠다. 동심원 모델은 이후에도 영국 노동재단(Work Foundation, 2007)[21]과 유럽연합(EU)(KEA European Affairs, 2006)[22] 등에서 직접적으로 창의산업 분류와 관련해 이용되면서 구

---

20 스로스비와 비슷한 문제의식 속에서 동심원 모델링은, 한국문화예술위원회(「기초예술과 문화산업의 연계방안 연구」, 2008.12 참고)에 의해서 우리의 상황에 맞춰 본격적으로 수행된 적이 있다.

21 영국 노동재단(2007)의 동심원 모델은, 스로스비의 동심원 모델을 가져오긴 했으나, 전통적 예술 대신에 '표현가치(expressive value)'라 불리는 저작권 문화산업을 중심으로 그 외곽에 대중문화 산업을 두고 있는 지형이다. 스로스비의 예술가치에 대한 강조를 '표현가치/저작권'으로 놓음으로써 좀 더 현실주의적이고 시장주의적 표현법을 획득하고 있다.

22 유럽연합(EU) 모델(KEA, 2006)은 스로스비와 영국 노동재단의 동심원 모델을 좀 더 구체화시킨 모델로 보면 좋을 것이다. 이들과의 차이점은 문화 부문과 창의 부문을 구분하고 있다는 점일 것이다. 핵심: 예술(시각·행위예술, 문화유산, GLAM) → 동심원1:

체적으로 여러 나라에서 정책 집행 과정에 영향력을 미쳐왔다.

2) 핵심 문화산업을 중심으로 한 산업 부문 간 관계 강조

영국의 DCMS의 표준분류법의 단점을 보완하기 위해, 디지털 등 신진 부문에 대한 창의적 강조점을 살리면서도 산업 부문 간 상호연결되고 융합되는 지점들을 포착하기 위한 영국 국립과학기술예술재단(NESTA, 2006)과 국제연합무역개발협의회(UNCTAD, 2008) 모델 또한 주목할 필요가 있다. NESTA의 분류는 크게 서비스(건축, 디자인, 광고), 콘텐츠, 경험(GLAM), 오리지널(예술)의 네 부문으로 나누고 이들 간의 상호컨버전스에 주목한다. 이들 넷은 각자 동등한 고유의 영역을 갖고 상호 포개지면서 상호융합적 산업을 생성한다고 전제한다. UNCTAD 모델(UNCTAD, 2004, 2008)도 NESTA와 비슷하다. 단지 명칭을 달리해 전통문화유산, 예술, 미디어 그리고 기능적 창조물의 4개 하위 부문으로 정책 영역화한다. 전통문화유산과 예술이 문화산업의 상류부문(upstream)을 형성하는 반면, 미디어와 기능적 창조물이 하류부문(downstream)을 형성해 그들 간의 상호작용을 강조한다(<표 4-1> 참고). 즉, NESTA는 스로스비의 전통예술에 근거한 엘리트주의를 일부 극복하면서도, 동등하게 배치된 이들 영역들 간의 상호 겹침에 의해서 얼마든 새롭게 생성될 수 있는 영역 간 교집합에 주목하는 특징을 보인다. 이둘 모두의 장점은, 영국의 DCMS 분류법의 문제로 지적된 상호단절의 표준분류 산업들을 서로 연결하고 관계 맺게 하는 효과를 갖는다는 것이다. 다른한편으로는, 일정 부분 동심원 모델이 갖고 있는 위계적 구도를 좀 더 부문

문화산업(영화와 비디오, TV와 라디오, 게임, 음악, 출판) → 동심원2: 창의산업(디자인, 건축, 광고) → 동심원3: 관련 산업(정보통신 업종)으로 나이테를 구분해 나누고 있다. 이 역시 전통 예술 혹은 비산업적 부문의 가치를 중심으로 그 가치 중요성에 따라 대중문화와 그 외곽 산업의 영역으로 표시해두고 있다.

간 평등 구도로 바꿨다는 점에서 긍정적 평가를 얻는다. 하지만 공급자 중심의 산업 분류와 상호영향 관계, 생산에서 소비로 그리고 재투자가 이뤄지는 문화산업의 가치사슬의 과정적 표현 없는 문화콘텐츠들의 형식적 영향 관계 등은 여전히 이들 모델의 문제라 볼 수 있다.

한편 UN 산하 세계지적재산권기구(WIPO, 2003)의 문화산업 분류 모델은 지적재산권의 상호관계하에 배치한다. <표 4-2>에서 보면, WIPO 모델은 콘텐츠 생산이 지적재산권으로 바로 연결되는 핵심 저작권산업 부문 지적재산권에 보호받는 재화나 서비스를 소비자에게 유통시키는 상호의존적 저작권산업 부문, 그리고 지적재산권의 적용이 일부에 한하여 '부분' 작동하는 저작권산업 부문으로 구분하고 있다. 이 모델은 기본적으로 저작권으로 보호받는 작품의 창조, 제작, 방송 및 유통에 직·간접적으로 관여하는 산업에 기초하여 만들어졌다. WIPO 모델은 '창의성'의 근간을 자본주의적 무형 재화의 강제적 재산권 개념에 기초한다는 점에서, 비즈니스 이외의 시장 형성과 발달(지적재산권 바깥의 이용자 협업이나 공유문화, 그리고 오픈 소프트웨어 등 저작권 개혁의 카피레프트형 라이선스 문화 등)을 배제하는 문제를 안고 있다. 그리고 본질적으로 지적재산권 정의 밖 산업 영역들에 대해 분류상 많은 부분 생략할 수밖에 없는 허점이 있다.

WIPO 모델과는 정반대의 시각이긴 하지만 동일하게 연예·문화산업 영역을 강조하는 상징 텍스트 모델(symbolic text model)은 영국 비판적 문화산업 연구자인 헤즈몬달프(Hesmondhalgh, 2007)의 『문화산업(The cultural industries)』이라는 저술에서 구체화한 내용을 모델링한 경우다. 그는 문화산업을 문화가 형성되고 전승되는 과정을 상징적 텍스트나 메시지화해 산업적으로 생산·확산되고 소비되는 것으로 규정한다. 고급예술 - 대중문화의 구분법을 사회정치적인 기득권의 발로로 보고, 오히려 상징 텍스트 생산의 핵심은 바로 대중문화 부문임을 강조한다. 대중문화산업을 주축으로 예술문화 부문을 주변적 문화산업으로 고려하는 구분법을 채택한다. 그의 이런 구분법은 엘리트문화적 접근에 대한 반대와 대중문화산업에 대한 강조의 의미도 있으나, 미디어·엔터테인먼트 산업에 의해 구성되는 문화산업의 주류 질서를 비판적으로 본다는 점에서 그 의의가 있다. 하지만 그의 상징 텍스트 모델에는 인터넷 부문 등이 일부 포함되고는 있으나 실제 '창의' 영역(협동조합, 공유경제, P2P문화, 협업적 가치 등)에 대한 관심이 적고 이들의 창의산업 내 역할이 상대적으로 취약하다.

종합해보면, NESTA 모델, UNCTAD 문화산업 모델, WIPO 모델, 그리고 상징 텍스트 모델 모두는 처음부터 개인 창작 행위나 가치보다는 산업 부문에 의해 만들어지는 지적재산권 등 시장가치에 방점을 두고 있다. 또한 그 산업 내용에서, 오리지널과 경험 부문(전통적 예술과 유관 영역)보다는 콘텐츠와 서비스 부문(핵심 문화산업과 그 연관 영역)에 강조를 두고 있다. 다른 한편으로, 이들은 예술-대중문화 영역들 간 균형적 시너지를 강조한다. 이는 동심원 모델에서 보이는 위계적 고급-저급 문화의 이분법 구도가 아닌 각 부문들이 고유의 영역을 갖고 상호 만들어내는 창의산업의 균형적 시너지의 큰 틀을 보여준다는 점에서 새롭다. 그러나 UNCTAD 모델의 경우에 이를 개발도상국의 발전 모델로 삼고 있다는 점에서는 상당히 비현실적이다. 이미 선진국의 미디어·엔터테인먼트 초국적기업들에 의해 대부분 시장 장악이 이뤄지고 있는 마당에, WIPO 모델/헤즈몬달프의 분류에 비춰보더라도 지적재산권 기반하에 작동되는 현재 글로벌 문화산업의 구도는 후발국들이 이를 벗어나 새로운 창의성을 발굴해 대안적인 경로를 걷는 것을 점점 불가능하게 만들고 있다. 사실상 UNCTAD 모델은 전혀 '제3의 길'과 같은 대안적 비전을 보여주지는 못한다고 볼 수 있다.

3) 문화산업 생태계에 기초한 모델들

이제까지 문화산업 표준분류법을 포함하여, 그 한계를 극복하기 위해 나

중에 등장했던 동심원 모델과 창의산업 주도형 모델로 통칭되는 다양한 문화/창의산업 분류법을 살펴보았다. 앞서 문화산업 분류 방식의 개괄을 통해 우리는 표준분류법(영국 DCMS 분류를 비롯한 한국의 문화산업 분류방식)의 단점인 단순 목록화나 범주화의 문제, 동심원 모델의 예술가치 중심의 단선적 영향력 관계의 문제, 핵심 문화산업 주도형 모델들의 시장주의적 관점의 한계를 대략적으로 살펴보았다.

이들보다 앞서서 나온 유네스코(UNESCO, 1986)의 '문화주기(Culture Cycle)'는 단순하지만, 이제까지 앞서 문화산업 분류법들이 대체로 잊고 있었던 문화적 생산과정에 대한 부분을 되돌아보도록 한다. 지금까지 논의했던 문화/창의산업 분류방식의 문제는, 대상화된 산업 영역이나 부문별로 나눠 일차원의 평면에 배열해 상호관계를 정태적으로 보는 정도였다. 이는 문화생산과정의 '가치사슬' 생태계를 생략하는 우를 범한다. 창작 → 생산 → 전파 → 전시/수용/전송 → 소비/참여의 5단계 선순환 구조의 문화주기에 기반을 둔 순환 모델은, 비록 단순하지만, 각 국가별로 이 속에서 어떤 문화산업 행위자들이 결합하고 가치사슬의 관계를 구성하는지에 대한 단서를 줄 수 있다. 게다가 유네스코 모델은 문화주기에서 단순히 소비 영역뿐만이 아닌 또 다른 창작을 위한 비시장적 '참여' 행위를 강조한다. 대중의 소비와 이를 제3의 창작으로 가져가는 부문에 대한 강조는 이용자의 권능이라는 점을 돋보이도록 한다. 유네스코가 지닌 문화 권리에 대한 기본 기조를 지키는 문화산업 모델이라 할 수 있다.

유네스코(UNESCO, 2009)는 문화주기와 함께 문화통계틀(Framework for Cultural Statistics: FCS)이라는 분류법을 가지고 문화산업의 영역들을 구체적으로 획정하였다. 유네스코의 분류틀은 한 국가의 통계는 물론 국제적인 문화 영역의 비교 통계로서의 가치를 얻기 위한 도구로 기획되었다. 유네스코의 문화통계틀은 문화적 다양성과 일반 이용자의 민주적 문화 향유 확대라는 공통의 이해와 전제가 깔려 있다. 전 세계적으로는 문화를 생산해내는 특정한 경제 및 사회적 양상과 관계없이 광범위한 문화적 표현들을 측정할 수 있으며, 문화분류의 표준 정의를 통해 국제적으로 비교 가능한 분류 기준을 만들려고 했다.

유네스코의 분류법은 '문화도메인(cultural domain)' 개념을 써서 모든 공식적이거나 비공식적인 문화 활동을 포함하려 하고 있다. 예를 들어, 영화 통계는 상업 영화 관람과 제작뿐만 아니라 아마추어 영화 제작과 관람 등 아마추어 생산의 영역까지도 포괄한다. 즉, 한 문화 영역에 대한 정의에 그와 관련된 경제적 측면뿐 아니라 비경제적 부문까지 포괄한다. 또한 문화도메인에는 언어적 표현, 의식, 사회적 실천 등 무형의 문화유산 영역, 문화교육과 트레이닝, 문화기록과 보존, 지원체계까지도 포함한다. 기존의 분류법에서 중요하게 취급하지 않았던 비공식화된 영역 혹은 문화생태계를 떠받치는 비가시적 부문이 우리가 흔히 강조하는 문화산업의 영역들과 관계 맺는 방식을 적극적으로 반영하고 있다. 유네스코 모델은 전통적 예술 가치를 중심으로 유네스코의 철학적·이념적 가치로서 견지되고 있는 문화다양성의 가치 아래, 일부 문화산업의 경제적 수요를 반영하여 그 균형감을 찾으려는 분류법을 보여주고 있다. 그러다보니 <표 4-2>에서 보는 것처럼 문화산업 영역만 봐도, 게임과 인터넷 등 인터액티브 미디어를 제외하고 사실상 도메인 모델에서 정보화 국면에서의 창의성에 기반을 둔 큰 특징들을 잡아내기란 대단히 어렵다는 점이 눈에 띈다.

마지막으로 호주 학자 하틀리(Hartley, 2012: 27~58)의 창의산업에 대한 최근의 재해석과 분류법이 꽤 흥미롭다. 하틀리는 정보 영역의 기여도를 오늘의 변화하는 현실 감각에 좀 더 맞춰 기존 영국 DCMS 분류법을 확장하려 한다. 그는 참여와 협업의 문화경제적 가치 근원을 이제는 전문가나 기업이 아닌 대중의 소셜네트워크에서 찾아야 한다고 주장한다. 창의경제는 그래서 일종의 '소셜네트워크 시장(social network market)'과 같으며, 창의산업의 내용은 대중의 참여와 협업을 극대화하는 형태로 재구성될 필요가 있다고 본다. 그는 창의산업을 '창의클러스터', '창의서비스', 그리고 '창의시민' 부문으로 나눌 것을 주문한다.

첫째, 하틀리가 제안하는 '창의클러스터'는 영국 DCMS 분류의 기본 12개 부문에 해당한다. 이 부문은 전문 창작자 중심의 비공개 네트워크를 구성한다. 이것은 상호 중요한 시너지를 만들어내는 '산업' 영역에 해당한다. 둘째, '창의서비스' 부문이 존재한다. 이것은 문화/창의산업과 직접적으로 관계는 없으나 타 경제 영역들에서 창의클러스터 밖을 감싸며 창의적 역량을 발휘하는 전문가 네트워크의 영역을 지칭한다. 우리 정부의 창조경제의 틀로 보면, 창의력에 기반을 둔 특수 직종과 벤처기업 등 직업적·전문적 창의계급에 의한 공헌을 지칭한다. 셋째, '창의시민(creative citizens)'이 창의산업의 마지막 부문을 구성한다. 이들은 아마추어 창의계급에 해당한다. 창의시민은 자유롭고 공개된 혁신의 네트워크를 갖고 있다. 기존의 프로 산업계에 속하는 창의클러스터와 창의서비스가 문화경제 안에 거하지만, 창의시민은 네트워크문화라는 매개를 통해 창의경제 밖에 거한다. 그러면서도 창의시민은 끊임없이 창의산업의 경제 혁신의 네트워크를 구성하면서 이에 자양분을 공급한다고 본다.

하틀리의 분류법은 그 형식적인 틀로만 보면, 오늘날 작동하는 신경제 모델에 가장 적합한 모델링을 수행하고 있는 것으로 보인다. 그의 모델링에 창의시민이라는 개념까지 쓸 정도로 일반 대중의 집단지성의 문화경제적 영향력이 입증된다. 문제는 협업과 집단지성의 가치들이 문화시장 속에서 어떻게 재전유될지, 창의시민이 가져오는 집단 창작의 사회적인 재산권 보상 문제는 어찌되어야 할지 등등에 대한 답을 구하기가 어렵다. 하틀리가 창의산업내 창의시민을 한 축으로 밀어 넣은 것은, 문화시장 내 그들의 경제 기능적 역할론, 이를테면, 잉여활동의 수취만을 강조하는 뉘앙스를 자아낸다.

4. '창조산업' 정책을 위한 새로운 고려사항

이제까지 영국 등 유럽을 중심으로 전 세계 각국에서 문화산업정책의 일환으로 만들어진 문화/창의산업 분류들이 특정의 취지에서 특유의 정책 지향 속에 구성됨을 보았다. <표 4-1, 2>의 상호비교에서 보는 것처럼 그 분류법이 무척 단순해 보이나, 이와 같은 문화산업 분류와 범주화가 한 사회의 정책 철학적 관점 및 지향과 얼마나 긴밀하게 연관되어 있는지를 잘 알 수 있었다. 극단의 시장주의 모델부터 문화다양성을 추구하는 모델까지, 혹은 산업 간 단절적 표준분류에서 영역 간 상호작용을 모색하는 모델까지, 혹은 전통 예술이나 최신 정보 영역에 대한 강조나 둘 사이의 평형 논리까지, 혹은 기존 업계 중심의 정의부터 일반 시민들의 지적 자원을 강조하는 정의에 이르기까지 다양하게 그 스펙트럼이 존재함을 보았다. 결국 국내 '창조경제'와 '문화융성'의 정책방향도 이것들 사이 어딘가에 좌표점을 잡을 수 있을 것이다. 제4장의 서두에서도 지적한 바와 같이, 아쉽게도 우리의 현재 창조산업 정책은 그리 동적이거나 새로운 흐름을 적절하게 취하는 위치에 있지 못하다. 이 장의 결론에서는 앞서 다양한 분류표들이 지닌 현실 설명력의 장점과 한계를 고려하고 현재 자본주의의 문화환경을 둘러싼 정세 변화를 반영해서, 국내 창조산업의 발전을 위한 몇 가지 정책(철학)적 고려사항들을 다음과 같이 제안하고자 한다.

먼저 문화산업 내 공공성 확보에 대한 고려이다. 영리와 사유화를 중심 논리로 삼지만, 자본주의에는 비영리적 혹은 공익적 메커니즘에 의해 운영되는 경제 영역이 존재한다. 문화산업이 단순히 시장논리나 상업적 계산과 산출로 측정될 수 없는 이유다. 게다가 문화상품의 사용가치는 일반 재화의 논리와 다른 특수성을 지닌다. 사회에 미치는 문화상품의 정신적 영향력이 그것인데, 이 점에서 시장 중심 논리만을 정책 지원의 선순위에 놓는 것을 지양해야 한다. 앞서 산업분류에서 스로스비의 동심원 모델과 유럽연합의

<표 4-1> 문화/창의산업 분류법 비교(1)

영국 DCMS 표준분류법	한국 콘텐츠산업 특수분류	동심원 모델/ EU-KEA 모델	NESTA 모델	UNCTAD 모델
창의 영역(정보·서비스 영역) 포함	새롭게 부상하는 정보 환경 반영	전통예술적 가치 강조	창의산업 강조형 모델, 영역 간 관계 강조	예술-대중문화산업 간 균형 강조
- 쌍방향 오락 SW - 소프트웨어와 컴퓨터서비스 - 출판 - 광고 - 건축 - 미술품 및 골동품 - 공예 - 디자인 - 패션디자인 - 영화 및 비디오 - TV와 라디오 - 음악 - 공연예술	- 출판산업 - 만화산업 - 음악산업 - 영화산업 - 게임산업 - 애니메이션산업 - 방송산업 - 광고산업 - 캐릭터산업 - 지식정보산업* - 콘텐츠솔루션 산업* - 공연산업	○ 핵심예술 - 문학 - 음악 - 공연예술 - 시각예술 ○기타 핵심 문화 산업 - 영화 - 박물관/도서관 ○ 광역문화산업 - 유산서비스 - 출판 - 음악 - TV와 라디오 - 게임 ○ 관련 산업 - 광고 - 건축 - 디자인 - 패션	○ 오리지널 - 유적 - 수공예 - 시각예술 ○ 경험 - 영화 - 박물관/도서관 - GLAM 영역 ○ 콘텐츠 - 온라인/모바일서비스 - 출판 - 영화제작/배급 - TV와 라디오 - 게임 ○ 서비스 - PR 마케팅 - 광고 - 건축 - 디자인 - 사진 - 게임개발 - 에이전트	<상위부문> ○ 전통유산 - 문화유적 - 전통적 문화표현 ○ 예술 - 시각예술 - 공연예술 <하위부문> ○ 미디어 - 출판과 인쇄미디어 - 방송영상 ○ 기능 창조물 - 디자인 - 뉴미디어 - 창조적 서비스

* 2010년 불포함, 2012년 개편된 내용에 새롭게 포함된 산업 영역들.

자료: DCMS(1998); WIPO(2003); KEA European Affairs(2006); NESTA(2006); Hesmond-halgh(2007); UNCTAD(2008); UNESCO(2009); UNCTAD(2010); Hartley (2012); 통계청(2012) 재구성.

응용 모델(KEA European Affairs)이 고급-저급 예술의 이분법적 구도를 배제한다면, 전통의 예술적 가치와 문화공공성(GLAM 등)을 확보 혹은 강조하는 것이 창의산업의 정책적 배치에서 시장주의에 빠지지 않는 꽤 의미 있는 분류법임을 확인할 수 있었다. 문화산업 정책 지형에서 문화 공공성을 담보한

<표 4-2> 문화/창의산업 분류법 비교(2)

WIPO 모델	상징텍스트 모델	UNESCO 모델	소셜네트워크 시장 모델
지적재산권화가 가능한지 여부	비판적 문화연구 전통	문화산업 내 생태계 고려	대중 집단지성의 가치 능력 강조
○ 핵심 저작권산업 - 출판 및 문학 - 음악, 공연, 오페라 - 영화와 비디오 - 광고업 - TV와 라디오 - 사진 - 시각과 그래픽예술 - 저작권 수취 기관들 ○ 상호의존적 저작권산업 - 소비 가전매체 - 컴퓨터(장비) - 사진 및 영상 장비 - 전자기록매체 - 악기　　- 종이 - 복사 및 복사기기 ○ 부분저작권산업 - 건축　　- 가구 - 공예품　- 의류, 신발 - (인테리어) 디자인 - 장신구　- 가정용품 - 장난감 및 게임 - 박물관	○ 핵심문화산업 - 광고와 마케팅 - 영화 - 인터넷 - 음악 - 출판 - TV와 라디오 - 게임 ○ 주변적 문화산업 - 전통 예술 영역 ○ 경계적 문화산업 - 소비재 전자산업 - 패션 - 소프트웨어 - 스포츠	○ 문화도메인 - 문화와 자연문화유산 - 공연과 축제 - 시각예술·공예 - 인쇄 출판 - 음악·영상과 인터액티브 미디어 - 창의 서비스(디자인, 광고) ○ 관련 도메인 - 관광 - 체육·레크리에이션 ○ 무형문화유산 - 구술전통과 표현, 의식, 언어, 사회실천 등 ○ 교육·직업교육 ○ 문화기록·보관 ○ 장비·지원체계	○ 창의클러스터 - DCMS 12개 부문 ○ 창의서비스 - 직업적·전문적 창의계급의 인풋 ○ 창의시민 - 아마추어 창의 계급의 인풋

* 2010년 불포함, 2012년 개편된 내용에 새롭게 포함된 산업 영역들.

자료: DCMS(1998); WIPO(2003); KEA European Affairs(2006); NESTA(2006); Hesmond-halgh(2007); UNCTAD(2008); UNESCO(2009); UNCTAD(2010); Hartley (2012); 통계청(2012) 재구성.

다는 것이 공상적으로 보일 수 있으나, UNESCO의 모델들, 즉 문화주기나 문화통계지표들에서 일부 얻을 수 있는 시사점은, 문화시장의 특정 독과점을 막고 비시장 부문이나 시민의 창의성을 고취하는 사회적 시장이나 자율적 공공 부문에 대한 체계적 산업정책 지원이 가능하다는 사실에 있다. 더군다나 공유경제 문화의 형성과 등장에 때맞춰 주류 시장가치에 의존하는 창조산업의 콘텐츠생산 메커니즘을 수정할 필요가 있다. 다시 말하면, 사회적 동기에 의해 형성되는 현대 경제활동에서의 협업에 기초한 사회경제적 행위, 문화적 공유 행위(문화예술 협동조합과 유니온, 사회적 기업 등)에 대한 고려가 요구된다. 오픈소스 공동체에서 보여주는 자발적 협업 체제와 명성에 의한 보상 그리고 특정 문화콘텐츠를 제작하기 위한 기초 지식과 노하우를 공공화하는 공유경제형 문화산업 모델에 대한 고려 또한 필요하다.

둘째, 대중의 '삶 활동(bioactivities)'을 재고하는 문화콘텐츠 범주의 근본적 재조정이 시급하다. 오늘날 우리는 일반 대중들의 일상과 문화생산-경제활동의 경계가 무화되는 현실을 살고 있다. 문화생산 직업군에 의한 콘텐츠 생산뿐만 아니라 아마추어 일반 대중들의 창작 능력이 보편화하고 동시에 사회화하고 있다. 문제는 그들의 잉여활동이 새로운 자본주의 가치 생산으로 포획되면서 새로운 가치생산 노동의 형태로 재흡수된다는 점이다. 하틀리의 '창의시민'의 범주로 보자면 이는 자발적 동의의 문화생산 협업 집단으로 호명되지만, 내용상으로 보면 부지불식간에 특정의 문화자본에 의해 대중들의 삶 활동이 자본의 가치로 재전유되는 반강제적 상황의 문화 '노동'을 수행하는 형태로 일반화되는 것이다. 즉, 대중들의 일상적 삶활동이 무급으로 사회적으로 콘텐츠화되는 상황, 그에 이어 삶 활동 자체가 자본주의 체제 내 문화 노동으로 전화되거나 아니면 이와 같은 단계론적 포획의 경계 자체가 무너지는 현실이 발생한다. 이 지점에서 '문화콘텐츠'라는 개념은 기존의 구체화하고 대상화한 정형의 상업적 대상물을 포함하여, 사실상 끊임없이 실시간으로 생산되는 삶 활동(빅데이터, 잉여노동 등으로 불리는 무정형의 데이터들로 전환) 또한 자본주의 창조산업 콘텐츠 생산의 핵심 이윤 동력이 되는 구조로 급격히 전화한다. 예컨대, 검색, 포털, 소셜 미디어, 온라인게임, 모바일 앱 서비스 등의 온라인 활동 영역에서 이용자들이 순간순간 '잉여짓'을 통해 만들어내는 데이터들의 광범위한 비정형 '똥들(data exhaust)'

이 창조산업을 떠받치는 힘이 되는 시대로 돌입했다(앞서 제3장 빅데이터 감시 참고). 일단 이 상황에서 전통적 문화산업 콘텐츠의 정의 방식은 현실의 문화경제적 가치창출의 방식을 제대로 포괄하지 못하는 대단히 협소한 지형에서의 정의법이라 볼 수 있다. 무급으로 움직이는 대중들의 잉여 활동에 대한 창조산업 내 범주화와 이에 대한 사회적 보상(reward) 체계에 대한 논의가 필요하다.

셋째, 문화산업적 창조성의 사회적 원천에 대한 확장된 정책 인식이 필요하다. 창조산업의 경제적 이익과 상업적 체제 안에서 '창조성'을 정의하거나 일반화하는 현실은, 결국 창조성의 원천인 사회로부터의 영향력 층위를 배제하기 쉽고 협소화된 지형 위에 문화경제와 창조산업의 기초를 세울 수밖에 없다. 예를 들어, 오늘날 대중에게 미학의 힘이나 영향력이라는 것이 화랑이나 예술보다는 상업방송과 연예기획사가 더 크다는 것을 심심찮게 볼 수 있다. 현존 자본주의의 스펙터클 질서는 인간의 사회적 창조성을 문화공장의 전문 창작소 안에서 주조된 가치들로 왜소하게 만들고, 그 질서 안에서 사회 바깥에 영향을 미치면서 자생과 자율의 대중의 창조 가치를 들러리 세운다. 예를 들어 UNESCO 모델과 하틀리의 '창의시민' 영역은 이용자 참여 문화의 반영 및 이의 창작으로의 긍정적 기여를 가정하고 있으나, 이의 실제적 방법론이 빠져 있다. 이들의 참여가 상업적 포획의 잉여활동으로 전락하지 않기 위해서는 적극적 생산 권리를 보장하기 위한 제반 법률 정비가 필요한 것이다. 구체적으로 보면, 저작권 혹은 그것을 계량한 '크리에이티브 커먼즈 라이선스(CCL)' 등은 사실상 오늘날 협업과 집단 창작, 인지와 정동 활동을 기반으로 한 삶 활동들의 포획과 수취에 대항해 권리화할 수 있는 법적 틀로서 한계가 많다. 개별 창작자에 대한 소유권과 수탁 권리 중심의 기존 저작권 정의 방법은 결국 창조산업의 핵심 동력이 될 사회적이고 집단적인 창조 행위들에 대한 공통의 소유 권리를 규정하는 데 어떠한 실질적 의미를 지니기가 점점 어려워질 것이다. 이에 따라 저작물 소유자 중심의 저작권을 탈피하고 새롭게 저작권을 다시 쓰는 일이 요구된다. 협업, 집단생산 혹은 삶 활동에 의해 만들어진 공통의 사회적 문화 생산 결과물('커먼즈')에 대한 새로운 권리 부여 방식이 나와야 한다. 저작권 등 지적재산권법 제도의 전면적 개혁이 필요한 까닭이다.

마지막으로, 창조산업 내 사회적·문화적 가치의 균형감각을 찾기 위한 정책 지향이 요구된다. 다시 서론의 문제의식으로 돌아가면, 여전히 문화자본만을 위한 치외법권으로 남겨진 창조산업에 대한 사회적 혹은 공공적 개입과 평가가 필요하다. 상업적·가시적·단기적 성과에 매달린 양적인 측정 방식으로 정부 지원과 투자를 결정하는 문화산업정책에서의 기계적 발상은 실제 창조산업을 독려하기보다는 잘못된 영역 설정과 그에 대한 편중된 지원을 낳는다. 창조산업 내 경제적 올바름(경제정의)을 넘어서서 문화와 사회와의 관계 속에서 시장 가치와 더불어 문화적 가치를 확대하는 쪽으로 균형감각을 회복할 필요가 있다. 경제 성장과 문화 발전 영역 간에 흔히 이뤄지는 추상적 분리가 당연한 것처럼 보이지만, 실제 다른 어떤 경제 영역보다도 창조산업은 비물질의 문화적 가치(오늘날 '국민행복'으로 표현되는) 형성에 지대한 영향력을 미친다. 경제적 가치가 문화적 가치와 한몸인 형태, 즉 시장 상황이나 구조가 직접적으로 한 사회의 문화 향유나 사회적 행복지수와 연결되는 상호 유기적 관계를 지니고 있다는 점을 우린 자주 잊고 산다. 이 점에서 창조산업 혹은 문화콘텐츠의 가치는 외형상 경제적 국부로 기록될지 모르나, 내용상 그 무엇보다 사회적·문화적이다. 경제적 층위에서 작동하는 문화콘텐츠의 제도적 문화정책이라는 것도 일반 국민들의 문화행복 증진이라는 목표하에서 이뤄진다고 믿는다면, 지금까지의 과도한 시장주의의 허물을 벗을 필요가 있다.

제5장
1980년대 중·후반 이후
청년 세대들의 디지털 문화정치

제5장은 1980년대 중·후반부터 성장한 '디지털 세대'군을 각 세대별로 분류하고, 이들 각각의 온라인 문화와 사회참여 활동을 기술의 사회구성론적 시각으로 살펴본다. 구체적으로 피시통신, 인터넷, 모바일 인프라 발전과 함께하는 누리꾼들을 각 세대별로 구분해, 이들이 각 시대 상황에서 각자의 사회 참여적 이슈들을 어떻게 미디어를 통해 결합했는지를 분석한다. 다시 말해 각 시대별 디지털 미디어를 활용했던 청년 주체를 서로 다른 세대 명명법을 통해 파악하려 하는데, 특히 디지털 문화의 진화와 함께 성장한 '신세대(피시통신 세대)', 'IMF/광장 세대(인터넷 세대)', '촛불 세대(모바일 세대)'의 성장 과정을 주목한다. 이들은 서로 다른 세대 감성과 결을 지니지만 '디지털 세대'라는 세대 간 동질감을 지닌다. 더불어 각 청년 세대별 미디어-커뮤니케이션 기술의 조건과 함께 이들 세대를 규정했던 역사적·경제적·사회적·문화적 변수를 함께 살핀다. 이를 통해 각 디지털 세대의 고유한 사회적·문화적 결과 이들 세대 간 (불)연속적 측면을 추적하고자 한다.

1. 1980년대 중·후반 이후 사회 참여의 변화

이 글은 1980년대 중·후반 이후 각 세대별 사회 참여와 운동에 미치는 디지털 미디어와 그 진화 방식에 주목한다. 하지만 특정 시점에서 특별한 기술디자인과의 조응과 결합이란, 단순히 디지털 기술이 시장에 도입될 때마다 해당 세대들이 우발적으로 덥석 문다는 '기술주의'의 논의와는 무관하다. 제5장에서는 기본적으로 미디어 테크놀로지의 디자인이 시대 시대마다의 사회구조적 맥락과 잘 맞물려 발전하고 이와 같은 공진화된 기술이 특정 세대에 어필한다는 기술의 사회구성론적 입장을 받아들인다. 기술의 사회구성론의 기본 전제는 미디어 디자인의 생성과 발전을 규정하는 사회적으로 총체화된 힘이 존재함을 가정한다. 보통 새롭게 도입되는 기술의 디자인에는 이미 일정 부분 사회의 논리가 각인되고, 이에 반응하는 기술이 당대 청년세대들의 호응을 얻는다. 이미 한번 설계된 기술과 미디어의 디자인 또한 그자리에서 멈춰 있지 않고 세대 문화와 결합되면서 같이 공진하다가 특정의 사회적 맥락에 의해 또 다른 세대 문화로의 경로를 열어놓는다.

이 글은 특정 세대와 공진하는 미디어 문화를 논하면서도, 그 시기에 오로지 어느 한 매체만이 세대별 사회 참여와 운동의 힘들을 형성하는 데 주도적 역할을 했다고 단정하지는 않는다. 분명 사안에 따라 청년 세대들은 다양한 매체들을 혼용해 여러 담론을 생산하고 사회 참여를 수행해왔다고 볼 수 있다. 마찬가지로 신진 매체의 등장은 구매체의 퇴장을 전제하여 발달하지는 않는다. 즉, 복수적 매체가 한 시점에 여럿 걸쳐서 그 효과를 내는 경우가 더 흔하다. 예를 들어, 2008년 촛불시위에서 보여줬던 다양한 매체 전술 가운데 구매체의 변형이나 복원 형식들, 즉 리플릿, 팸플릿, 전단, 명함, 무가지,

걸개, 대자보, 벽화, 판화, 음악, 판소리, 춤사위, 지역 방송, 공동체 라디오, 스티커, 짤방, 플래카드, 풍선, 해킹, 반저작권, 플래시몹, 온라인 패러디, 1인 시위, 그라피티 등은 신진의 소셜 미디어 플랫폼만큼이나 중요한 민주적 소통과 문화적 표현의 역할을 수행해오고 있다. 이것들 대부분은 사회 격변기 현장 속에서 항상 존재했으나 별로 주목받지 못했던 전술 매체와 예술 장르와 기법이었다. 다종다양한 미디어 공존의 조건들을 인정하는 한에서 논의를 진행하자면, 그럼에도 어느 특정 매체에서 뿜어져 나오는 고유의 기술미디어 디자인과 효과가 당대 특정 세대의 문화나 정치 상황과 꽤 잘 맞물리는 지점이 분명히 있었다고 볼 수 있다. 이 글은 그래서 세대별 문화를 구성하는 데 어떤 주요 매체가 청년 세대와 대응하고 있는지를 단순화해 보여줄 심산이다.

기술주의적 논의를 배제하기 위한 또 다른 논의 방식으로는 뉴미디어 혹은 디지털 세대를 규정하는 계급적·계층적 조건과 역사적·문화적 변수나 계급 담론으로는 포착하기 어려운 그들만의 감정구조 그리고 현실 개입과 사회 참여 방식 등의 세대 특징을 함께 논의하는 방법이 있을 것이다. 서구 디지털 신세대들의 뉴미디어 문화와 달리, 1980년대 중·후반 이후 한국사회에서 디지털 세대들에 의해 애용되는 신종 기술의 등장과 대중화는 특징적으로 공권력의 파장에 대응한 저항과 탈주의 성격이 강했다. 이는 디지털 세대들에 중층화되고 세대를 통해 축적되고 발현되는 자본주의의 권력관계가 도드라지고, 이에 대한 반응 또한 격렬함을 말한다. 또 다른 말로, 이는 계급/계층 관계에 대한 정치경제학적 분석뿐만 아니라, 자본주의 압축성장의 시기를 거치면서 한국 내 디지털 청년 세대에 이입되는 역사적·정치적·사회적·문화적 감정구조에 대한 사회문화사적 분석이 필요함을 뜻한다. 다른 말로 하면 디지털 청년 세대에 대한 관찰이 단순히 생애주기에 기초한 자연적 연령세대보다는 사회적 세대관을 통해 이루어져야 하고, 권력과 자본의 파장을 벗어나기 위한 당대의 미디어-커뮤니케이션을 체득한 청년 세대들의 언더그라운드 문화와 정치 에너지에 대한 분석이 요구되는 것이다.

제5장의 논의는 기술 미디어에 대한 사회구성론적 입장[1]을 견지하면서 1980년대 중·후반 이후 세대별 주요 디지털 문화 흐름을 추적하는 방식을 취한다. 이 글은 제도 개혁과 변화를 통해 가시적인 성과를 얻고자 했던 청년 세대들의 민주화에 대한 정치적 갈망에 관한 논의들과는 차이를 지닌다. 오히려 가시적이고 역사적인 정치 성과로 남지는 않았으나 당대 활력을 담당했던 청년 세대들의 생활 문화정치로부터 발생하는 자유로운 문화적 자원과 에너지 묘사와 복원에 방점을 두고 있다. 구체적으로 1980년대 중·후반부터 시작된 통신문화에서 인터넷과 모바일 문화에 이르는 시기 동안 디지털 미디어 활용의 방식을 기존의 사회학계에서 거론되는 세대론에 근거해 분류하고, 이들의 사회운동과 사회참여 활동을 역사적으로 접근한다. 시대별로 미디어 발전과 함께하는 청년 세대들을 역사적/경제적/사회적·문화적 변수에 따라 주요 세대군으로 나누고, 이들이 각 시대 상황에서 어떻게 각자의 사회 참여적 안건을 당대의 디지털 미디어와 연계해 활용했는지를 살필 것이다. 필자가 보는 세대군은 소비문화에 친화적이고 새로운 디지털 기기와 문화에 민감한 '포스트 386 세대들'(윤상철, 2009)이거나 '탈냉전/정보화 세대'(박재흥, 2009)로 명명되는 1980년대 말부터 청년기를 보낸 연령대들이다. 이 장에서는 이들 기술친화적 세대를 '디지털 세대'라는 대범위로 통칭하고, 그 하위 구분법으로 편의상 '신세대(피시통신 세대)', 'IMF 세대(인터넷 세대)' 그리고 '촛불 세대(모바일 세대)'로 나눌 것이다. 이와 같은 디지털 기술에 의한 세대별 구분은 디지털 기술 활용 방식의 차이를 드러내려는 의도가 있다. 이어지는 글에서는 각 청년 세대별 미디어-커뮤니케이션 기술의 조건과 함께 이들을 규정했던 역사적·경제적·사회적·문화적 변수

---

1 좀 더 구체적 논의는 마지막 장인 제7장 서론 논의 참조. 기술·정보의 사회구성론적 시각의 좀 더 구체적이고 확장된 논의는 이광석(2014)의 총론 부분 참고.

를 살펴보고 각 디지털 세대들의 사회 개입 조건과 사례를 추적하여 평가하는 작업순으로 구성할 것이다.

2. 디지털 세대의 형성과 사회적·문화적 세대 구분

한국사회에서 세대론 논의는 특히 청년 세대를 표방하는 다양한 기표의 범람에 비해 새로이 부상하는 세대들에 대한 엄밀한 분석틀이 부재했다. 세대론은 주로 중·장년층의 기성세대를 대상으로 놓고 새롭게 등장하는 이들 청년 세대들에 대한 연령별 분류법에 기초해 예찬론을 펼치거나, 청(소)년 세대가 기존의 사회 체제와 비정합성을 보이는 경우에는 기성세대가 바라보는 이들 세대에 대한 사회적 우려를 실어 효과적 체제 통제를 용인하는 미성년 보호 이데올로기가 되기도 했다.[2] 또한 세대론은 시장의 관심에 맞춰 마케팅 소구 대상으로 쓰이면서 과잉 기표화하기도 했다. 예를 들어, X, Y, Z, P, W, R, G 등으로 표상되는 세대 명명법은 한때 기업과 보수언론의 말초적 기삿거리와 상업적 목표와 맞물리면서 과잉 기표화하여 떠돈 적이 있다. 대체로 이 모두는 새로운 라이프스타일과 문화감수성을 가지고 소비대중문화의 주체로 부상한 연령집단들에 붙여진 상업적 명명들이다.

세대의 명명법은 시대 상황에 의해 피상적으로 규정되거나, 아니면 기성세대나 주류 언론과 기업에 의해 사후 해석되고 의도적으로 만들어지는 경우가 주로 많았다. 이는 실제 청년 세대의 역사적 상황, 현실적 조건과 역할을 제대로 파악하는 것을 어렵게 만들었다. 사실 세대란 특정한 역사적 경험과 생애 주기를 갖고 그들 내부의 공통 의식이나 문화를 공유하는 '코호트

---

2 게임 과몰입에 대한 국가적 쇼맨십의 극단적 경우인 '게임 셧다운제'와 마약과 함께 게임을 '4대 악'으로 지정하는 현실을 상기해보라.

(cohort)' 집단을 일컫는다. 세대 구분은 정량적으로 출생연도에 따라 나눠지는 방식이라기보다는, 카를 만하임(Karl Mannheim)의 용어를 차용하자면 '결정적 집단경험'의 차이로 나뉜다(Mannheim, 1952). 즉, 연령대로 나눠지는 것이 '세대위치(generation location)'이고 생물학적 리듬에 기반을 둔 사회적 위치라면, 만하임이 보는 역사적·경제적·사회적·문화적 변수에 따른 결정적 집단경험의 차이가 보통 '실제 세대(actual generation)'에 해당한다. 이 점에서 알파벳 이니셜들로 구성된 과잉 세대 명명법의 경우에 당시 연령 코호트가 지닌 일부 특성을 잡아내고는 있으나 실제 세대의 모습을 보여주지 못하기는 마찬가지다. 실제 세대는 공유 경험이 커지고 공동 운명체라는 연대감이 형성될 때 가능하다. 주류언론과 기업들에 의해 굴절되어 과잉화된 세대 찬미의 기표들에 가공되는 가상의 것이 아니라 현실주의적이고 역사적인 실제 세대들의 모습을 형상화하는 것만이 세대를 제대로 드러내는 길이다.

일반적으로 수행되는 세대론 분석에 문제가 없는 것은 아니다. 특히 청년 세대를 둘러싼 비판과 문제점은 다음과 같이 몇 가지로 정리할 수 있다. ① 내적 차이 혹은 세대 내 다양성을 무시하는 측면이 존재, ② 다층적 변수의 중층 구조가 결합된 세대론 분석 결함, ③ 뉴미디어 도구 중심 환원론.

첫 번째 문제는 세대론의 초기 맹점으로 많이 지적되었던 부분이다. 부모의 계급에 의해 규정되는 세대 내부의 차이들과 성별 차에 의해 주어진 사회적 억압의 기제가 다름에도 불구하고 청(소)년 집단을 단일한 특성을 지닌 연령 집단으로 가정하는 '청소년주의(youthism)'에 대해 문제를 제기한다. 이들 상호 간 가질 수 있는 다양한 차이와 결을 무시하는 경향에 대한 비판이다(특히, 원용진·이동연·노명우, 2006).

두 번째 문제는 주로 비판적 문화연구자들로부터 제기되어왔다. 즉, 세대 분석 특히 청년 세대의 문제는 하나의 지형이나 하나의 토픽만으로 설명할 수 없다는 문제의식이다. 즉, "역사적 시기 구분, 생물학적 연령의 구분, 그리고 정치적 해석과 문화적 실천 문제들이 서로 얽혀 있고, 모순과 갈등을 일으키는 복합적인 구조 속에서(나) 이해될 수"(이동연, 2003: 140; 그 외 대부분의 사회학적 세대론 분석이나 비판적 문화연구자도 이와 비슷한 문제의식을 제기한다) 있다고 본다. 무엇보다 이들 연구자의 관심은 세대론에 각인되고 겹쳐진 계급적/계층적 맥락을 복원하는 데 모아진다. 신자유주의 국면 이후 정부는 청년 세대를 만성적인 실업상태와 불완전 고용의 상황에 고착화함으로써 자본 착취 국면의 일부로 활용하는 단계에 있다고 적시하면서, 세대 문제는 자본주의 계급/계층 담론과 겹쳐진다는 평가다. 이는 세대가 단순히 생애주기로 구분되거나 기업 마케팅 목적으로 표적화된 소비자 그룹으로 호명되는 것을 넘어서서, 자본의 정치경제학적 맥락이 깊이 아로새겨진 세대 분석이 필요함을 일깨운다.

세 번째 비판은 극히 드물게 제기되는 논의로, 2008년 촛불시위를 기점으로 확산된 디지털 세대의 미디어 활용에 대한 맹목적인 이용 능력에 대해 열광하는 관점들에 대한 비판과 재고의 시각이다. 특히 이동후(2009)는 세대 담론의 경험과 실천의 특징을 이들의 뉴미디어 특성으로 환원하는 '기술적 이국주의(technological exoticism)'를 경고한다. 그는 세대론을 틀 짓는 미디어 기기 예찬론이나 환원론 대신 일상에서 벌어지는 다양한 층위의 청년세대 미디어 경험에 대한 폭넓은 일상성 분석이 필요하다고 본다. 이 같은 기술주의 비판은 사실상 청년 세대의 뉴미디어 활용에 대한 근거 없는 낙관주의를 벗어나, 점차 세대의 존재론적 특성으로 자리 잡는 뉴미디어에 대해 좀 더 차분하게 그 실제 층위를 탐구하자는 요구로 읽힌다.

세대론의 이 같은 세 가지 비판 지점이 적극적으로 고려되려면, 일단은 세대 명명과 관련해 다음과 같은 추가 변수들에 주목할 필요가 있다. 기본적으로 사회학적 세대 구분이나 명명법과 관련해서는 박재흥(2009)의 이론적 논의가 주목할 만하다. 그는 세대 명칭을 유형별로 구분하고 있는데, 역사적 경험(역사적 사건, 시대 특성), 나이/생애단계(10년 단위, 학교 급별 연령단위, 생애

<표 5-1> 1980년대 중·후반 이후 세대 구분과 디지털 세대의 명명법

출생 연도	실제 세대 구분 결정요인	세대 명명법	디지털 세대 명명법	기표 과잉화
1970년대 (1973~1978)	정치변수(정치 민주화) 문화변수(소비자본주의 문화)	신세대	영상 세대 피시통신 세대	X, Y, Z 세대
1980년대 (1978~1988)	경제변수(미국발 금융위기) 미디어변수(인터넷 대중화)	IMF 세대 '88만 원' 세대 광장 세대	N 세대(인터넷 / 신인류 세대)	P, W, R 세대
1990년대 (1988~)	정치변수(경찰국가) 경제·사회변수(신자유주의 전면화)	촛불(소녀) 세대 2.0 세대	모바일 세대 웹 2.0 세대	G 세대

단계), 그리고 문화적·행태적 특성(소비 행태와 문화적·행태적 특성)으로 세대를 구분하고 있다. 이 글에서는 그의 분류법과 같은 일반론적 세대 분석보다는, 1980년대 중·후반 이후 진행되는 세대들 간에 질적 구분과 전화가 존재한다고 보고, 이들을 나누는 변수들을 재정리하고자 한다. 필자가 보기에 1980년대 말 이후 성장한 '디지털 세대' 명칭 혹은 구분의 기준에는 다음과 같은 변수들이 고려되어야 한다. ① 연령 변수, ② 정치경제적 변수, ③ 문화적 특성 변수, ④ 미디어(주요 매체이용과 네트워킹 방식) 변수.

한국사회는 압축적 근대화로 인해 대체로 세대들 간 단절의 시간적 마디가 짧아지고, 그 안에서 그들 나름의 정서구조를 형성하면서 문화적 괴리감이나 한 세대로서 지니는 정체감이 서로 대단히 다르게 나타난다. 예를 들어, '386 세대'나 '6·10 세대'처럼 정치적 변혁에 기반을 두고 체제 변화를 꾀했던 이념 세대와 달리, 1980년대 말 등장한 신세대의 경우 그들의 문화적 감수성은 이전과는 확연히 다른 정서구조에 기반을 둔다. 게다가 일반적으로 10년 단위의 연령에 기초한 단순 '세대 위치'적 구분은, 적어도 한국사회의 세대 명칭과 전개에 적합하지 않아 보인다. 필자는 그래서 단순화의 위험을 무릅쓰고 <표 5-1>과 같이 '실제 세대'의 중요 변수들을 반영하여 세대 구분을 해보고자 한다. <표 5-1>에서 출생과 연령 코호트에 의한 구분은 심광현(2010a, 2010b)이 대표 집필한 글들의 세대 구분법을 따랐다. 실제 세대에 의한 구분은 박재홍(2009)을 응용해 각 세대별 가장 핵심적인 구조적 변수가 무엇인가를 따졌다.

<표 5-1>에서 신세대 - IMF 세대 - 촛불 세대로 대표되는 시대별 세대 명명법에는 그에 조응하는 구조적 변수들이 존재한다. 물론 각 세대들이 다양한 역사적/경제적/사회적·문화적 변수에 의해 좌우되지만, 이것들 중 세대 구분을 획정하는 결정 변수들이 존재함을 확인한다. 먼저 '신세대(피시통신 세대)'는 현실 사회주의의 붕괴를 목도했고, 6·10항쟁 이후 정치 민주화 시기에 성장한 이들로 정치 지향적 청년 세대의 모습을 최초로 탈각하고 소비주의적 감성에 충실하다. 미디어적 세대 특성을 보면, 최초로 피시통신을 통한 문자 중심의 채팅과 상호접속을 수행한 세대이기도 하다. 경제적으로 보면, 본격적인 포디즘의 시발로 인해 소비자본주의의 세례를 받고 길들여진 세대이기 때문에 정치·문화 변수의 세대 결정력이 무엇보다 강하게 작동한다.

다음으로 'IMF 세대(N 세대)'는 1990년대 중·후반 외환위기를 체험하며 청년기를 보내고 졸업 후 88만 원 월급으로 비정규직을 꾸려가는 이들로 '88만 원 세대'라고도 불린다. 앞서 신세대와 달리 만성화된 실업을 체감해 자기계발과 스펙 쌓기에 몰두하는 세대이기도 하다. N 세대라 지칭할 정도로 이들은 인터넷과 함께하고, 광장 세대라고도 불릴 정도로 2002년 월드컵 - 미선 효순 추모 촛불집회 - 2002년 대선을 거치며 온·오프로 연결된 광장 정치를 함께한 세대이기도 하다. 이렇게 보면 IMF 세대는 무엇보다 경제·미디어 변수들에 의해 세대 코호트가 강하게 영향을 받고 형성된 경우다.

마지막으로 촛불 세대(모바일 세대)는 2008년 10대 청소년, 특히 촛불소녀로 상징되는 촛불시위를 주도하며 성장한 세대다. 대체로 기동성이 뛰어난 모바일 기기에 능하고 융합화된 기술 현실에 잘 적응해 '디지털 감성 세대'로 통한다. 이명박 정부의 신권위주의적인 경찰국가하에서 성장하고, 신자유주의 교육과 사회 현실에 점증하는 피로를 느끼는 세대다. 이들은 IMF세대의 자기계발의 논리를 이어받고 있으면서도 대학에 발을 들여놓은 상황에서 국내 경쟁 교육 시스템에 반발해 '자발적' 퇴교 선언 등을 불사할 정도로 삶의 다른 경로를 탐색하는 세대군이기도 하다. 이렇듯 촛불 세대는 정치·경제·사회 변수들로부터 가장 중대하게 영향을 받고 성장한 코호트로서, 이들 구조 변인들이 촛불 세대 내 공유 지점과 연대의식을 강화하는 요인이 되었다.

단지 계급·계층 분석을 가지고는 대상화하기 힘든 이들 각 세대들의 미디어-커뮤니케이션 테크놀로지의 이용 방식과 사회 참여를 좀 더 구체화할 수 있는 방법이 특정 디지털 미디어 활용에 입각한 세대 구분이다. 각 세대를 디지털 세대 명명법, 즉 피시통신 세대 - 인터넷 세대 - 모바일 세대(혹은 '2.0 세대')[3] 간 차이를 둠으로써, 각 세대별로 소통과 참여의 수단으로 차용한 핵심 미디어를 중심으로 어떤 세대 간 차이가 있는지를 구분해낼 수 있을 것이다. 다시 말해 사회학적 세대 구분에 미디어 영역에서의 디지털 세대 구분법을 함께 포갬으로써, 각 실제 세대에 영향력을 미치는 문화변수의 일부로 기능하는 미디어의 영향력과 세대 내·간 새로운 미디어를 통한 문화적 표현과 사회참여 방식을 관찰하는 데 효과적일 수 있다.

이후 논의는 구조적 변수들을 고려한 실제 세대의 구도 안에서 각 세대의 미디어 변수를 적극적으로 끌어들여 세대별 특징을 살펴볼 것이다. 이는 세대별 특정 미디어의 역할을 특징화하여 드러내는 목적과 함께 디지털 미디어와 실제 세대가 서로 반응해 형성되는 문화정치의 움직임들을 찾는 작업이기도 하다.

---

3 '2.0 세대'는 '웹 2.0' 흐름에 착안해, 2008년 촛불집회의 주역인 10대의 세대 문화적 특성, 특히 쌍방향 커뮤니케이션에 기초한 상호 소통과 재기발랄한 표현력을 특징화하여 김호기(2008)에 의해 개념화되었다.

3. 디지털 세대의 시대별 특징

1) 신세대의 등장과 피시통신 문화

신세대의 형성 이면에는 사실상 1980년대 중·후반의 3저 호황과 노동자 대투쟁, 88 서울 올림픽 등을 거치면서 형성된 대량생산·소비의 본격적인 포디즘적 소비양식이 자리하고 있다(백욱인, 2008b). 주택(아파트)과 승용차 소비의 선도적 역할로 소비자본주의의 생활양식이 1980년대 후반부터 급속도로 증대하기 시작한다. 올림픽 개최 이후 1989년 한국의 1인당 GNP가 최초로 5,000달러를 넘어서면서, 이때부터 소비문화의 징후들이 하나둘 나타나기 시작한다. 1980년대 중·후반 이후 한국에 상륙한 해외 패스트푸드점, 막걸리나 찌개집을 대신한 1990년대 호프집, 대학가 중심으로 유리 벽면으로 탁 트인 커피 전문점 등이 대중화된다. 전형적인 소비자본주의의 면면들이 한국사회에 이렇게 들어서고, 1992년 '서태지와 아이들'의 등장과 함께 확실히 당시 청년 세대는 "정치적 변혁주체에서 소비지향적 감성주체"로 이동한다(이동연, 2003; 심광현, 2010a).

동시에 새로운 정보자본주의에 기댄 축적체제의 변화 요구로 말미암아 정부 주도하에 정보화의 저변 확대와 산업 전략적 수요창출운동이 벌어지기 시작한 때이기도 하다. 강상현(1996: 239, 243)은 이와 같은 정부주도형 발전주의 정보화정책 모델을 박정희 대통령 시절 새마을운동과 유사한 것으로 묘사하기도 한다. 구체적으로 1988년의 정보문화운동과 1989년의 교육용 피시 사업을 유사 국정홍보 동원에 빗댈 수 있으나, 새마을운동과 달리 이 당시 정부 주도 정보화 진흥운동은 정보화 기반이 전혀 없는 상태에서 시행된 마음만 앞선 정책으로 판명 났다.[4] 정책 성패를 떠나서 이로 인한 피시

---

4 1990년만 해도 인터넷이라는 개념은 전혀 알려진 바가 없고, 피시통신도 소수에 의해

보급률은 급속히 증가한다. 당시 피시 자체는 사무실 용도뿐만 아니라 일반 가정의 백색가전처럼 필수용품으로 퍼져나갔다. 당시 가정용 피시 유통업에서 가격 파괴로 파란을 몰고 오면서 무섭게 성장했던 세진컴퓨터, 그리고 1993년 삼성 그린컴퓨터의 출시 등이 피시 대중화 분위기를 크게 띄우는 데 한몫하기도 했다(김중태, 2009). 게다가 당시 유행하던 정보화 담론 중 '컴맹'이라는 말은 정보화 부적응자를 지칭하는 상징어로 통하면서, 청(소)년들을 사설컴퓨터학원으로 내몰았다. 당시 피시 학습도서들(예를 들어, 정보문화사의 『컴퓨터 길라잡이』나 길벗출판사의 『무작정 따라하기』 시리즈 등)이 서점가의 베스트셀러로 떠오르기도 했던 것은 그와 같은 동원과 열풍의 국가주의적 정황을 반영한다(조동원, 2011). 이와 같은 피시 학습 열병은 당시 부모 세대의 자녀들을 위한 피시 구입을 사회적으로 압박했던 현상 중 하나라 볼 수 있다.

사회 저변으로 피시가 크게 확대되는 것과 더불어, 1988년 국내 최초로 한글로 문장을 주고받을 수 있는 사설 전자게시판(BBS) '더 퍼스트(The First)'가 개통되고, 같은 해에 국내 최초로 BBS 커뮤니티 '엠팔(EMPAL)' 그룹이 결성되었다. 이들 동호회 그룹은 오픈소스 철학을 공유하며, 주로 소프트웨어나 피시통신용 소프트웨어 에뮬레이션을 개발해 회원들끼리 보급하고 공유했다. 이와 같은 사설 BBS는 1980년대 말 전성기를 구가한다. 피시통신 서비스의 경우는 1988년 한국경제신문사가 '케텔(KETEL)'이라는 이름으로 처음 신문기사 정보를 제공하며 시작했다(이후 하이텔로 통합되어 개명).[5] 본격적으로 한국데이터통신(Dacom)의 천리안이 1986년 피시통신

___

전유되는 개념이었다.

5 강명구(2008)는 이와 같은 피시통신 커뮤니티의 역사를 1987년부터 1999년까지 크게 잡고, 이를 BBS 시기(1987~1991년)와 피시통신 시기(1992~1999년)로 구분하고 있다. 한글로 한정된 이용자들에게 전자메일을 주고받을 수 있던 전자사서함 서비스가 1987년 처음 도입된 해로부터, 인터넷의 대중화로 피시통신이 사그라지기까지를 계산

서비스를 개시해 100만 명까지 회원을 늘려갔다. 한국통신 하이텔은 1990년 10월에 가입자 10만 명에서 1996년에 100만 명(유료 이용자 40만 명)을 넘어섰다. 1992년부터 하이텔과 천리안 중심으로 상업용 피시통신 서비스가 대중화하면서 '동호회' 개념이 생겨나고, 1994년 대학생들을 중심으로 이용자를 빠르게 늘려나갔던 나우누리의 등장으로 인해 온라인 커뮤니티 동호회들의 전성시대가 열린다. 이맘때 '동호회(온라인에서 시작해 오프라인으로 연계하여 만든 커뮤니티)'와 '온라인모임(오프라인에서 시작해 온라인으로 연계하여 만든 커뮤니티)'의 형식을 갖고 현실 - 사이버 세계를 오가는 모임들이 만들어진다. 주로 청년 세대들이 주축이 되어 구성된 이 모임들은, '정모(정기 모임)'와 '번개(비정기 일회성 모임)'라는 형식을 온라인 커뮤니티 활동을 현실 세계로 잇는 가교로 삼았다. 이와 같은 피시통신 개념에서 보여지듯, 조직화 방식이나 커뮤니티 활성화 방식은 아직은 물리적 현실을 중심에 놓고 대체로 온-오프라인을 분리해서 보는 경향이 강했다. 그처럼 활성화되었던 동호회들은 1990년대 후반 인터넷이라는 더욱 열린 글로벌 전자 공간이 등장하면서 피시통신의 폐쇄적 인터페이스로부터 자연 떨어져 나가 다들 정보의 바다로 이동하기 시작한다.

신세대는 이와 같은 1980년대 말 상대적으로 민주화된 사회체제, 문화 소비의 증가, 피시와 통신의 대중화 국면에서 출현한다(김창남, 2007). 한국 경제가 소비대중사회 국면에 접어들면서 대학생활을 보낸 세대들은 기존 386세대와 6·10 세대들의 정치와 이념 지향성과 다른 새로운 취향과 감성을 지니게 된다. 곧 '신세대'들의 등장은 세대론에 불을 지폈고, 이들의 세대 성향에 대한 갑론을박이 진행되기도 했다. 즉, 소비주의 아래 성장한 이들의 코호트, 즉 다른 무엇보다 문화적 변수의 역할이 이 세대를 가장 크게 규정하면서 다양한 알파벳 이니셜 세대 명명법이 당시 떠올랐다. '청년 숭배 혹은 물

에 넣고 있다.

신(Jugendfetisch)'은 여타 세대에게 영향을 미치는 신세대 중심의 상업화 논리를 극대화해 지칭하는 용어가 되고, 1990년대 중반 이후로 '사이버'로 엮이는 두문자 언어가 광고, 패션, 가전, 화장품 등에 과잉언어화하면서 유행하기도 했다.

주창윤(2003)은 네트워크(N) 세대(IMF 세대에 해당)가 도래하기 이전 시점인 1990년대 전반기의 신세대 유형을, 오렌지족, 폭주족, 서태지, X 세대로 나누고 이들을 각각 세대별로 상류층(10~20대), 하류층(10대 후반), 10대 청소년, 그리고 20대 초반 소비 계층으로 대입해 읽고 있다. 그는 '세대', '족', '현상' 등으로 섞어 묘사하면서 '신세대'의 세대 내부 차이들을 표현했다. 당시 이와 같은 신세대 문화 주체들의 다양한 호명과 내부 차이들에도 불구하고 이들의 공통점은 1980년대 말부터 시작된 소비자본주의의 강력한 휘광 아래 살며, 386 세대 등 정치 세대들의 이념 지향성과는 다른 소비문화적 감수성을 지니고, 최초로 등장한 피시통신 문화에 영향을 받으면서 성장한 청년 세대라는 데 있다.

신세대와 초기 피시통신 관련성을 주목하여 이들의 사회참여와 저항을 그린 분석 글은 그리 많지 않다. 네트상의 운동 방식에 주목하여 몇몇 초창기 정보사회학자들을 중심으로 이에 대해 주로 입론적인 작업이 진행되었다. 백욱인(1999)의 디지털 시대의 새로운 사회운동 영역들(통신에 대한 운동과 통신을 활용한 운동)에 대한 고찰, 윤영민(2000)의 온-오프라인 사회운동 방식의 연계에 대한 고민, 홍성태(1999)의 온라인을 중심으로 한 사회운동에 대한 리뷰가 대표적이었다. 1994년 이후 사파티스타(Zapatista) 등 인터넷을 통한 국제운동이 활발히 전개되면서, 단행본으로는 김강호(1997)의 국내 자생적인 정치 해커 그룹들의 형성에 관한 고찰과 이광석(1998)의 인터넷 시대 온라인을 주 무대로 한 해외 사이버정치 그룹들의 형성과 문화정치 지형에 대한 초기 분석 등이 등장하기 시작했다.

다소 희미하지만 좀 더 구체적인 신세대의 정치 성향에 관한 증거들을 보자면, 당시 신세대의 한 분파로 간주되던 미메시스 그룹이 소비에트 사회주의 혁명을 거칠게 정치경제 관료주의로 간주하고, 그 대안으로 자유와 풍요에 근거한 새로운 저항을 요구하는 책을 내기도 했다(『신세대-네 멋대로 해라』, 1993). 현실적으로 신세대의 피시통신문화는 동성애 문화를 공론화하는 계기도 되었다. 즉, 내밀화된 성 담론을 동호회 모임을 통해 표출하는 계기가 마련된 것이다. 당시 동호회 이용자의 반 이상이 10대와 20대 신세대 그룹(이만제, 1997)에다가 그 나머지는 대부분 전문직에 종사하는 얼리 어댑터들임을 감안하면, 실제 당시 신세대가 사설 BBS나 피시통신 동호회의 가장 역동적인 주체 그룹이었음을 가정할 수 있다. 즉, 온라인에서 정모를 통한 채팅이나 번개를 통한 만남과 모임을 통해 정치적·사회적·성정치적 담론들을 공개화하고 토론하는 장으로 삼았다. 일반 동호회들의 사회참여로는, 예를 들어 1995년 삼풍백화점 참사 때 하이텔 자원봉사 동호회 '누비누리'의 활동 정도를 꼽을 수 있다.

진보진영의 피시통신 활용은 최초 케텔 피시통신 서비스 시절로 거슬러 올라간다. 당시 보수신문과 내외통신의 뉴스 서비스를 제공하던 케텔에, 정부 기관지 뉴스만 보내지 말고 ≪한겨레신문≫을 보게 해달라는 누리꾼들의 요구와 함께 200여 명의 온라인 이용자 모임이 결성된다. 이들이 최초의 정보통신 자체를 위한 운동 모임인 '바른통신을 위한 모임(바통모)'이 된다.[6] 바통모와 함께 오프라인 운동을 온라인 공간으로 확대한 '현대철학동호회(현철동)', '희망터', '찬우물' 등이 당시에 활동했고, 온라인 공간에서 「국가보안법」을 명분으로 행해지는 피시통신 서버 압수 수색 및 구속 등 검열과 통제로 인해 동호회 회원들의 저항이 빈번했다. 이에 대응해 '민주통신을 위한 PC통신단체협의회(준)'가 만들어지기도 했다(김종원, 1994: 126~127).

---

6 바통모는 '전환의 좌표'라는 소모임으로 시작해 '진보통신단체 연대모임(통신연대)', 그리고 뒤이어 온라인 정보운동의 대표 격인 현재의 '진보네트워크센터'로 발전한다.

신세대 시기 온라인 이용자 운동도 최초로 목격된다. 케텔은 1991년 당시 이용자 13만 명의 최대 피시통신 이용자를 확보하고 있었는데, 이용자들의 반대에도 불구하고 서비스 사업을 한국PC통신에 매각해 유료화의 길을 걸으려 했다. 이에 일부 이용자들과 동호회들이 저항하며 이 회사 앞에서 최초로 오프라인 촛불시위를 벌이나 참여 부족으로 흐지부지된다. 케텔 사건은 2002년 역사적인 대규모 촛불시위 상황이 도래하기 전까지 온-오프라인 운동의 연계가 어렵다는 사실을 확인한 해프닝으로 기록된다. 비록 오프라인의 연계성에서 케텔의 사례가 실패했는지는 몰라도, 온라인 저항운동의 가능성에서는 이후 지속적으로 긍정의 가능성을 보여주고 있다. 예를 들어, '재난공화국'의 오명까지 얻은 1995년 '대구지하철 폭발사건' 때는 선거에 악영향이 미칠 것을 우려해 각 방송사들이 이에 대해 축소 보도를 하면서, 온라인 이용자들이 피시통신을 통해 신속하게 상황을 알리고 해당 은폐 방송국 게시판에 하루 수천 건의 항의성 글을 올리면서 국내 첫 온라인 항의시위로까지 번졌다. 그해 바통모가 주도한 「광주학살 책임자 처벌 특별법」 제정 온라인 서명운동도 주목할 만하다. 그다음 해 노동 진영에서의 파업 소식을 온라인으로 신속히 타전하기 위해 세운 '총파업 통신지원단'의 활동(예를 들어, 피시통신을 통한 총파업 지지성명과 동호회 홈페이지 '근조 민주주의' 리본 캠페인 등 연대 활동을 추동했다)도 중요한 온라인운동의 사례로 기록된다.[7]

당시 정보운동과 관련한 정치적 의제는 사설 BBS의 대표 격인 엠팔과 피시통신의 정보운동 동호회 바통모를 중심으로 한 풀뿌리 피시통신운동과 사설 BBS를 통한 기존 오프라인 운동을 어떻게 온라인 영역으로 확대할 것인가의 문제, 그리고 새롭게 온라인 영역에서 이슈화하는 문제들을 공론화할 것인가에 초점이 맞춰져 있었다. 그러나 이도 소수 통신인들과 소위 운동권에 제한된 통신운동의 이슈들이었고, 막상 신세대 논의로 돌아가면 1990

---

7 이에 대한 구체적 설명은 최세진(2003) 참고.

년대 중반까지 이들 세대 그룹은 미디어를 통한 정치적 지향성을 도모하는
것과는 크게 거리가 먼 상태라 볼 수 있다.

2) IMF 세대의 넷문화와 사회 참여

1990년대 중반이 지나면 국내 정보통신 환경에 상당한 지각변동이 닥친
다. 글로벌 자본의 포스트포디즘에 기초한 정보자본주의로의 전환에 대한
반응으로, 김영삼 정부에 이르면 '세계화'라는 기치 아래 국내 산업 기반에
대한 전반적 제고 작업이 급격하게 이루어진다. 그 시도 중 하나는 미국의
'정보초고속도로'를 비롯해 일본, 영국, 싱가포르 등에서 당시 추진되고 있
던 선진국형 인터넷망 구축사업 프로젝트를 본뜬 한국형 초고속 국가망과
공중망 사업의 추진이었다. 1995년부터 15여 년 이상의 장기 기획으로 시작
된 전국 브로드밴드망 구축 사업은, 이미 1998년 정도가 되면 거의 전국적으
로 물리적 백본(backbone)망의 1차 선로 작업을 마치게 된다. 그러나 당시 정
부 입장에서 기간망을 깔기는 했으나 이에 대한 서비스 수요 창출이 고민거
리였다. 이에 정부와 정보통신부는 인터넷 전용선 서비스를 80% 할인된 가
격(40% 정부보조, 40%는 통신서비스사 부담)으로 공공기관과 각급 학교에 제
공해 안정되게 가입자들을 대거 유치한다. 이는 예상외로 대단히 성공적이
었다. 다른 한편, 민간 온라인 서비스 시장에서는 정부가 인터넷 피시 보급
사업을 다시 펼치면서 피시통신과 인터넷 이용을 적극적으로 독려하고, 시
장에서 판매되는 컴퓨터 단말기 가격을 절반 정도(200만 원대에서 100만 원대)
로 낮추는 데 일조한다.

물리적 IT 정책의 가시 효과가 곧 나타났다. 통계청 자료에 따르면, 통신
요금 할인과 피시 저가 정책으로 인한 효과로 2000년에 피시통신 가입자가
1,680만 명으로 사상 최대치를 기록했다. 또 1998년 인터넷을 상용화하고
1999년에 ADSL 인터넷 서비스가 하나로통신과 한국통신에 의해 일반인들

에게 보급되면서 그해 신규 가입자만 380만 명에 이르렀다. 2000년을 넘어가면 피시통신 열풍이 점차 사그라지고 바야흐로 초고속 인터넷 시대로 접어든다. 인터넷 이용자 1,000만 명 시대가 열리고, 그해 대선은 전 세계에서 유례없는 네트워크 세대의 사회 참여적 역할을 확인한다. 인터넷은 노무현 대통령을 세우는 일등공신이 되었고, 그의 탄핵 국면에서도 국민적 저항의 높은 응집력을 보여주었다.

노무현 정부 시기에는 정책 담론에 변화를 보인다. 신세대 기술 담론의 주요 표제어이기도 했던 '사이버' 담론들을 밀어내고 '유비쿼터스' 담론이 크게 득세한다. 이 'U'(유비쿼터스: 모바일 기술의 편재성을 상징)의 수사적 논의의 틀이 정부 정책뿐만 아니라 대중 기술의 차원에서, 이전까지 빈번하게 쓰였던 'e코리아', 'i코리아', 'c코리아'에서 'u코리아'로 전환한다. 민간 영역을 보자면, 1996년 신림동에 '인터넷 매직플라자'라는 이름으로 피시방이 처음 생기고, 이후 속속 자생적으로 비슷한 공간들이 전국에 수도 없이 등장하면서 아래로부터 독특한 인터넷 문화를 형성하는 데 일조했다.[8]

네트워크(N) 세대[9]는 인터넷 대중화의 흐름 속에서 청년기를 보낸다. 연령 코호트로 따지면 1970년대 말 이후 태어난 2002년 당시 20~22세까지로, 전후 베이비붐 세대의 2세들이다. 달리 말하면 개발 세대의 자식뻘에 해당하는 1990년대 중반 이후의 대학생 그룹들에 해당한다. 이들 N 세대는 역

---

8 피시방은 청소년들의 불온한(정보누출과 신상 털기 등) 디지털 문화의 그늘진 곳으로 지적되기도 했지만 피시와 인터넷 접근권에서 발생하는 정보격차를 시장 저변에서 일부 해소하는 효과를 거두기도 했다.

9 이동연(2003)은 다른 세대의 수사학(앞서 본 X, Y, Z, P, W, G 세대 등)과 달리 'N 세대'는 "처음으로 그 기표에 사회적 물질성과 주체형성의 구체성을 부여한 언어"라고 본다. 그리고 "그것은 이데올로기적인 명명이나 생물학적인 명명에서 벗어나 문화적 생산수단과 일상의 구체성을 지시하는 성격을 지닌다"라고 평가한다(이동연, 2003: 146). 필자도 이에 동감하는데, 이는 처음으로 연령 코호트의 미디어 수단을 강조하는 N 세대 개념이 단순히 기술주의적 맥락의 과잉화된 기표가 아니라 역사적인 구체성과 긴밀한 관계를 가지는 단계에 왔다고 볼 수 있다.

사적으로 외환위기가 한국경제에 전이되면서 급속하게 노동시장에서 비정규직 불완전노동자로 살아야 하는 청년 세대의 코호트와 겹친다. 이 글에서는 이 N 세대를 사회적 세대 개념으로 'IMF 세대', 그리고 좀 뒤늦게 나타났지만 존재론적 지위가 비슷한 '88만 원 세대'(우석훈·박권일, 2007)라 부르는 데 동의한다. 이들은 신세대가 열어놓은 좀 더 개성 있는 문화를 접하며, 신세대에 이어 소비행태는 부르주아적이다. 그러나 외환위기로 촉발된 이후의 경제 침체로 인해 95% 이상이 비정규직으로 살아야 하고 삶의 목표 최대치를 개인의 자기계발과 '스펙 쌓기'에 몰입하는 실용주의적 자본주의 세대에 해당한다. 한국식 '고용 없는 성장' 정책의 계급/계층 불평등이 곧장 이 세대에 투사되어 나타난다.

피시통신 세대의 온라인 동호회는 이즈음 인터넷의 대중화로 말미암아 인터넷 기반형 커뮤니티 형식의 문화로 넘어간다. 예컨대, 1999년 다음커뮤니케이션스의 다음카페 서비스가 선풍적 인기를 누리게 되고, 2000년에는 프리첼 커뮤니티 서비스가 생기면서 주로 청년 세대, 특히 대학생들의 디지털 문화공간으로 활용된다. 프리첼의 유료화 이후 청(소)년 이용자들은 싸이월드와 같은 대형 온라인 미니홈피나 NHN의 네이버카페 등으로 이주하는 모습을 보여줬다. 이즈음 이렇듯 온라인 기업들이 제공하는 '인터넷 카페'나 '커뮤니티 사이트'가 N 세대들의 디지털 감성을 표현하는 공간으로 자리매김한다. 컴퓨터와 인터넷이 무엇보다 삶의 필수 조건이 된다. 인터넷과 더불어 사고하고 길들여지고 생활하는 세대로 성장한다. N 세대는 피시통신 세대에 비해 디지털 기술과 영상을 본격적으로 즐기는 세대라는 점에서 차이가 있다. 한편, 사회적으로 신세대 시기 '컴맹'처럼 N 세대에게는 '넷맹'이라는 말이 미디어 '루저'를 뜻하는 말이 되면서, 인터넷 문화의 흐름에 합류하지 않으면 도태된다는 기술주의적 세례를 강요하는 분위기가 고조되었다. 신흥 N 세대들의 인터넷 문화가 대세가 되고 있던 시절이었다.

IMF 세대 혹은 인터넷 세대는 또한 거리 정치를 통해 개별 욕망과 지향을 드러내는 '광장 세대'로도 불렸다. 앞서 바통모의 소규모 촛불시위의 좌절 이후, 이들 세대는 근 10여 년 만에 온라인 공간의 논의를 오프라인에 연계해 순식간에 광장의 에너지로 모으는 데 최초 성공한다. 역사적으로 2002년 월드컵 응원전, 미선·효순 추모 촛불집회, 그리고 대선으로 이어지는 과정에서 이들은 기존과 다른 자율적 운동의 방식을 보여줬고, 이는 이후 2008년 촛불소녀들의 광장 시위에 불쏘시개 구실을 한다. 당시 정세논문 형식으로 쓰였던 민주노총 정보통신부장 최세진(2003)의 글은 촛불시위의 정세 그리고 N 세대의 온-오프 연결 능력과 저항방식의 탁월함을 생생히 묘사하고 있다. 구체적으로 온라인 제안과 퍼 나르기, 그리고 오프라인 집회로 이어지며 단 3일 만에 1만여 명이 광화문에 운집하는 온-오프 조직화의 기동성을 세계 초유의 사례로 평가한다(비슷한 논의로는 김경미, 2006 참고).

당시 한국인터넷정보센터의 통계 자료(2002)에 따라 인터넷 이용자의 연령 분포율을 보면, 10대 90.6%, 20대 86%, 30대 67%, 40대 39%로 나타나고 있다. 인터넷 담론 생산과 사회적 네트워킹의 주력이 10~20대 그리고 30대 일부였을 것으로 추측할 수 있다. 특히 촛불시위와 관련해서는 여중생 사망 사건의 희생자가 10대라는 점 때문에 동일 세대 코호트의 정치적 감수성을 크게 자극했고, 이후 이들이 주체가 되어 온-오프라인 시위를 주도하면서 기성세대의 정치 이념의 기치 아래 모여든 '깃발들'에 대해 강한 거부감을 보여줬다. 미선·효순 추모 촛불집회 등을 비롯한 당시 N 세대에 대한 학계 해석은 2008년의 촛불 세대 과잉예찬론에 비해 인색했다. 일단 N 세대의 정치 참여와 온-오프 연계 운동 방식에 대한 긍정론에서는 N 세대의 감성에 동조한다. 예를 들어 전효관(2003)은 촛불시위 이후 10대들의 새로운 감성을 이해 못하고 소위 강단좌파들의 판에 박힌 깃발 논쟁과 청년 세대 계몽의 실천 당위론에 불편한 심기를 드러내고, 이들의 자율적 운동 방식을 새로운 사회 현상으로 받아들이길 권고한다. 이어 N 세대의 정치적 에너지에 긍정은 하되, 깃발을 아예 배제하려는 과도한 비정치적 성향을 우려하는 논의들이 생산되었다. 특히, 김원(2005)은 조금 다른 각도에서 이들 N 세대의 촛불 시위가 자기조직적, 탈중심적, 자발적인 운동 방식이라는 점에서 긍정점을 찾고 있긴 하나, 동시에 붉은 악마에서 보이듯 과도한 국가(애국)주의적 특성에서 자유롭지 못한 약점이 있다고 봤다. 당시 논의를 정리하자면, 2008 년 촛불과 달리 월드컵 광장의 경험, 미선·효순 촛불시위, 그리고 노무현 대통령 선거 등 여러 겹으로 이어지는 역사적 맥락에서 하나로 특징지을 수 없는 N 세대의 긍정과 부정의 계기들이 포착된다. 대체로 긍정론보다는 비판적 해석이나 비관론이 더 많았다는 판단이다. 즉, 광장 세대의 국수주의적 행태, 대선에서 보여줬던 노사모의 과도한 정치성 등은 N 세대를 미래 저항의 적극적이고 유연한 주체로서보다는 부정적 뉘앙스를 지닌 조금은 유보적 세대 지위에 머물게 했다.

다른 무엇보다 여중생 사망사건으로 확산된 촛불시위는 인터넷을 통해 다양한 사회 참여와 아래로부터의 실험이 가능함을 알려준 첫 사례였다. 예를 들어, 온라인 시위와 안티사이트를 통한 이슈파이팅,[10] 인터넷 커뮤니티의 구축, 인터넷 대안언론(모든 시민이 기자가 되어 글을 쓸 수 있다는 온라인 시민 저널리즘의 등장과 그의 대표 격인 ≪오마이뉴스≫의 창간)의 흐름이 이어졌다(오병일, 2003). 2004년 무렵이면 N 세대의 온라인 문화에 또 다른 새로운 디지털 저항 흐름이 형성된다. 정치적으로 보자면 2004년도 그 두 해 전만큼이나 정국이 다이내믹했다. 총선, 노무현 대통령의 탄핵 정국, 그리고 당시 이명박 서울시장의 '서울 봉헌' 발언 등이 논란이 되었고, 사회적으로 '쓰레기' 만두 파동이 있던 해였다. 권력자, 정치꾼, 기업인 들의 비상식이 판치고 희극적 지배 상황이 지속되면서, N 세대들이 이즈음 온라인 창작을 통해 자신들의 분노를 드러내는 장르 형식으로써 정치 패러디를 적극적으로 이용하

---

10 김종길(2003)의 경우, 안티사이트를 집중해 조사하면서 온라인 운동이 가진 긍정적 잠 재력과 함의를 살피기도 했다.

기도 했다. 기존의 온라인 저항과 조직화 방식에 덧붙여서, 그들 세대의 디지털 감수성을 가장 잘 표현하는 정치 패러디 창작이 당시 최고 정점에 달했던 것이다.

N 세대론의 직접적 언급보다는 당시의 시대 변화에 조응한 신사회운동에 기초해 대안미디어 연구 영역에서도 나름 성과들이 나타났다. 예를 들어, 국가와 시장 영역에 맞서는 시민과 지역공동체의 언로인 시민미디어와 공동체미디어의 역할을 강조한 최영묵(2005)과 김은규(2003)의 저술, 유선영(2005)의 국내 대안미디어 현황에 대한 조사분석서를 들 수 있다. 하워드 라인골드(Howard Rheingold)의『참여군중(Smart Mobs)』또한 2000년대 이후 모바일 미디어를 통한 저항 주체와 방식의 변화와 맞물려 빈번하게 인용되었던 번역서다.

3) 촛불(소녀) 세대의 형성과 모바일 문화행동

현실 사회에 대한 참여와 개입의 주체 세력 구성에서 보면 이상하리만치 10대 청소년의 공백을 느낄 수 있다. 실제 극한의 경쟁구도와 대학입시 중심의 교육정책의 상황에 크게 좌우된 소치다. 상대적으로 보면 일제 강점기와 4·19 혁명 시기 중·고등학생들이 적극적으로 정치에 참여했던 것과 달리, 수능 준비로 청소년기를 보낸 최근의 세대들은 신자유주의적 경쟁과 줄세우기 교육, 0교시 수업 등의 무한경쟁 체제로 말미암아 시민정치적 참여로 보자면 사실상 거세된 코호트로 분류된다. 하지만 이명박 정부 들어서면서 교육환경의 참담함이 극에 달하고 대학에 입학하더라도 졸업 후 만성화된 실업 체제를 온몸으로 체감할 수밖에 없는 상황에 처하면서, 청소년들은 교육 환경의 폭력적 상황에 큰 반감을 가지고 호시탐탐 제도 밖으로의 탈주를 꿈꿨다. 이렇듯 청소년 세대 내 사회적 스트레스가 가중되면서 폭발의 비등점에 이르고,[11] 급기야 2008년 중·고생 촛불 세대 특히 촛불소녀들을 중심으로 평화적 저항의 방식으로 청계광장에 촛불을 들고 하나둘 자발적으로 모여들기 시작한다. 그해 5월 촛불시위는 이들에 의해 시작되어 다른 시민 계층과 전 사회집단으로 들불처럼 번지면서 100여 일 100회에 걸쳐 수백만 명이 참여한 세계 초유의 온-오프 연계 시위의 사례로 남게 되었다. 촛불시위가 진행되면서 다양한 사회적 분파들에 의해 촛불시위의 성격이 보수 - 진보라는 대립축과 결합한 이념갈등으로 정치화되었으나(고경민·송효진, 2010), 그 누구보다 촛불 세대 특히 촛불소녀와 여성들(촛불시위 참여자의 70% 추산)이 당시 광장에서 벌였던 재기발랄한 디지털 감성의 스타일 정치가 시위의 초창기 흐름을 주도했다고 볼 수 있다.

2008년의 촛불 국면이 도래하기 한참 이전에 이미 이 촛불 세대의 저항의 전조는 쉽게 발견할 수 있다. 청소년들이 당대의 새로운 미디어를 이용해 자신들의 구조적 억압 상황을 즉자적이고 감성적인 방식을 빌려 표현한 전례가 있다. 예를 들면 2000년에 N 세대가 주축이 되어 벌였던 청소년 온라인 사이트를 통한 자발적 '두발제한 철폐운동'은, 이제는 청소년 세대의 온라인 저항의 초창기 사건으로 기록된다. 그 뒤를 이어 2000년 중·후반에 이르면, 촛불 세대 중심의 미디어 하위문화 표현의 좀 더 다양한 실례를 포착할 수 있다. 2007년에는 송파 여중생들이 8mm 캠코더로 찍은 <너희가 중딩을 아느냐>라는 다큐 영화가 연일 화제에 올랐던 적도 있다. 또한 ≪밥≫이라는 순수하게 청소년들이 만든 무가지와 웹진 ≪채널 10≫이 또래들 사이에서 선풍적 인기를 누리는 등, 촛불 세대로 말미암아 청년 세대의 연령 코호트가 더욱 낮춰지고 N 세대와 다른 그들만의 독특한 하위문화를 형성했다. 그러던 차에 신권위주의 경찰국가 출현에 저항하면서 불붙은 2008년의 촛불시위에서, 10대 청소년들은 그들 중심으로 뭉치며 세력화하거나 약자와 소수

---

11 333명의 촛불집회 참석자들의 최초 심층 면접조사(연구책임자 김철규)를 소개했던 ≪한겨레21≫의 신윤동욱(2008) 기자 또한 10대가 촛불을 들었던 이유는 "이명박 정부 향한 분노" 때문이라는 기사를 싣고 있다.

자의 억눌렸던 가치들을 서로 모아 분출하는 '촛불문화제'[12] 형식의 자유로운 광장 문화로 전화시킨다. 2002년 촛불시위에서 보여줬던 디지털 감성의 역사적 경험들이 누적 확대되면서, 2008년 청계광장과 광화문 한복판은 신권위주의 정부의 청산을 외치며 오프라인 광장에 몰려든 촛불 든 10대들의 물결로 넘실거렸다. 그저 사회 현실의 변방에 수동적으로 머물렀던 청소년들이 이제 옥외 정치활동의 중심에 선 것이다.[13]

기술적·경제적 상황 변수로 보자면, 촛불 세대는 새로운 유형의 집단지성과 소셜 미디어 네트워킹, 그리고 언제 어디서나 스마트 장비를 통해 순간적으로 온-오프 간 경계를 드나들고 허물며 새로운 데이터를 생산하고 교환하고 알리고 퍼뜨리는 즉시성의 모바일 소통 양식에 영향을 받고 자란다. 이들의 미디어 습성은 촛불집회에 그대로 반영되어 나타났다. 역사적·정치적 변수로 보자면 경찰국가라는 정치적 상황으로 말미암아 촛불 세대의 저항의 기술적 가용 능력이 극대화하는 지점이 존재했고, 이들의 정치적 학습은 대체로 연령 코호트로 치면 386 세대의 부모들에 의해 사회를 보는 비판적 시각에 직·간접적으로 노출되면서 N 세대에 비해 정치적 후각이 좀 더 발달했다고 추측해볼 수 있다.

2008년의 촛불시위는 몇 가지 점에서 이전의 정보운동 방식과 사뭇 다르다. 조동원(2010)과 백욱인(2008a)의 분석을 여기에서 정리해보면, ① 온라인-오프라인 접속 혹은 연동에서 실시간 융합의 즉시성으로, ② 온라인 저널리즘에서 게릴라 저널리즘으로, ③ 표현 자유의 공간으로서 인터넷에서

---

12 여기에서 '촛불문화제'의 의미는 이의적이다. 하나는 실정법상의 옥외집회 또는 시위 규제를 피하려는 의미이고, 다른 하나에는 저항의 방식과 관련해 유쾌하게 놀며 즐긴다는 상징성이 함께 깃들어 있다.
13 2008년 5월의 촛불집회 초기 국면과 달리 시간이 갈수록 이질적 집단들이 늘어나고 경찰의 진압과 시위가 폭력화되면서, 청소년 10대의 의견과 주장이 묻히게 되고 그들의 문제를 의제화하지 못하는 상황이 발생한다. 이에 대해서는 이해진(2008)을 볼 것.

디지털 행동의 장으로서 인터넷으로의 변화를 꼽고 있다. 온라인 운동방식의 변화에 대한 저자들의 이 같은 관찰은 꽤 유용하다고 본다. 첫째, 고정된 곳에서 수행되는 인터넷 스트리밍 뉴스보도가 아닌 모바일 휴대장비를 사용하여 원하는 콘텐츠를 바로 올리고 내려받을 수 있는 즉시성과 현재성이 2008년의 촛불시위 현장에 줄곧 장점으로 지적되었다. 예를 들어, 24시간 촛불시위 현장을 지켰던 아프리카 온라인 방송의 경우에 그해 5월에서 8월 사이 촛불집회 현장 생방송을 진행한 BJ(브로드캐스팅 자키)만 400여 명이 넘었고, 6월 1일 살수차 물대포와 군홧발 강제진압의 날것 그대로의 현장 방송에는 하루 시청자 수가 127만 명에 이르렀다 한다. 다양한 디지털 장비를 활용해 시민들이 실시간으로 바로 그곳에 있는 현장감을 갖게 하면서, 누리꾼들은 정치적 공감의 영역을 확대해나갔던 것이다. 당시 의제 기능을 상실하고 속도에 한발 늦었던 지상파방송에 비해서 이 새로운 모바일테크놀로지로 매개한 온라인 시위 현장의 게릴라방송들은 더욱 조밀한 영향력을 발휘했다.

그다음으로 주목할 부분은 '게릴라 시민 저널리즘'의 부각이다. 주요 논객 중심의 엘리트 저널리즘과 단순한 현장 뉴스보도에 머무르지 않고, 바리케이드를 사이에 두고 벌어지는 억압적 국가장치들의 물리적 폭력 발화지점에 대한 실시간 포착과 온라인 생중계, 대치 상황의 대피 타전 등 1인 미디어들은 마치 게릴라전 상황에서와 같은 능동적 역할들을 수행했다. 예를 들어, 아프리카, 칼라TV, 사자후TV 등 1인 미디어들은 촛불시위에서뿐만 아니라 2009년 KBS의 보신각 타종 현장 생중계 조작 방송과 용산 참사 현장 보도에서도, 조·중·동의 집중화된 정보 권력에 못지않은 정보 생산과 거짓 정보 폭로의 활동 주체임을 보여줬다.

마지막으로 촛불시위는 표현의 자유와 정보공유의 다중 공론장적인 인터넷의 역할을 재확인했고, 더불어 온라인 직접 행동과 저항의 새로운 가능성까지 보여줬다. 예를 들어, 2008년 당시 광우병 관련 인터넷 이슈 토론의 발원지로 다음 포털 아고라의 영향력은 막강했다. 토론방을 통해 정보를 공유하고, 퍼 나르고, 찬반 논쟁이 붙고 하면서 누리꾼들은 광우병에 대한 과학적 이해를 얻거나 정부의 왜곡에 호도되지 않을 수 있었다(홍성태, 2008). 여기까지는 펌질, 댓글, SMS 등으로 상황을 알리고 공유하는 행위가 중심이 되었던 2002년 촛불시위와 별반 다르지 않다. 그로부터 한발 더 나아가 촛불시위는 디지털 직접 행동의 장으로서 인터넷의 가능성을 또한 보여줬다. 무한 댓글 시위, 항의시위, SMS 항의문자 보내기 등을 통해 관련 정부기관의 서버를 무력화하거나 전자적 방식으로 직접적 저항을 수행했다(이창호·배애진, 2008 참고). 이는 사실 확인과 지식 공유의 인터넷 역할보다 훨씬 정치적으로 적극적인 표현 행위에 해당한다.

촛불(소녀) 세대는 이와 같은 변화된 정보운동의 이행 한가운데 서 있었다. 이들은 사회 문제를 '미친 소'와 '미친 교육'이라는 간결하면서도 감수성을 자극하는 실천 코드로 명명하고, 이를 대중 설득의 기술로 활용했다. 촛불 세대 자신의 동원 방식에서도 세대 연령 코호트가 크게 작용했는데, 주로 절반 이상이 또래 친구의 권유 혹은 가족이나 온라인 커뮤니티를 통해 삼삼오오 모인 경우가 많았다(이해진, 2008 참고). 연령 세대 코호트에 의해 동원 네트워크가 강화되면서 동시에 촛불시위 현장에서는 스티커, '짤방', 플래카드, 풍선, 인터넷, 카메라, 그라피티, 이미지 패러디 등의 다층적인 매체들과 함께,[14] 특히 모바일 장비가 그들의 기동성과 온-오프라인의 저항 방식에서 탁월한 능력을 발휘했다. 이러한 10대들 중심의 발랄한 광장 정치는 구정치의 구린내 나는 악습을 조롱했다. 시위 국면이 전환되면서 이들 촛불 세대와 함께 82쿡, 소울드레서, 쌍코, 화장발, 미주한인주부모임, 마이클럽, 엽기 혹은 진실, DVD프라임 등 생활형 커뮤니티와 주부 등 젊은 여성 누리꾼들이 10대들의 촛불 광장으로 합세한다. 취미, 오락, 쇼핑, 미용, 육아, 운

---

14 촛불시위에 동원되었던 다매체 전술에 대한 평가와 관련해서는 전규찬(2008) 참고.

동 등을 공유하며 일상 주제로 모인 동호회나 인터넷 카페 등 인터넷 생활 커뮤니티까지도 광장 정치의 일부에 편입했던 것이다.[15]

촛불시위와 촛불 대중의 자발적 투쟁의 힘을 목도하면서 학계에선 이에 대한 낙관론적 견해들이 표출되었다(예를 들어 우석균, 2008; 전효관, 2008). 촛불시위에 대한 지식인들의 비판적 평가도 줄을 이었다. 예를 든다면, 우선 좌파 내부의 무능력과 촛불상황 속에서 좌파 자신들의 부재를 자책하는 견해(특히 강내희, 2008), 디지털 소비형 주체, 형식적인 스타일의 정치 혹은 중산층 의제를 넘어서지 못하는 촛불 대중의 태생에서 비롯한 정치적 대안 기획의 부재를 지적하는 견해(진중권, 2008; 김종엽, 2008; 강준만, 2008)를 볼 수 있다. 이와 비슷하게 그 온·오프 저항의 가능성을 인정하면서도 현실 정치와의 연결고리를 잃은 촛불집회의 감성 정치에 그친 한계를 지적하는 견해(예를 들어, 백욱인, 2008a; 홍성태, 2008)도 나왔다. 흥미롭게도 비폭력 '순수성의 모럴'로 뭉친 촛불의 거리정치의 편집증을 한계로 지적하는 견해도 제시되었다(이상길, 2009). 하지만 촛불 국면 이후 대중의 현실 정치 개입의 무기력에도 불구하고 촛불시위 한가운데 펼쳐졌던 촛불(소녀) 세대의 문화적으로 불온한 상상력에서 그리고 온·오프 융합의 저항방식 등에서 생활정치의 가능성을 재전유할 필요가 있다고 보는 데 이들 저자들은 대체로 동의한다.

2008년 촛불시위의 강렬했던 시절을 넘기면서 차차 학계에서의 분석 또한 차분해져갔다. 단순히 시위주체나 운동의 방식과 지향 등에 대한 긍·부정론에 머무는 것이 아니라, 기존의 사회운동이나 문화운동 연구틀 속에서 촛불시위의 의의를 찾으려는 연구들이 속속 나왔다. 대표적으로 운동의 정치로서 촛불에 대한 비판적 평가와 새로운 민주주의 기획 연구(당대비평기획위원회, 2009), 촛불을 공포화하는 우익과 학계를 비판하고 새로운 사회정치

---

15 박창식·정일권(2011)은 당시 20~30대 여성의 소통 특징을 일상적인 것과 정치적인 것의 경계를 허무는 '대화 민주주의' 혹은 '감정의 민주주의'로 명명하기도 한다.

적 힘으로 파악하려는 연구(조정환, 2009), 촛불을 새로운 유형의 시민운동으로 보고 이를 유형화하는 분석(송경재, 2009), 10대들의 새로운 세대 문화적 감수성에 기초해 미래 정치 세대의 성장을 관찰하는 연구(김예란·김효실·정민우, 2010), 무기력한 '88만 원 세대'와 인터넷 저항의 참신한 촛불 세대의 존재론적 차이를 강조하기보다는 이들 양 청년 세대를 규정하는 신자유주의의 멍에를 벗는 공동 실천행동을 촉구하는 연구(한윤형, 2010) 등이 이에 속한다.

4. '웹 2.0' 시대 디지털 세대의 문화정치

2002년과 2008년의 촛불시위와 같은 대규모 온-오프라인을 연계하는 광장 시위 정도 규모와 동력은 아닐지라도, 2010년 초부터 성장한 소셜 웹은 변혁주체로서 청년 세대의 역할을 다시금 논의 중심으로 끌어올렸다.[16] 두세 번의 선거를 통해 신세대와 N 세대를 주축으로, 트위터 등 소셜 미디어를 통해 직간접적으로 선거 관련 적극적 투표 행위를 독려하는 데 나서며 현 정부의 철권정치와 민생고에 대한 심판의 메시지를 전했다. 상대적으로 이들 선거 기간 촛불 세대의 역할은 미미했다. 촛불시위 상황에서 보여줬던 촛불 세대의 발랄한 정치 참여적 지향성과는 무관하게, 아직 경제활동 인구가 아닌 이들의 세대 지불 능력의 부족이 소셜 미디어의 관계망을 활용하는 데 당시 별 동기를 유발하지 못했다고 볼 수 있다.[17]

---

16 예를 들면, 국내 최초 트위터 선거혁명으로 기록될 2010년 6·2 지방선거, 2011년 4·27 재보궐 선거와 10·26 서울시장 보궐선거에서 소셜 미디어는 긍정적 개입의 적용 가능성을 보여줬다. 이와 같은 선거 국면 소셜 미디어의 활용에 대한 세대적 접근과 분석은 이 책의 마지막 제7장에서 논의하고 있다.

17 국내 최초로 스마트폰, 특히 아이폰이 처음 수입된 2009년 11월 이래 반년 정도가 지난

<표 5-2> 디지털 세대별 미디어 문화적 특성 및 성격

디지털 세대 구분	신세대 (피시통신 세대)	IMF 세대 (N 세대)	촛불 세대 (모바일 세대)
주요 기술변수	PC통신과 BBS문화	초고속 인터넷망 구축	유비쿼터스 코리아
	스마트폰 열풍		
대표 매체	피시통신 / 홈페이지	포털 서비스 / 온라인 카페 / 블로그	다양한 이동형 매체 활용
온-오프 연계	접속	겹칩 / 연동	융합
표현 형식	게시판 / 온라인 동호회	시민 온라인 저널리즘 / 정치 패러디	모바일 미디어 / 1인 게릴라 미디어
	소셜 미디어		
온라인 대표 의제	케텔 유료화 온라인 반대 시위	- 2002년 여중생 사망 추모 촛불시위, 16대 대선 - 2004년 총선, 노 전 대통령 탄핵 정국	- 2008년 촛불시위
	2010년 6·2 지방선거 / 2011년 4·27 재보궐선거		
성격	개별적, 다소 이념적, 낭만적	실용적, 온라인 지향, 동아리적, 협업적	온-오프 연동, 개방적, 참여적, 이동적

　　지금까지 1990년대와 2000년대를 지나치면서 당대 디지털 세대들의 태생의 역사적 상황과 그들을 조건화했던 미디어 표현 양식, 그것이 지니는 정치적·사회적·문화적 맥락을 살펴봤다. 이제까지의 논의를 정리해보면 세대별 온라인 문화행동의 특성들을 <표 5-2>처럼 나눠볼 수 있겠다. 디지털 세대라는 공통 분모를 가지고 서두에서 봤던 <표 5-1>에 기초해 신세대 - N 세대 - 촛불 세대로 나누고 이러한 각 세대별 명명에 기초해 어떤 미디어가 보다 친화적이었고 이들을 통해 실제 온·오프라인의 사회 현장에서 이들

시점인 2010년 6월경에 이뤄진 국내 트위터 인구의 연령별 조사를 보더라도, 신세대나 N 세대에 비해 촛불 세대를 위한 모바일 정치행동의 물적 토대가 당시에는 무르익지 않았음을 알 수 있다. 국내에서 선거 직전 트위터 인구를 연령대로 따진 것을 보면, 20대와 30대가 각각 28%와 53%로 8할 이상이 이들 연령대에 몰려 있다. 한편, 10대와 50대는 2%대에 머무르면서, 영미권의 50대 이상 19%와 10대(13~17세)의 7%에 비해서도 턱없이 낮은 비율을 보여주고 있다(이성규, 2009에서 재인용).

이 어떤 문화정치적 활력을 발휘했는지를 관찰하였다.

　단순화의 위험을 감수하고 시기별 세대 특성 변화의 지점들을 도식화하면 다음과 같다. 즉, 각 세대를 조건화했던 역사적 상황변수(문화 - 기술 - 정치)는 물론이고, 물리적(피시망 - 초고속망 - 유비쿼터스망), 매체적(피시통신 - 인터넷 - 모바일), 온-오프라인 연계방식(접속 - 연동 - 융합),[18] 온라인 행동(게시판 - 시민저널리즘 - 1인/게릴라 미디어), 정치적 변수(케텔 유료화 반대운동 - 2002년 여중생 사망 추모 시위 - 2004년 탄핵 국면 - 2008년 촛불시위) 등에 따라 세대 특징이 크게 구분된다는 사실을 확인할 수 있었다. 이와 같은 차이들을 통해 우리는 각 세대별 저항과 미디어 결합 방식에서도 대단히 서로 다른 결을 보여준다는 것을 알 수 있었다.

　이명원(2011)은 한국의 혁명 특성을 전조는 있으나 앞을 예측하기 어렵고 대단히 격렬하게 끓어오르고 지속되는 '비등혁명'으로 묘사한다. 갑오농민전쟁, 3·1운동, 4·19혁명, 광주항쟁, 6·10항쟁, 그리고 촛불항쟁으로 연결되는 폭발은 비등혁명의 적절한 예들인데, 이들 대중혁명을 실패로 되돌리는 체제 제어능력으로 인해 억압이 누적되어 폭발을 유예시키고 있다고 진단한다. 이 같은 유예의 비등점을 넘어 이행의 전략을 위해서는 계급/계층의 정치학을 포함해 세대론, 특히 디지털 세대론과 세대 분석의 재활력도 중요한 주제라 볼 수 있다. 작고한 문학평론가 이성욱이 신세대의 새로운 미디어 문화와 문화정치적 가능성에 착목할 것을 강조했던 것처럼, 청년 세대의 비정규직 양산을 통한 자본주의 부 축적의 사회적 대물림을 끊어낼 수 있는 실천 중 하나로 현 세대들의 부상하는 미디어에 근간한 정보운동론을 정립하는 일은 미래 실천학문적 과제이기도 할 것이다. 1990년대 초 그가 언급했던 내용을 옮겨보자.

18　온·오프라인 저항의 조직화와 연계방식에 대해서는 백욱인(2008) 참고. 그는 정보운동의 조직화 과정에서 온-오프 네트워크 관계와 긴밀도에 따라 3가지(접속, 연동, 융합) 단계로 구분해 관찰했다.

이른바 과학기술혁명으로 인한 표현 매체 및 영역의 확장(뉴미디어의 계속적인 등장이나 컴퓨터 그래픽, '샘플링' 등으로 설명된 예술생산기법도 테크놀로지의 발전에 기초하고 있음은 물론이다) 등등은 과거와는 질적으로 다른 우리의 정서구조, 나아가 지각구조에 대한 형성기준이 아닐 수 없다. 이런 현상에 너무 화들짝 반응을 보일 필요는 없지만 그렇다고 하더라도 테크놀로지나 대중문화의 발달에 연동된 감성구조의 변화는 문화지형의 변화 맥락이나 문화운동의 관점에서도 깊이 주목해야 할 지표들이 아닐 수 없다(이성욱, 1994: 233~234).

이성욱의 언설에서 확인할 수 있는 것처럼, 1980년대 중·후반 이래 매 정치적 격변의 중요한 시기에 사회변화의 주요 동력이 되었던 각 세대들의 미디어 활동에 주목하는 일은 결국 혁명의 비등점을 넘어서기 위해 거쳐야 할 중요한 관문으로 보인다. 이는 결국 세대론의 핵심적 논의를 관통하는 방식이자 당대 청년 세대의 문화정치를 제도 정치만큼이나 국내 정치 현장의 핵심 영역으로 끌어올리는 방도이기도 하다.

제6장
저작권 과잉 시대
카피레프트 문화 전통과 유산

제6장에서는 신경제 시장의 지배적 경제 질서로 추앙받고 혁신 기술과 누리꾼들의 문
화에 더디게 반응하는 저작권 체제에 대항해 형성된 대안의 '카피레프트(copyleft)' 흐름
을 점검한다. 이는 저작권 과잉의 시대에 그 균형점을 찾기 위해 전통적 저작권에 문제
제기를 하는 '카피레프트'로 통칭되는 경쟁적 흐름을 보기 위한 시도이다. 카피레프트는
'정보는 자유롭길 원한다'는 기본 전제와 개방과 자유의 디지털 특성, 저작권자의 소유
권보다는 저작물을 이용하는 이용자들의 공익을 강조하는 관점을 견지한다. 제6장은
그래서 정보공유론의 시각에서 저작권의 공공적 기원을 살피고, 역사적으로 카피레프
트의 전통에 서 있었던 기술자유주의적 전통과 예술 역사에서의 반저작권 경향을 주로
검토하려 한다. 즉, 미국을 중심으로 초기 컴퓨터 문화를 주도했던 해커들의 자유로운
협업과 공유의 철학, 그리고 이미지 전유와 전용의 전통에 서 있는 일부 아방가르드 예
술 그룹을 카피레프트의 전통이자 유산으로 간주해 살핀다. 결론에서는 인류의 공유지
를 파괴하려는 저작권 종획운동에 맞서 이 자유주의 전통들을 보듬어 지식과 정보의 생
태주의 운동을 펼치는 데서 미래 인류 지식과 정보 자유의 희망을 본다.

1. 저작권 과잉의 현실유감

자본주의의 디지털 국면에서 정보, 지식, 그리고 문화는 기존의 물질 재화의 고전적 운동 방식을 허물고 있다. 정보와 문화는 저작권 등 지적재산권의 합법적·체계적 식민화(Wittkower, 2008) 과정을 겪는다. 이미지와 꿈이 사회, 경제의 중심 엔진이 되는 '드림소사이어티'에서는 제품 위주의 마케팅에서 이미지와 향유 문화를 파는 행위가 중심에 놓인다(서진석, 2007: 16~17). 인류애의 철학과 비전은 비자(VISA) 등 신용카드 회사들이 주도하는 글로벌 디지털 소비문화로 둔갑한다. 개성과 유행은 밀라노와 파리의 패션 도시와 함께 노키아, 모토롤라, 애플, 삼성전자의 디자인실에서 주조되어 나온다. 현실 속 조·중·동 족벌신문의 뉴스 생산의 바통을 네이버와 야후가 이어받아 황색 포털 저널리즘으로 완성한다. 구질구질한 재래시장 좌판들을 뒤집어엎어 홈쇼핑과 미니 유통체인들이 자신들의 편리함으로 도배한다. 인용, 트랙백, 혼성모방, 변용, 샘플링, 콜라주의 누리꾼 문화는 창작자의 권리를 침해하는 불법으로 낙인찍힌다. 죄르지 루카치(György Lukács) 식으로 보자면, 이 모든 현상은 인간사에서 발생하는 모든 관계를 교환 가치화하는 '(사)물화(Verdinglichung)'의 새로운 디지털 국면이다(루카스, 1999).

처음부터 자본주의 질서는 끊임없이 상품시장의 확장에 의해 유지되고, 상품화 과정은 오늘날 물질재뿐만 아니라 정보와 문화 영역에까지 걸쳐 확대된다. 제6장에서는 현대 자본주의 체제가 저작권과 같은 강제적 재산권화 과정이 없이는 지탱할 수 없을 정도로 시장의 이윤원에 크게 변화가 왔다고 본다. 우리의 문화산업계도 '(신)한류' 등을 등에 업고 저작권 소유자의 지배적 권리를 아시아권에 행사하면서 할리우드의 아류적 맛에 중독된 지

오래다. 국내의 시장 행위자들은 '아시아적 가치'라는 주술을 통해 지역에서 문화 영역의 (재)영토화를 통한 이윤 창출의 기제를 형성하려 하면서, 국내·외 저작권법 적용에 영향력을 행사하고 있다.

　이 장은 저작권 과잉의 문화가 만들어내는 현실 유감에 대한 반감으로 쓰였다. 문화적 향유와 생산을 자유롭게 누릴 수 있는 이용자 혹은 시민의 권리가 소멸하는 현실에 대한 가능한 다른 길의 전통과 유산을 제시해보고자 한다. 우선 코미디 같은 저작권 문화의 몇 가지 주변 사례들로 시작할까 한다. 이 사례들로부터 자본주의의 디지털 국면에서 지식생산의 사유화 방식의 미래 경향성을 볼 것이다. 그 경향성에서 유추해보면 생각보다 시장 권력의 변화 방식은 꽤 세련되고 공고하다고 볼 수 있다. 예컨대 마르크스가 『공산당선언』에서 "모든 굳건해 보이는 것들이 대기 중으로 녹아 사라져버린다"고 짚었던 것처럼, 무엇이든 삼키는 가공할 괴물의 모습을 현대 자본에서 확인할 수 있다.

　필자는 이 장에서 자본에 의한 지식의 사적 전유에 대한 대항의 논리로 '카피레프트(copyleft)' 개념을 중심에 둔다. 이 흐름을 통해 저작권 과잉의 시대에 그 균형점을 찾기 위해 전통적 저작권에 문제 제기를 하는 반저작권 문화의 전통을 살핀다. 제6장은 그래서 정보공유론의 시각에서 저작권의 공공적 기원을 살피고, 역사적으로 카피레프트의 전통에 서 있었던 기술자유주의적 전통과 예술 역사에서의 반저작권 경향을 주로 검토하려 한다. 즉, 미국을 중심으로 초기 컴퓨터 문화를 주도했던 해커들의 자유로운 협업과 공유의 철학, 그리고 역사적으로 과감히 '저자의 죽음'을 선언하면서 지식 사유화의 경향을 비판했던 아방가르드 예술과 미디어 행동주의의 사례를 카피레프트의 전통이자 유산으로 살핀다. 이들 문화적 전통들을 근간으로 해서 오늘날 우리 현실에서 정보와 지식의 사유화를 역전할 수 있는 카피레프트적 가능성을 모색해보고자 한다.

2. 저작권 앞에 '대기 속으로 사라지는 단단한 모든 것들'

우리의 저작권 문화 현실로 와보자. 한 아이의 엄마가 어린 딸아이의 재롱을 혼자 보기에 너무 아까워 이를 캠코더로 담았다. 기술적으로 한 것이라곤 집안 거실에서 가수 손담비의 「미쳤어」 노래에 맞춰 춤추는 딸아이의 모습을 찍었을 뿐이다. 곧이어 이를 그대로 사용자제작콘텐츠(UCC)의 형태로 웹에 올렸다. 그런데 아이의 엄마가 게시물을 올린 그 포털업체에 음원저작권협회로부터 경고 공문이 접수되었다. 당신의 이용자가 유명 가수의 음원을 함부로 도용해서 허락 없이 콘텐츠를 제작해 사이트에 올렸고, 이는 저작권 위반이니 삭제해줄 것을 요청하는 내용이었다. 만일에 그 게시물을 삭제하지 않으면 법대로 조처를 취하겠다는 엄포도 함께 동반되었다. 이윽고 포털업체 네이버는 얼마 지나지 않아 아이의 엄마에게 한마디 말도 없이 게시물을 삭제했다. 마치 생일상 앞에서 아이의 재롱을 찍던 부모의 캠코더를 누군가 나타나 강제로 빼앗아 녹화 테이프를 바닥에 내팽개치는 형국이다. 이와 거의 흡사한 일이 미국에서 먼저 벌어졌고, 우리 현실에서 저작권의 악몽이 또다시 재연출되고 있다.

두 번째 이야기. 필자가 잘 아는 출판사 사장의 기막힌 사연이다. 국내 출판사 대부분이 언론사나 잡지사 등에 신간을 위한 자체 제작 홍보용 기사를 뿌린다는 것쯤은 대개들 알고 있다. 출판사에서 보낸 맞춤형 글에 자신의 글 몇 줄을 가감해, 기자들은 힘들여 책을 읽지 않고도 희한하게 서평을 써댄다. 그리고 나서는 법적으로 그 기사에 대한 저작권을 언론사가 갖는다. 필자가 면식이 있는 한 영세한 출판사의 사장은, 기획도 하고 책도 만들고 번역도 하고 거의 모든 일을 홀로 한다. 기자들은 의당 그로부터 홍보용 서평을 받아서 서평 기사를 썼다. 책 광고도 할 겸해서 출판사 사장은 자랑스럽게 활자화된 서평 기사를 출판사 홈페이지에 올렸다. 그런데 얼마 지나지 않아 언론사를 대리하여 한 변호사 사무실로부터 소송이 들어왔다. 저작권자인

언론사의 동의 없이 감히 글을 허락 없이 올린 죄였다. 불쌍한 사장은 법적으로 붙어봐야 이길 수 없는 싸움에 그저 벌금을 물고 물러섰다고 한다.

세 번째 이야기. 2008년 6월경이었다. 거리가 한창 촛불시위로 후끈했던 때다. 당시 조용히 나우콤의 문용식 대표이사가 구속되었다. 이유인즉슨 누리꾼들의 '불법' 파일교환 행위에 대한 방조죄였다. 온라인 서비스사업자의 중립적 지위와 역할을 인정하지 않더라도 갑작스러운 대표 구속은 정도를 넘어도 한참 넘어선 경우였다. 그것도 대한민국에서 양심적 기업인으로 정평이 나 있던 기업대표를 불법 파일교환 방조죄로 몰았으니 잡아가는 쪽의 꼴이 더 우스워졌다. 실제 구속 사유를 따져보니, 문 사장이 촛불시위 현장을 24시간 생방송하면서 더욱더 누리꾼들의 사랑을 받던 '아프리카TV'의 운영자이기 때문이었다.

앞서 세 가지 사례는 지식 생산의 사유화가 벌어지는 서로 다른 지점으로부터 뽑아낸 저작권 위반 사례들이다. 먼저 첫 번째로「미쳤어」사례를 일반화하면 다음과 같은 진술이 가능하다. 가족, 친지, 친구 또래 등 사적 영역에서의 문화 향유 방식과 지식 상품화의 강제 규제력인 저작권 진영이 첨예하게 맞부딪힐 때, 점점 후자의 영향력이 확대될 공산이 크다는 점이다.[1] 어디「미쳤어」사례뿐이던가. 제도 영역에서의 계속된 저작권법 개정 작업, 기술적 보호와 잠금장치, 초등학교 내 저작권 교육 강화, 연예인들이 벌이는 '굿다운로더 캠페인' 등을 통해서 우리는 새로운 정보자본주의의 사유화된 문화를 빠르게 체득하고 있다. 자본주의 태동 이래 화폐가 물질 재화의 교환가치를 위한 추상의 등가물로 등극하는 방식에 비해, 비물질 재화에 대한 소유 개념과 재산권을 억지 강요하는 방식은 훨씬 더 집요하고 다면적이고 빠르다.

---

1 다행히도「미쳤어」사례에 대해 2010년 2월 서울남부지법 민사합의12부(재판장 김종근)는 누리꾼의 이용권리를 인정했다. 즉, 딸아이의 부모가 한국음악저작권협회 등을 상대로 낸 손해배상 청구소송에서 협회가 원고에게 "20만 원을 배상하라"며 원고 일부 승소 판결을 했다.

「미쳤어」사례는 근본적으로 이용자 쪽(직업적 작가군과 아마추어 누리꾼들 포함)이 자유롭게 창작에 써야 할 소재의 접근에 점점 더 큰 위협을 받고 있음을 증명한다. 이는 누리꾼들이 UCC 제작에 이미 저작권에 의해 보호받는 저작물들을 소재로 이용하는 데 제약이 걸리면서 창작과 표현의 자유를 심대하게 위협한다. 즉, 풍자, 패러디, 혼성모방 등 창작 행위가 이미 권력이나 시장 메커니즘에 의해 철통같이 보호되는 영역 속에 놓여 있음으로 해서, 저작권은 점차 표현에 대한 검열 기제로 등장한다. 이 점에서 보면, 모든 이가 지식의 소비자이면서 생산자인 '프로슈머'의 장밋빛 전망이란 일상의 대중적 표현과 연계된 저작권 법리를 벗어날 때만 유효한 개념일 뿐이다.

표현 자유의 쟁점과 함께 또 다르게 등장하는 위협 요인은 아마추어 창작과 저항 행위 자체의 비즈니스적 포획이다. 디지털 국면에서 저작권을 행사하는 기업들은 일반 누리꾼들이 지니는 자유로운 카피레프트 문화를 시장 안에서 순화하거나 끌어들이려 한다. 그것이 닷컴 이후 경제 모델인 소위 '리믹스(remix)' 경제의 근간이 되어가고 있다. 정보재가 지닌 공유적 특성(비배제적 혹은 비경쟁적, 무한복제, 한계비용 0 등)을 인정하고, 누리꾼들이 형성하는 창작물과 놀이 형식을 경제적 가치생산의 영역 안에 포획하려는 것이 리믹스 경제의 요체다. 이 법칙을 거스르고는 미래에 성공은 고사하고 쪽박을 차기 십상이라는 것을 기업들 스스로도 체득하고 있다. 예를 들어, 2008년 삼성경제연구소에서 이미 「인터넷과 미디어산업의 재편」이라는 보고서를 내 언론의 주목을 받은 적이 있다. 필자는 당시 대학 강의실에서 학생들에게 이 기업 보고서를 간간이 읽혔는데, 그 이유는 오직 하나였다. 소위 이윤의 생리에 밝은 우리의 삼성 대재벌조차 누리꾼들의 정보공유와 자유문화의 경향을 이미 포착했다는 데 있다. 이 보고서에서 삼성은, 누리꾼들에 의한 공유문화를 법적으로 강제하고 옥죄기보다는 이를 인정하고 그 문화 현실에 조응하는 유연한 사업 모델을 개발해야 한다고 적고 있었다. 삼성 보고서는 당연하게도 정보 풍요의 시대에 "범용화된 정보는 모두 무료화될 가능성이 높고, 유료 서비스의 경우도 가격하락이 불가피"하다고 판단했던 것이다. 보고서는 그래서 장차 사업 방식을 "이용자에게 저가·무료 서비스를 제공하면서도 기업 입장에서는 수입을 보전할 수 있는 차별화된 비즈니스 모델 발굴"로 가자고 진단한다. 사실상 삼성은 보고서에서 보여주는 것처럼 구글이나 애플을 롤 모델로 삼고 있었는데, 이는 온라인 누리꾼들의 문화적 흐름과 그들의 문화 생산물을 적극적으로 이용해 상업적 모델을 구성하는 방식을 고민해왔다는 증거이기도 하다.

삼성 보고서에서 드러난 리믹스형 경제의 요체는 무엇보다 더욱더 아마추어적 정보 생산자/이용자들에 기생해 그 힘을 키우고, 이용자들의 자유로운 기운으로부터 자산의 증식력을 확보하는 방식이다.[2] 그래서 '집단지성 (collective intelligence)'이라는 말은 불순하고 위험할 수 있다. 즉, 인간 신체의 네트워크 접속, 그리고 그 인간 뇌를 자양분 삼아 진화하는 상업 미디어 사이에 맺어진 상호공생의 효과가 집단지성이기 때문이다. 자본주의 시장의 미래는 바로 이 인간들의 뇌 촉수로부터 사출한 집단지성을 자본의 것으로 재가공하는 능력에 달렸다. '닷컴 이후' 자본주의의 진화는 급속히 이와 같은 기생형 모델을 개발하는 방향으로 진화하고 있다. 즉, '참여'와 '창조/창의 산업(the creative industries)'이라는 명목으로 누리꾼들이 생산하는 지식 생산물들의 끊임없는 사출을 통해 기생하는 네트워크 잡종형(사유와 공유의 혼합형 - 리믹스형) 경제 모델로 가고 있는 것이다. 결국, 현대 자본의 사활은 살아 움직이는 누리꾼들의 문화와 생산물을 자기가치화하는 데 달려 있다. 이와 같은 현실에서 누리꾼들은 이들이 제공하는 서비스에 접속하고 자발적으

---

2 '웹/미디어 2.0', '위키노믹스(Wikinomics)', '잡종형 경제(hybrid economy)', '롱 테일(long tail)' 법칙 등은 바로 이용자들의 행동 패턴, 지식 생산활동, 네트워킹 과정 등을 관찰하며 생긴 신종 경제 개념들이다. 그 초점은 이용자들의 지식/지성 능력을 끄집어내 미래 자본 이윤 모델의 근거로 삼는, 온라인 커뮤니티형(예컨대, 유튜브, 플릭커, 페이스북, 블로거, 싸이월드 등) 기업 모델을 개발하는 데 있다.

로 연결될 때에만 주소와 아이디를 얻고 타인과 연계되고 '호명'되는 지위에 이른다.

두 번째로 비운의 '책쟁이' 사례다. 저작권의 비상식적 강화라는 측면에서 첫 번째 「미쳤어」와 비슷하다. 하지만 우리는 두 번째 사례에서 저작권 로열티 배분과 관련해 실소유자와 시장에서 문화생산자로 전락한 힘없는 창작자(여기에선 언론사와 책쟁이)의 권리적 모순과 불평등 구조를 읽어야 한다. 많은 이들은 창작자를 위한 '인센티브'(다음 창작을 유도하기 위한 일종의 동기유발)를 위해 보상책이 필요하다고 말한다. 그것이 저작권이 존재하는 이유라 변론한다. 그러나 시장에서 그와 같은 고색창연한 '낭만적 저자 (romantic authorship)'들을 칭송하고 이들에게 보답해야 할 반영구적 상황이 사라진 지 오래다. 자본주의 시장에서는 다들 알다시피 저자에 의한 지식 창작과 그 창작물의 소유자(방송사, 이동통신사, 연예기획사, 문화산업 등)가 점점 분리되어 이원화하고, 결국 전자는 후자에 종속된 문화노동자로 전락했다. 그 실소유자이자 대리인은 창작자들을 고용해 회사들을 소유하면서 책을 출판하고 영화를 제작하고 문화상품을 전 세계에 판촉한다. 창작자들은 계약관계를 통해 그들의 대리자를 위해 머리를 쥐어짠다. 해외 문화제국들인 소니, 워너브러더스, 월트디즈니는 전 세계 문화노동자들의 대리인이자 실제 갑이다.

애초에 저작권이라 함은, 저자가 수행했던 창작에 대한 법적 최소 보상 체제임과 동시에 일정 기간이 지나면 모두의 공공재로 자유롭게 돌리자는 합의의 소산이었다. 한 축에 저작권자의 권리 규정이, 다른 한 축에는 저작권자의 공익적 역할이 있는 것이다. 그런데 저작권은 점점 사적인 재산권 행사의 장으로 변질되어왔다. 더군다나 저작권의 소멸 전에도 저자의 권리를 제한하는 이용자들의 최소한의 권리 규정인 '공정 이용' 혹은 '저작권 제한 조항'조차 제 기능을 잃고 있는 데 문제의 심각성이 있다. 앞서 출판사 사장의 경험은 사실상 '공정 이용'에 의해 충분히 보호될 권리였으나, 그도 작동하지 못하는 비상식의 현실을 지칭한다.

실상 '비운의 책쟁이' 사례는 문화산업 전반의 불평등 현실을 예증한다. 연예기획사들은 연예인들과 가부장적 노예계약을 맺어 그들의 노동력을 강탈한다. 소속사 연예인들을 출현시키기 위해 제작자들에게 종노릇을 자청하거나, 고(故) 장자연 씨 자살사건에서 보듯 소속사 연예인들을 술좌석에 배석시키는 '성상납'의 파렴치한 행위까지 저지른다. 외주제작사가 만든 프로그램임에도 불구하고 이들은 공중파 방송사에 자신의 권리를 대부분 양도한다. 영화제작사들은 제작 여건이 계속해서 어려워지나 대기업과 금융기업 등 전략적 투자자와 불평등한 수입 분배에 만족해야 한다. 음반 시장이 다 죽어가고 새로이 떠오른 음원 수입에서 최고의 수혜자가 음원 배급사이자 플랫폼업자인 이동통신업체(음원 저작권 로열티의 거의 40% 독식)다. 이 같은 현실 논리 앞에서 불법 근절의 '굿 다운로더'를 키우는 것이 문제가 아니라 업자들 간 갑·을 종속 관계와 불공정 경쟁이 실제 모순의 깊은 골임이 드러난다.

마지막 '아프리카TV' 대표의 구속 사례는 대단히 한국적인 저작권 남용의 모습이다. 저작권을 통해 '의사(擬似)' 재산권을 점점 늘리는 것도 모자라, 누리꾼들의 정치 발언까지도 정부기관이 나서서 저작권 위반으로 겁박하는 경우다. 문화산업 논리로 시작된 우리의 저작권 철학에 우리네 통치권의 폭압적 논리가 결합되면서, 명분은 저작권 위반 혐의로 옭아매고 실제로는 누리꾼들의 정치적 의사표현의 자유를 위협하는 지경에 이르렀다. 단순히 디지털 경제논리를 보호하고 규제를 푸는 서구 국가들의 역할과 달리 국내에서는 순수 시장 논리에 덧붙여 국가의 통치 퇴행성이 함께 작동한다. 이 점에서 저작권법에 추가된 '삼진아웃제'(세 번의 저작권 위반 경고 후 게시판의 임의 폐쇄 조치 가능)가 누리꾼들의 '불법' 파일 교환행위에 대한 서비스업자 측의 자체 모니터링을 강제하기 위한 방법이라는 명분에도 불구하고 필요하면 언제든 정치발언에 재갈을 물릴 수 있는 장치도 된다는 점을 상기시킨다. 다시 말해, 한국적 현실에서 저작권은 신자유주의 시장의 논리이자 정치적 통제의 논리로 이용될 수 있음을 보여준다. 이미 제1장에서 '기술잉여사회'의 한국적 특수성을 보았던 것처럼, 아프리카TV 대표의 구속 사례는 저작권법이 언제든 더욱 굴절된 형태로 한국사회의 그늘진 정서들과 결합할 가능성이 충분히 있다고 볼 수 있다. 디지털의 물질적 기반은 다른 어느 곳보다 선진적이지만, 그 운용 원리는 국가의 폭력에 억압당하는 질곡을 떠안고 있는 것이다.

3. 저작권의 공공적 기원

몇 가지 사례를 통해 우리의 저작권 과잉 현실과 그 퇴행적 진행 가능성에 대해 짚어보았다. 이로부터 우리는 저작권의 전면화와 일상화, 창작자보다는 소유자의 권한 강화, 그리고 마지막으로 저작권을 통한 정치적 표현과 창작의 자유 제한을 읽을 수 있었다. 저작권 과잉의 이러한 부정적 경향성이 증가하는 데 사실상 국내에선 저작권 입법의 산업주의적 배경이 한몫하고 있다. 이미 미국과 유럽의 저작권 체제가 글로벌 경제 재편을 위한 산업 우위의 강제 논리로 바뀌고 있으나, 처음에는 적어도 그들의 저작권이라는 '공익'과 '시민권'을 염두에 둔 이용자 권리와 저작물에 대한 창작자 권리 간 타협의 산물이었다.

서구 유럽의 이른 역사로 되돌아 가보자. 15세기 중엽 인쇄술의 발달은 새로운 문화와 이념을 전파하고, 인쇄된 책을 통해 의식의 공감대를 형성하며, 민족주의가 번성하는 데 일조했다.[3] 인쇄출판의 대중화와 지식 확산의

---

3 베네딕트 앤더슨(Anderson, 2001)은 인쇄와 텔레비전 매체의 역할에 견주어 최근의 전자 커뮤니케이션의 발달에 따른 민족주의의 재개념화를 시도한다. '장거리 민족주의(long-distance nationalism)'라는 개념을 드는데, 이는 실제 어떤 이가 타국에 머무르더

위력은 유럽의 군주들에게 이를 검열을 통해 관리하도록 요구했고, 16세기에 접어들어 영국에서는 국왕이 친히 인쇄출판업자를 지정하여 통치자의 출판물을 독점하여 내도록 명했다. 당시 몇몇 인쇄 출판업자들의 길드 시장 독점은 저자에 대한 영구적인 재산권 보장에 대한 요구를 낳았다. 또한 유럽 출판 시장의 전성기인 18세기에 들어서면 해적 출판의 난립과 소수 독점업자들의 출판 길드조합 간의 대립을 가져온다. 1710년에 제정된 최초 저작권법인 영국 「앤여왕법」은 이들 대립하는 양자 간 타협의 산물이었다. 즉, 「앤여왕법」은 바로 저작물의 복제권(카피권)을 독점화하려는 출판 길드와 지식 독점에 대한 접근권을 외쳤던 해적출판 자영업자나 독자들 사이의 쟁투와 타협의 소산이었다(Hesse, 2002; 남형두, 2008).

비슷한 18세기에 프랑스에서도 저작권에 대한 접근은 반영구적 재산권으로서보다는 일시적 점유의 '특권'으로 보았다. 프랑스 정치철학자이자 프랑스 혁명에서 주요한 역할을 수행했던 콩도르세(M. de Condorcet)의 다음 진술을 들어보자.

> 그러한(지적) 재산은 자연의 질서로부터 온 것이 아니라 사회의 힘에 의해 보호된다. 말하자면 그것은 사회로부터 만들어진 재산이다. 그것은 진정 재산권이 아니라 특혜(privilége)에 불과하다. 이 특혜는 별 큰 폭력 없이 그 원소유자로부터 가로챘을 때 느끼는 배타적인 즐거움과 비슷하다(마르키 드 콩도르세, 「표현의 자유에 대한 단상」, 1776).

사회적 원천으로서 지적재산과 이의 일시적 점유를 주장하던 콩도르세의 주장은 지금 세상에서 보자면 격세지감이요 대단히 급진적인 주장에 해

라도 인터넷 등을 통해 자신이 태어난 나라와 상호소통하고 영향력을 미치는 새로운 민족주의 심화 단계를 지칭한다.

당한다. 이제 저작권은 할리우드와 다국적 문화산업의 재산권으로 개념화되면서, 콩도르세가 보는 일시적 '특혜'나 공익과 같은 접근법은 기억 속에 사라진 지 오래다. 서구의 문화생산물을 수입할 수 있는 전초기지가 된 우리의 자작권은 아시아 수출 시장의 합법화된 계약서처럼 꾸며졌다. 다시 말해, 1957년에 처음 만들어진 우리 「저작권법」은 공정 이용 등 이용자의 권리를 명시적으로 언급하고 있으나 국내외 문화산업 시장과 사익에 기반을 둔 저작권 소유자의 권리만을 강조하고 있는 형편이다.

국내에서 '공유(정보) 영역(퍼블릭 도메인, public domain)'이라 수입되어 쓰이는 개념도 사정은 비슷하다. 이는 「저작권법」이 만료가 되든 저작자가 자신의 권리를 포기하든, 이의 사정권이 미치지 않게 되어 법의 자장 밖에서 자유롭게 누구나 접근이 용이한 공통의 공간을 지칭한다. 이것도 확실히 공간의 메타포를 지닌 서구적 개념이다. 원래 공유 영역이란 영국 황실이나 미국 연방정부가 국민에게 제한적으로 빌려줘 쓰도록 했던 무상 토지를 일컫던 말이다. 역사적으로 19세기 유럽에 널리 알려진 비슷한 개념으로는 '공공재(public property)' 혹은 '공유재산(common property)'이 있었다(Ochoa, 2003). 그것이 1886년 베른협약에서 프랑스어로 domaine publique라는 개념으로 최초 지적재산에 이용되고, 20세기에 갓 접어들면 미국 저작권법(1909년)하에서 정보와 지식의 '공유(정보) 영역'이라는 개념으로 정착되어 쓰이게 된다(Littman, 1990). 즉, 이제는 저작권의 시장 권역으로부터 자유로운 지적 산물의 독립된 그린벨트 영역을 상징하는 은유로 이용된다. 미국의 법학자 로런스 레식(Lawrence Lessig)의 '크리에이티브 커먼즈(creative commons)' 혹은 제임스 보일(Boyle, 2003)의 '마음 공유터(the commons of the mind)'라는 개념은 바로 이 18세기 '공유(정보) 영역' 개념의 현대적 변용인 셈이다.

서구에서 '공유(정보) 영역'에 대한 보호를 외치는 것은 정보와 지식에 대한 공익적 접근에 기인한다. 하지만 이도 우리 현실에 와서는 용어의 형식만

남고 그 맥락은 거두절미된다. 오직 산업의 논리가 득세하기 일쑤다. 예를 들어, 국내 인문학계에서 '공유(정보) 영역'에 놓여 있는 무형의 자산들을 어떻게 하면 돈이 되는 쪽으로 재가공(2차적 저작물 제작)해 시장에 내놓을까 고심이 많다. 무형의 전통 자산에 대한 사유화에서 인문학의 미래 밥줄을 찾는 듯한데, 관련 프로젝트를 따내거나 국가로부터 지원을 받을 수 있는 방법으로 자연스레 '공유 영역'의 사유화 방법들을 제각각 모색한다. 이 같은 시각에선 우리 선조들이 물려준 지적 공유의 자원들, 「장화홍련전」, 「전우치전」, 「구운몽」 등은 다시 각색되어 영화에 쓰이거나 게임 내러티브를 만드는데 유용할 뿐이다. '공유(정보) 영역'은 쏙쏙 빼먹을 양념꼬치 정도로 전락하고, 원래의 공공적 의미를 되묻거나 이 영역을 공통의 지속가능한 지적 자원으로 만들 수 있는 방법에 대한 고민은 거의 없다.

'카피레프트'적 비전이라는 것은 이와 같은 저작권 과잉을 막고 공유 영역을 개발하자는 문제의식에서 비롯한다. 예를 들어, 저작권 내부에 '이용허락'의 라이선스 방식을 통해 이용자의 저작물 권리를 훨씬 더 유연하고 쉽게 적용하려는 움직임이 대표적이다.[4] 과거 사회주의의 재산권 철폐라는 시각에서 보자면 아예 저작권 체제 자체를 폐지하자는 사회적 전망들도 존재한다. 통칭하여 보면 카피레프트는 정보공유론의 시각이다. 정보와 지식에 대한 카피레프트적 접근은 대체로 공동 소유와 공공재로서의 역할에 기초한다. 사회주의적 저작권 시각을 빼고 본다면, 카피레프트의 시각은 저작권이 기본적으로 타인의 또 다른 창작 행위를 방해하지 않는 범위 내에서 유효해야 하며, 저작물 자체가 개인의 지적 작업에 의한 산물이긴 하지만 인류

---

4 몇 가지 '이용 허락' 모델로 국내에서 대표적인 것은, '크리에이티브 커먼즈 라이선스 (CCL)'와 국내 정보공유연대에서 개발한 '정보공유라이선스2.0'을 들 수 있다. 이것들은 저작권의 틀 안에서 작동하는 라이선스로 많은 한계를 지니고 있지만, 저자가 자신의 권리를 선택할 수 있는 허가 조건들을 부여함으로써 저자에게 직접 이용자 허락을 받지 않더라도 저작물을 자유롭게 사용할 수 있는 유연성을 지닌다.

로부터의 혹은 외부 자원으로부터의 관계망을 통해서 지적 자극과 혜택을 입은 것이기에 궁극적으로 공공의 자산으로 봐야 한다는 것이 중론이다. 카피레프트는 그래서 이용자와 공익을 중심에 놓는 정보 권리 선언이요 다양성의 문화 논리다.

이 글은 이제부터 카피레프트의 구체적 증거들을 기술자유주의적 역사와 아방가르드 전위의 예술 창작 두 전통에서 찾고자 한다. 자본주의의 소비 기호화된 스펙터클과 브랜딩 이미지를 넘어서고자 했던 문제의식을 예술의 역사로부터 주목하려 한다. 이미 국내에도 지식 생산의 민주화나 저작권의 유연적 적용에 관한 '이용 허락'의 법률적 전망이 나오긴 했지만, 아직까지 크게 문화생산의 하위 영역에까지 퍼져나가지 못하고 있다. 필자는 그러한 지지부진의 이유가 카피레프트란 좋은 것이고 모든 이들에게 득이 되고 자본의 탐욕을 막을 수 있다는 평범한 메시지를 대중에게 심어주지 못하기 때문이라고 본다. 이용자를 보호하는 '공정 이용'이나 '저작권의 제한' 조항에 대한 검토 혹은 대안적 라이선스 모델의 확대도 중요하지만, 더불어 끊임없이 상품화된 지식 생산의 조건들을 조롱하고 비틀었던 창작 전위의 사례들에서 그리고 정보공유의 오랜 전통에 대한 이해 속에서 우리식 정보공유의 대중적 모델이나 캠페인을 개발하는 것도 돌봐야 할 시급한 과제다.

4. 카피레프트의 기술자유주의적 태동과 배경

인터넷은 사회의 지식과 정보 자원의 이용 방식을 뒤바꿔 놓았다. 저작, 권위, 기밀, 전문, 보안 등의 수식어가 따라붙는 정보에는 으레 이중삼중의 철통같은 가로막이 놓여 있기 십상이었다. 이렇듯 위계화된 정보도 잠금 장치가 한번 풀리면 무한히 복제되어 손을 쓸 수 없는 상황에 이른다. 누리꾼들 간의 소통이 협업의 가치를 배양하고 있는 것이다. 하나의 정보를 가지고 수

백 수천이 모여 지속적으로 갈고 닦아 쓸 만한 형태로 발전시키기도 한다. 이것이 네트에서 자생적으로 성장했던 정보공유 운동의 모습이었다. 카피레프트의 본격화된 운동은 무엇보다 소프트웨어 프로그램 영역에서 시작되었다. 이는 1960년대 컴퓨터 역사의 초창기 해커들의 철학적 개방성과 자유에서 그 흔적을 발견할 수 있다.

'해크(hack)'라는 말은 해커들의 본산지 매사추세츠공대(MIT)에서 통용된 은어로, 이는 "작업과정 그 자체에서 느껴지는 순수한 즐거움 이외에는 어떠한 건설적인 목표도 갖지 않은 프로젝트나 그에 따른 결과물"을 지칭한다. '해커(hacker)'는 컴퓨터 코드와 전자 하드웨어를 해크하길 즐기는 이를 말한다. 이들의 기본 철학은 컴퓨터를 가지고(PC-related), 그리고 이를 통하여(PC-mediated) 누군가에 의해 굳게 닫혀 있는 정보를 자유롭게 하는 것이다. 그래서 이들의 슬로건은 "스스로 생각하고, 권위를 의심하라(Think for yourself: Question Authority)"이다.[5] 디지털 시대의 탈권위적 자유를 신봉하는 프로그래머들이 바로 해커 정신의 출발이었다.

당시 자유주의적 해커의 전형적 모델로는, 1960년대 합법적 해커들이자 1세대 해커들인 MIT대학의 인공지능연구소의 '테크모델철도클럽(Tech Model Railroad Club)'을 꼽을 수 있다. 이들이 정초한 '해커 윤리'는 다음과 같은 내용을 담고 있다. ① 컴퓨터 접근권에 대한 완전한 보장, ② 정보의 공개성, ③ 권력에 대한 불신과 분권화, ④ 해커의 평등성, 즉 그들의 능력은 사회적 능력에 의해 평가받아선 안 된다, ⑤ 디지털 기술의 적극적 활용, 즉 컴퓨터는 인류를 더 나은 방향으로 변화시키는 데 기여한다. 이는 디지털 기술에 대한 상당한 낙관론을 보여주긴 하나, 이들의 '해커 윤리'는 디지털 시대의 정보통신 다국적 기업들의 운동 방식과는 다른 새로운 공동체주의적 전망을 보여준다. 테크모델철도클럽 이후로도 여러 해커 그룹이 출현하지만, 정

---

5 해커와 관련된 내용은 이광석(1998: 72~85)에서 인용 혹은 재인용.

부와 기업, 특히 IBM에 의한 컴퓨터 시장의 독점에 도전하여 1975년에 만들어진 컴퓨터 전문가 해커 단체인 '홈브루 컴퓨터 클럽(Homebrew Computer Club)'을 당대의 대표적인 경우로 꼽을 수 있겠다. 비록 당시 해커들이 개별적, 백인주의적, 엘리트주의적 단점을 노출했지만, 그들의 가치는 새로운 전자기술 환경에서의 개방과 자유에 기반을 둔 사회 공동체의 실현이었다. 그 기본 이념을 '해커 윤리' 혹은 '해커주의'를 통해 보여주었던 당시 프로그래머들의 철학은, 1980년대에 오면 구체적으로 카피레프트의 대안적 모델을 만들면서 자본주의 시장 모델에 대한 체계적인 도전을 꾀하게 된다. 이의 핵심에는 리처드 스톨만(Richard Stallman)이라는 2세대 해커 출신과 그의 자유 소프트웨어 재단(Free Software Foundation: FSF)이 존재했다.

1980년대 버클리 대학과 AT&T는 공동으로 유닉스(Unix) 컴퓨터 프로그램을 개발하고, 이로부터 이익을 내기 위해 AT&T는 유닉스 프로그램을 쓰는 이들에게 '비공개 협정'이라는 것에 서약하도록 종용했다. 프로그램의 소스 코드를 매우 제한적인 이들만 읽고 교환할 수 있도록 협정문을 꾸몄던 것이다. 모든 연구자들이 이를 당연한 것으로 받아들였으나, 이를 받아들이지 못했던 인물이 스톨만이었다(de Joode, de Bruijn and Eeten, 2003: 8~9). 해커의 자유주의 전통에 영향을 받았던 스톨만에게 유닉스 협정은 중앙의 권위적 통제로 보였다. 이에 스톨만은 대학 연구소를 떠나 자유 소프트웨어 재단을 만들고 독자적으로 '그누(GNU)' 프로젝트를 시작한다. 이 프로젝트의 핵심은 컴퓨터 운영 체제의 제작이었고, 1990년대에 들어 리누스 토발즈(Linus B. Tovalds)에 의해 리눅스(Linux)가 나오면서 '그누/리눅스'라는 소스 공개형 운영체제 소프트웨어를 개발하는 데 이른다.

스톨만의 그누 프로젝트는 그누/리눅스와 같은 운영체제뿐만 아니라 모든 소프트웨어의 자유와 공유에 그 목표를 두었다.[6] 그가 설명하듯, '프리

---

6 스톨만의 그누 프로젝트의 철학에 관한 페이지에서 "What is free software?" 혹은 "The

(free)'는 공짜 맥주(free beer)를 말할 때 그 공짜가 아니라 표현의 자유(free speech)에서의 자유를 의미한다고 강조한다. 구체적으로, ① 소프트웨어 프로그램을 어떤 목적에서건 자유롭게 이용하고, ② 작동 원리를 연구하여 이를 자신의 필요에 맞게 변경시킬 수 있고, ③ 공동체를 위해 이의 복제 및 재배포를 할 수 있고, ④ 공익과 공동체에 이익이 되도록 개작 및 향상을 도모할 수 있는 데 그 자유의 의미가 있다고 보았다. 이를 실현하는 구체적 전제조건은 프로그램의 소스코드를 공개하되 이의 영리적 이용을 금하는 새로운 라이선스 모델을 취하는 것이었다(Stallman, 2002: 41). 이는 저작권의 양도에 관한 실정법 아래 'GPL(General Public License)'이라는 대안적 라이선스를 두는 방식이었다.

스톨만의 기본 철학은 GPL의 '공유조건의 승계: 이차적 저작물의 동일조건 변경허락(share-alike) 조항'에서 잘 드러난다. 이에 의거하면 GPL하에서 제작된 프로그램의 개작된 버전들은 최초 만들어진 소스 코드의 공개 원칙에 따라야 한다. 다른 말로 하면 다른 공유 조건의 승계 조항을 통해 추가로 프로그래밍 작업에 참여하는 저자들 스스로가 소유 권리를 포기하게 함으로써 공개화된 소스들을 GPL의 지속적 영향권 아래 놓이도록 라이선스 협정을 유지하는 효과를 얻는다(Guibault and Daalen, 2006: 21). 이와 같이 급진적 공유철학으로 대변되는 스톨만과 FSF의 카피레프트 정신은 정보재의 고유한 특성을 인위적으로 억누르는 재산권 옹호론자들에 대한 구체적인 대응이 가능할 수 있음을 알리는 신호탄이 되었고, 저작권이 단지 사유재산을 보호하기 위해 고안되었다는 상식 자체를 다시 생각하게 만든 전환점이 되었다(주철민, 2000: 250~265; 홍성태, 2002: 184~234).

1990년대 후반에 이르러 소프트웨어 개발에서 GPL의 엄격한 적용을 행

Free Software Definition" 페이지 참조. 온라인 출처: http://www.gnu.org/philosophy/free-sw.html

했던 스톨만의 자유 소프트웨어 운동(Free Software Movement)과 차별을 두면서 협업화된 자율의 프로그램 개발 방식에만 주목해 이를 시장 활성화에 응용하려는 입장이 새롭게 등장했다. 에릭 레이먼드(Eric Raymond)가 바로 그인데, 실용주의와 시장주의에 입각해 소프트웨어 개발의 개방성과 협업성에 기초해 '오픈소스 운동(Open Source Movement)'을 주창한다. 그의 시각을 집대성해 1998년 펴낸『성당과 시장(The Cathedral and the Bazaar)』에서 레이먼드(Raymond, 1998: 27~78)는 소수 프로그래머에 의해 프로그램을 제작하는 폐쇄적이고 엘리트주의적 방식을 '성당'이라는 은유에 빗대 비판하고, 리눅스처럼 인터넷을 통해 일반 이용자들이 개방성과 협업에 기초해 소프트웨어를 개발하는 모습을 '시장'에 비유하면서 후자의 모범을 따를 것을 주장했다. 당연히 레이먼드는 소스코드의 공개화된 발전 방식에는 긍정했지만 GPL의 공유조건의 승계 조항에 불만을 가졌다. 레이먼드가 지닌 "산업화를 추구하는 실용주의 혹은 시장주의"(손수호, 2006: 231)적 관점하에서 엄격한 GPL의 적용은 오히려 프로그램 개발의 폐쇄성을 증가시킬 뿐이고, 그는 이보다는 프로그램 개발 방식에서 개방의 자유로운 협업 과정을 통해 시장 성과를 내는 것이 중요하다고 본다. 이에 대해 스톨만은 레이먼드의 오픈소스 운동을 '반푼어치 자유' 운동으로 규정했다. GPL이 적용되지 않으면 사적 이익 앞에서 쉽게 공유의 정신이 포섭되거나 멍들 수 있다고 보았기 때문이다. 스톨만의 비판과 상관없이 레이먼드의 주장은 시장에 큰 반향을 불러일으켰고, 이윽고 1998년 웹브라우저를 제작하던 넷스케이프사가 마이크로소프트의 시장지배에 맞서 '시장'의 오픈소스 운동을 차용하는 계획을 발표하게끔 유도했다. 이후 레이먼드는 자신의 유명세를 발판 삼아 '오픈소스 이니셔티브(Open Source Initiative)'를 만들어 초대 의장이 되면서 오픈소스 운동을 더욱 대중화시킨다. 그때 이후로 리눅스(운영프로그램)는 물론이요,[7] 아파치(웹서버 애플리케이션), 펄(프로그래밍 언어), 센드메일(프로그램을 다루는 메일) 등 마이크로소프트 등의 독점적 시장 지배에 맞서 다양한

<表 6-1> 1980~1990년대 카피레프트 진영 내부의 분화

자유소프트웨어 운동	오픈소스 운동
리처드 스톨만	에릭 레이먼드
자유소프트웨어 재단(그누 프로젝트)	오픈소스 이니셔티브
도덕적 / 윤리적	실용주의적
정보의 자유	시장 인센티브
정치적 / 사회적 접근	경제적 / 시장주의적 접근
공동체 복지를 위한 소프트웨어	시장 경쟁을 위한 소프트웨어

대중적인 오픈소스 프로그램이 등장한다.

카피레프트 진영 내에 존재했던 자유 소프트웨어 운동과 오픈소스운동 간 철학의 차이는 <표 6-1>에서처럼 미묘한 대립구도를 보여준다. 이처럼 두 운동 간의 불편한 동거에도 불구하고 이 둘이 지니고 있던 "정보공유의 당위 및 효용, 이용자들의 자발적 협력에 기초한 지식증진 모델, 그리고 저 작자의 권리를 역이용해 소스코드의 사유화를 막는 (대안의) 라이선싱 전략 등은 정보 사유화를 우려하던 이들에게 이 운동의 이념이 소프트웨어뿐만 아니라 여타 부문의 지적 창작물에(혹은 사회 / 문화 영역에 확장) 응용될 수 있 다는 영감을 주었다"(김남두·이창호, 2005: 59). 오늘에 와서 대부분의 연구자 들이 이 두 진영을 포괄하여 '자유/오픈 소스 소프트웨어(Free/Open Source Software, FOSS)' 운동이라 통칭하는 것도 이 둘의 대립보다는 양자가 지닌 장 점을 다 함께 살리자는 의미로 받아들여야 할 것이다.

카피레프트 내부 두 진영의 영향력은 사실상 소프트웨어 영역 내부에서 만의 이슈였다. 그런데 2000년대에 접어들면서 자유주의자들을 중심으로 서서히 이 운동 모델이 사회의 여타 영역으로 도입되고 확대되는 움직임들

---

7 정보공유운동의 최대 성과 중 하나인 운영 시스템(OS) 리눅스는 1991년 핵심 소스 코드 (커널)를 무료로 공개한 이래 2014년 6월 말 현재 전 세계 추산 7,200만 명 정도의 자발적 인 프로그램 개발자와 이용자 그룹을 확보하고 있다. 리눅스 이용자의 숫자는 http://linuxcounter.net/에서 시시각각 확인할 수 있다.

이 벌어졌다. 예컨대 『해커, 디지털시대의 장인들』이라는 책을 함께 쓴 핀란드의 철학자 페커 히매넌(Pekka Himanen) 또한 소프트웨어의 공유와 나눔의 철학을 배워 전 사회적인 복지 모델로 확대할 필요가 있다고 주장한다(토발즈·히매넌·카스텔, 2002). 히매넌은 컴퓨터 프로그램의 공유 철학을 모든 가치 있는 자원을 서로 함께 나누는 자원공유의 사회 모델로 키우자는 복지 모델을 염두에 두고 있다. 즉, 공유 철학을 언론·법·디자인·교육 등으로 확산해 사회적 자원공유의 기초로 삼자는 의미다. 히매넌의 아이디어는 이미 카피레프트 운동 진영에서 당시 널리 공유된 논리였고, 대체로 물질재의 공통의 소유를 주장하는 마르크스주의자들과 지식에 대한 공리주의적 시각을 가진 이들로부터 범사회 차원에서 정보공유 모델에 대한 도입 요구가 점차 확산되기 시작했다. 핵심 주축은 스탠퍼드 법대 레식 교수와 듀크 대학 법대 보일 교수 등 미국 내 자유주의적 법학자들의 모임과 정보운동에 개입해왔던 전자프런티어재단(Electronic Frontier Foundation)과 같은 시민운동 진영 등이었다. 저작권의 법리적 해석 문제와 함께 기술 장치를 통한 저작물의 현대 자본주의적 통제를 비판했던 레식 교수는 바로 스톨만의 GPL을 참조하여 '크리에이티브 커먼즈 라이선스(CCL)'를 2002년 12월에 정식으로 발표한다. 굳이 비교하자면 GPL이 소프트웨어 개발과 관련된 정보공유 라이선스라면 CCL은 「저작권법」에 적용되는 저작물을 위해 만들어진 라이선스라 볼 수 있다.

결국 초창기 1960, 1970년대 미국에서의 해커 윤리, 1980, 1990년대 자유/오픈 소스 소프트웨어 운동(FOSS), 그리고 2000년대 CCL 등 라이선스 모델과 지식의 공공적 접근 등으로 이어져 내려오는 역사적 전통이 지금의 카피레프트 진영의 오랜 전통을 형성한다고 봐야 할 것이다. 물론 역사적으로 한때 반문명주의적(Luddism-driven)이고 무정부주의적(anarchist)인 혁명을 주장했던 언더그라운드 해커 그룹들과 마르크스주의자들도 어느 정도 카피레프트의 정치적 스펙트럼의 다양성에 일조했다고 볼 수 있다. 하지만 이제까지 본 것처럼 실지 정보 이용자들의 디지털 공유문화에 직접적 영향을 미쳤던 힘은 자유주의적 카피레프트 운동이라고 봐야 할 것이다. 실제 대안적 라이선스 개념 자체가 저작권의 법리 아래서 작동하는 시장 기제라는 점을 감안하면 더욱 그러하다. 이제까지 너무도 권위와 독식에 기반을 두었던 저작권에 또 다른 유연한 시각을 주었다는 점에서 자유주의자들이 미친 영향력은 여러모로 지대하다 할 수 있겠다.

5. 카피레프트의 예술적 유산

다른 한편으로 카피레프트의 예술적 기원은 모방(mimesis), 베끼기, 혹은 참조, 패러디 등에서 출발한다. 예를 들어[8] 15세기 라파엘로 산치오(Raffaello Sanzio)의 <파리스의 심판>(Judgement of Paris, c1515)이라는 소실된 작품을 이제 현대인들은 원본 없이 복사품을 통해 감상을 하고 있다. 라파엘로의 원본이 소실되어 라파엘로의 직원이던 라이몬디가 만든 에칭 복제본이 원본을 추측하는 희대의 작품으로 남게 된 것이다. 또한 그로부터 얼마 후에 라벤나(Marco Dente da Ravenna)라는 이는 라이몬디의 동판본을 표절하여 여러 장 만들어 팔아먹었던 당대 전문적 복사꾼으로 묘사되고 있다. 라파엘로의 기운이 여기서 멈추진 않는다. 잘 알려진 것처럼, 그로부터 350년이 지나 1863년에 프랑스 작가 에두아르 마네(Edouard Manet)는 라파엘로의 작품에 등장하는 바다의 신들 일부를 변경해 19세기 중엽의 의상을 반영하고 나체의 여성을 삽입해 패러디 작품 <풀밭 위의 점심식사(Dejeuner sur l'Herbe)>를 남겼다. 물론 파카소는 자신의 일련의 작품(1959~1961, Les Dejeuners)에서 마네의 작품을 또 한 번 창의적으로 재해석해 150개의 드로잉과 27개의 회화

---

8 라파엘의 예제는 매클린과 슈버트(McClean and Schubert, 2002) 참고.

작품으로 표현해내기도 했다. 또한 미국의 극사실주의 조각가로 알려진 존 드 안드레아(John De Andrea)가 제작한 같은 제목의 조형물(1982)이나 '팝파겐다(popaganda)'[9]로 알려진 론 잉글리시(Ron English, 1994)의 같은 제목의 그림 작품은 다들 인물 구성을 현대적으로 재배치해 풍자적으로 잘 묘사하고 있다. 우리는 이 같은 잘 알려진 라파엘로의 작품에 영감을 받아 시대를 가르면서 끊임없이 보여주었던 상호참조와 베끼기, 복제, 재창작, 풍자, 패러디 등의 기법들이 사실상 인류의 일반화된 창작의 기본 패턴임을 인정해야 한다. 따져보면 인간의 역사에서 몇몇 패러다임의 전환을 가져왔던 대발명을 제외하곤, 대개는 인용과 모방의 상호참조를 통해 재해석하는 작업 정도가 아니었던가?

원본 혹은 그것이 지닌 아우라를 거부하고 무위화하는 예술 운동이 본격화된 계기는 흔히들 '반예술'적 경향이라 꼽는 '다다이즘(dadaism)'에서 쉽게 관찰할 수 있다.[10] 특히 이들은 창작의 천재성이나 주체성을 찬양하는 '낭만적 저자(romantic authorship)' 개념에 저항했다. 그중에서 많은 이들은 대표적으로 뒤샹(Marcel Duchamp)을, 그리고 그의 변기 작품을 기억한다. 뒤샹이 1917년 남성용 소변기로 만든 작품 <샘(Fountain)>에 'R. Mutt'라는 변기 회사의 이름을 서명해 미술전시회에 보냈을 때, 이는 예술 생산의 허위의식과 관련해 혁명적 의미를 지녔다. 흔히들 알고 있는 예술 제도와 시장의 허구성에 대한 도발을 넘어서서, 자본주의 대량생산품인 변기에 찍힌 서명은 작가 개인의 창조성에 대한 조롱과 독창성을 의문시하는 도발 행위였다(Bürger, 1974: 98~104 참고). 사실상 이는 반예술의 표명이요 저작권에 날리는 비릿한 조롱이라 평가할 수 있다.

---

9 팝파겐다는 론 잉글리시가 만든 팝아트와 프로파겐다의 합성어다. 이 용어는 소비문화의 이미지들을 통해 과도한 상업적 욕망을 패러디해 표현한다는 목적을 내포한다.

10 다다이즘은 20세기 초 유럽을 중심으로 일었던 아방가르드 운동 사조의 한 경향을 지칭하며, 그중 베를린-다다가 정치적으로 가장 급진적이었다.

다른 한편 베를린-다다 모임의 구성원들 중 존 하트필드(John Heartfield)는 '포토몽타주(photomontage)'라는 예술 기법을 통해 당대 독일 파시즘의 폭력과 엄숙주의를 완벽하게 비판했다. '콜라주'는 기존 이미지들의 합성이라는 의미에서 '포토몽타주'와 거의 흡사하나, 후자의 경우 반영구적 인쇄를 통한 복제 기능을 적절히 결합하는 기법과 그 시대성 때문에 달리 칭한다. 구체적으로 하트필드의 기법은 표제와 부제들을 달고 나타나는 합성 이미지들을 잡지나 책 등의 표지에 대량 제작해 많은 독자들에게 돌려 보게 한다는 점에서 대중적이었다. 상징 언어를 새로이 만들기보단 하트필드는 잡지나 신문의 보도 사진이나 기사 등 이미 존재하는(레디메이드) 이미지들과 글자들을 오려붙여 새롭게 재해석하는 작업을 통해서 20세기 초 현실을 지배했던 권위 체계를 조롱하고 전복하려 했다(Walker, 1983: 102).

하트필드의 포토몽타주와 비슷하게 프랑스 상황주의자들[11] 일부의 작업 중 비예글레(Jacques de la villeglé)의 '데콜라주(décollage)' 혹은 '익명적 찢기'라는 방식도 창작 행위의 집단적 성격을 강조한다(크로, 2007: 73). 벽보 광고의 일부를 찢어내면 그 자리에 이전의 포스터와 전단들이 드러나면서 관객들은 그 아래 감춰졌던 과거의 흔적을 볼 수 있다. 위에 덧씌운 최근의 광고들과 찢기면서 드러난 오래된 광고의 이름 모를 기억이 혼합되면서 그 어떤 개인도 찢어진 게시물의 남다른 특권적 소유자라고 주장할 수 없는 상황이 발생하는 것이다. 데콜라주는 바로 개인 창작의 가치를 무위화하는 카피레프트의 기본 정신인 익명의 그리고 공통의 창조성을 강조한다. 포토몽타주는 기성의 저작 이미지들을 모아 붙여 새로운 창작에 응용하면서 과거의 흔

---

11 공식적으로 상황주의 인터네셔널(SI)이라 불리고, 1957년부터 1969년까지 ≪상황주의 인터네셔널 *Situationle Inetnational*≫ 저널을 발행했다. 이는 다다, 초현실주의, 문자주의(Letterism)에 영향을 받은 일단의 아방가르드 예술가들 및 지식인들의 모임이며, 상황주의자들은 공통적으로 현대 자본주의를 '스펙터클사회'로 바라보고, 이에 저항하는 방법으로 창의, 욕망, 쾌락, 상상력, 전유, 전용, 표류 등을 꼽는다. 이들은 '반예술'에 근거해 문화와 예술을 일상 삶의 일부로 삼는 작업을 다양하게 펼쳤다.

적을 지우는 데 반해, 데콜라주는 후면에 덧붙여진 이미지를 찢기로 드러내면서 익명의 과거들을 흔들어 깨우고 이로부터 다중의 협업 효과를 깨우치게 만든다. 방식은 서로 역전되어 있지만 둘 다 개인 창작의 무위성을 드러내는 카피레프트적 실천 행위라 할 수 있다.

뒤샹, 하트필드, 혹은 비예글레 등의 창작은 따져보면 오늘날 리믹스 시대에는 아방가르드 전위 축에도 끼지 못한다. '포샵질' 등 다양한 소프트웨어를 동원해 하룻밤 사이에 생산해내는 아마추어 누리꾼들의 창작 행위는, 처음부터 창작의 자유를 막는 저작권과 소비자본의 횡포와 통치 권력에 대한 조롱을 함께 전하는 다다식 문화정치라 볼 수 있다. 뒤샹, 하트필드 혹은 비예글레처럼 현대에는 아마추어 창작자들이 스스로 창작물의 전위로 등장한다. 레식(Lessig, 2009, 2004)의 개념으로 본다면 다다식 창작문화는 '변용가능 문화', '자유문화' 혹은 '읽고 쓰기(Read and Write) 문화'에 해당한다. 다다이스트들과 상황주의자들은 닫힌 예술을 파기하고 새로운 예술을 구상하기 위한 카피레프트적 시도로서 창작자와 저자 개념을 거부했기 때문이다. 물론 그 반대축에는 '읽기 전용(Read Only) 문화'와 '허가 문화(permission culture)'의 현실이 도사린다.

현대에 들어서면 다다와 상황주의적 행위들은 문화행동주의적 측면에서 '문화간섭(cultural jamming)'이라는 대중문화의 브랜드 이미지에 대한 저항 전술과 연결된다. 움베르토 에코(Umberto Eco)식으로 얘기하자면, '문화간섭'은 자본주의 브랜드 기호와 로고의 제국에서 펼치는 '기호의 게릴라전(semiological guerrilla warfare)'이다. 브랜드 이미지가 구성하는 스펙터클 혹은 기호 이미지를 뒤집고 조롱하며 시장 가치를 희화화하려는 행위가 기호의 게릴라전이다. 원래 문화'간섭'이라는 뜻은 "햄 라디오 이용자들의 대화혹은 라디오 방송에 간섭 현상을 발생시키는 불법 행위"를 지칭했다(Harold, 2007: xxv). 즉, 신호에 잡음을 끌어들이는 기술적 간섭 현상이 문화정치 영역에서 재해석되어 쓰였다. 카피레프트와 직접 관련해서 본다면 문화간섭의 저항 행위로 우리는 '전유(appropriation)'를 꼽을 수 있다. 전유의 어원적 의미 중 하나가 '훔치다' 혹은 '묻지 않고 가져오다'라는 뜻을 지니고 있는데 (Harris, 2006: 17), 이는 지배 문화와 지배 담론의 언어를 가져다 대중의 것으로 재구성하고 재해석하는 방식에 해당한다.

예를 들면, 론 잉글리시는 대중문화를 비판하는 소재로 월트디즈니의 미키 마우스를 이용한다. 그의 메릴린 먼로의 초상화 시리즈를 보면, 미키 마우스의 얼굴이 메릴린 먼로의 가슴을 대체하고 있다. 마치 성적 상징물로서 여성의 풍만한 가슴에서 느낄 수 있는 관음의 성적 욕망을 자본주의 상품 문화의 소비 욕망과 포개 놓는 효과를 갖는다. 이러한 예술 창작 행위가 일종의 문화간섭이요 전유의 대표적 사례라 할 수 있다. 또한 '네거티브랜드 (Negativland)'는 오랫동안 오디오 샘플링(일종의 음원 콜라주)을 수행하면서 카피레프트를 주장하는 대표적인 그룹이었다. 네거티브랜드는 소리, 소음, 음원, 목소리, 기계음 등 채취할 수 있는 모든 것들을 조합해 새로운 곡들을 만들어낸다. 20여 개가 넘는 샘플링 CD를 제작해 선보였고, 샘플링의 재배치와 재구성만으로도 딴판의 새로운 음악 창작이 가능함을 입증해왔다. 비슷하게 '걸톡(Girl Talk)'이라는 뮤지션도 샘플링을 통해 음악을 창작하고 무대에 서면 악기와 보이스 대신 작은 노트북만을 몸에 걸친 채 공연한다.[12] 사실상 이는 '퍼블릭에너미(Public Enemy)'나 '척디(Chuck D)' 등 정치색 짙은 하드코어 래퍼들이 자신들을 악동으로 그리며 보도하는 앵커들의 목소리, 블랙 리더들의 연설, 드라마나 영화 속 흑인의 묘사 등을 그들의 음악에 샘플링해 음원으로 쓰는 것과 전혀 다르지 않다. 이렇듯 네거티브랜드나 걸톡 그리고 몇몇 래퍼들은 소위 원본이라 얘기되는 음원들을 전유하여 새롭게 재구성해서 저작권에 적용된 음원들의 진본성에 조소를 보내는 효과를

---

12 미국 내 카피레프트 문화를 보여주는 인디 다큐멘터리 ≪뒤섞어봐: 리믹스 선언문 (RIP: A Remix Manifesto)≫(2009)에서 걸톡의 공연과 인터뷰 참고(http://www.ripremix.com/).

내면서 카피레프트 음악 창작과 공연 형식의 새로운 전범을 보여주고 있다.

현대 자본주의의 맥락에서 보자면, 예술적 전유 행위들은 소비문화를 통해 생산된 대중 이미지들이 가지고 있는 힘을 재구성해 역으로 지배 이데올로기를 비판하는 효과를 거둔다. 뉴/디지털 미디어 예술은 '전유'의 창작 방식을 북돋고, 아마추어 누리꾼들을 손쉽게 작가의 스타덤으로 이끈다. 이때 전유는 인용, 샘플링, 콜라주 등의 기법을 동원하며, 그로 인해 브랜드 가치를 보호하는 저작권 체계나 초상권, 명예 훼손 등과 항상 적대 관계에 놓일 수밖에 없다. 통칭해 이들을 우린 '전유 예술'(Harold, 2008)이라 부른다. 전유는 마치 권력의 길거리 풍경을 반역의 약호들로 재탄생시키는 그라피티와 같은 저항의 힘을 불어넣는다. 이와 같은 전유의 전술은 사실상 '사보타주(sabotage 태업)'와 다르다. 사보타주는 부정과 배격의 저항 전술이자 가장 오래된 전법이다. 자본의 톱니바퀴에 공구를 던져 넣어 생산 공정을 마비시키는 멍키 렌치의 의미에서처럼, 사보타주는 자본의 흐름을 멈추려는 태업의 적극적 표현이다. 부정하지 않으면 휘말리고 포획됨을 알기에 사보타주는 절연의 정치를 택한다. 바리케이드를 사이로 이쪽은 아(我)요 저쪽은 적(敵)이 된다. 사보타주는 또한 안의 권력 파장을 벗어나 밖의 자유로 탈주하고자 하는 의지의 표현이다. 하지만 사보타주는 저 멀리 권력을 바라보며 벌이는 적대의 저항 방식이라 체제 내 유연성이 부족하다. 슬로건은 해묵고 전술은 경직되어 있다.

외려 날조된 소비주의의 스펙터클 안에 갇힌 채 유희와 욕망의 명령을 따르는 인간에게 지향성을 갖고 맞서라고 요구한다면, 이는 오히려 '전용(détour-nement)'이 맞다. 전용은 '전복'과 '우회'의 중간 지점에 머무른다. 상황주의의 대부였던 기 드보르(Debord and Wolman, 1956)에 따르면, 전용은 지배문화의 언어에 대항하는 '다다식 부정(Dadaist-type negation)'의 전술에 해당한다. 하지만 사보타주가 감성과 파국에 기댄 반대라면, 전용 혹은 선회는 성찰성에 기반을 둔 반대이자 합에 대한 고민이 들어 있다. 헤겔식의 변증법적 이상향에 대한 비전이 있다면 전용의 힘은 배가된다. 소비자본주의의 스펙터클 이미지를 도용하면서도 그 자본의 흔적을 온전히 떨어내고 새롭게 재구성하는 방식이 선회요 전용이다. 전유의 창작 행위가 아마추어 누리꾼들도 쉽게 가능한 영역이라면, 선회나 전용은 예술로 표현하자면 좀 더 숙련과 미학적 재능을 요하는 작업이다. 예를 들어, 마치 존 하트필드의 포토몽타주처럼 각각의 차용된 이미지들이 지녔던 과거의 흔적이 완벽히 사라지고, 콜라주를 통해 완전히 새로운 부분들로 자리매김하며, 각각이 모여 새로운 의미로 형상화할 때 전용과 선회의 의미가 살아난다. 반면 대개 누리꾼들의 패러디는 전용에 이르지 못한 전유의 한 표현 형태로 남는다. 그럼에도 전유건 전용이건 사실상 그 나름대로 문화간섭의 한 방식이요, 카피레프트의 문화 정치적 전술을 기획하는 데 둘 다 중요한 개념으로 받아들여야 한다.

20세기 초 아방가르드 예술 속에서 콜라주 혹은 몽타주를 통해 창작했던 예술가들은 독일 파시스트들로부터 정치적으로 박해를 받았어도 시장으로부터의 위협은 그리 크지 않았다. 반면 오늘날 누리꾼들의 아마추어 창작과 직업적 예술가들을 위협하는 것은 저작권 위반 기소와 정치인이나 언론인의 초상권 침해나 명예훼손 소송 등이다. 과거와 달리 전문 작가들과 누리꾼들은 자신들의 창작을 위해 저작권 보호 대상의 저작물들을 사용하게 됨으로써 전유와 전용의 예술은 '절도예술'(Lütticken, 2002)이라는 오명의 길을 걷게 된다. 대중들은 저작권과 초상권 등에 의해 보호받는 이미지, 음원, 영상 등을 이용함으로써 그들이 행하는 창작으로부터 많은 제약을 받는 것이다. 앤디 워홀(Andy Warhol)이 소비사회의 상징들을 주요 소재로 쓰면서 저작권 분쟁으로 크게 시달렸다는 것쯤은 이미 잘 알려진 사실이다. 더군다나 셰리 레빈(Sherrie Levine)이나 조각가 제프 쿤스(Jeff Koons) 등 소위 전유 혹은 절도예술을 자신의 기법으로 실천하는 전문 예술가들도 등장했다. 일례로 쿤스의 표절 시비는 너무나 잘 알려져 있다. 그 중 한 사건은 이렇다. 쿤스는 아트 로저스(Art Rogers)라는 이름의 사진작가가 찍은 1980년 엽서를 참조하여 자신의 조각을 1998년 완성한다. 원본의 흑백사진 이미지는 똑같은 종의 강아지 7마리를 나란히 안고 있는 중년 부부의 모습인데, 쿤스의 목각 작품에서는 개들의 털색깔은 보라색에 루돌프 사슴 코처럼 과장된 개들의 코, 그리고 중년 부부의 머리에 꽂힌 꽃장식 등으로 원본과 달리 묘사되었다. 쿤스의 이 작품은 상당히 좋은 평가를 받고 비싼 가격에 경매에 붙여졌다. 그러나 쿤스는 로저스에게 저작권 위반 혐의로 고소당하여 법정 패소한다. 현 체제에선 쿤스의 작품은 복제물 정도로밖에는 인정받지 못한다.

마크 네피어(Mark Napier)라는 작가 또한 바비 인형을 자신의 창작 행위에 모델로 썼다가 그 인형을 제작하는 마텔 회사(Mattel, Inc.)로부터 저작권법 위반 혐의와 위협을 받아 유명세를 탔다. 그는 자신의 창작 자유가 어떻게 위협받았는지 자신의 웹 프로젝트에서 그 과정과 상황을 잘 묘사하고 있다. 일명 <뒤틀린 바비 인형(distorted Barbie)>이라는 온라인 작품들은 원래 자신이 만든 이미지들을 모두 다 뒤틀리게 묘사함으로써 기업이 소송을 통해 어떻게 창작 자유를 훼손할 수 있는지 그 침해 상황을 비꼬아 작업해내고 있다.

네피어나 쿤스의 사례에서 보듯이 기업들의 작가들에 대한 표현의 자유 침해 공격과 위협은, 서두의 「미쳤어」 사례를 포함해 복제에 기반을 둔 패러디 예술 등 아마추어와 프로 창작 생태계 전반에 부정적 영향력을 발휘한다. 이제는 호스팅 사이트를 잃고 말았지만 '불법예술(illegal-art.org)'이라는 온라인 사이트와 전시 이벤트는 이처럼 저작권의 위협을 받고 있거나 법정에 섰던 동영상, 음원, 예술 작품 등 문제작들의 아카이브 저장소 역할을 수행했다. 온라인 이용자들에게 창작의 자유가 훼손된 수많은 양질의 작품들을 전시해 저작권의 창작과 표현의 자유 훼손의 전범들을 기록하려는 의도를 지녔던 셈이다. 당시 불법예술 사이트에 올라와 있는 한 이미지의 사례를 들어보자. 누리꾼들은 이 사이트에서 켐브루 매클리오드(McLeod, 2007)라는 아이오와대학 신방과 교수가 등록한 스캔된 상표권 이미지와 문구('표현의 자유', 1998년 미 상표권 번호 2127381)를 볼 수 있다. 이는 저작권 과잉 현실과 관련해 두고두고 회자되었던 사례인데, 매클리오드는 문화간섭의 일환으로 '표현의 자유' 문구를 미 특허청에 법적으로 등록해 소유하게 된다. 그런 후에 그는 대기업들이 만약 이 문구를 오용하여 광고 등에 사용하면 지체 없이 경고장을 날려 소송을 걸겠다고 으름장을 났다. 이는 나름 언론이 주목하는 효과를 발휘했다. 우선은 '표현의 자유'라는 시민의 기본권을 보장하는 문구를 일개인이 상표권으로 사유화해 등록할 수 있다는 데 다들 새삼 놀랐다. 그 무엇보다 이 실험은 대기업들이 공공 커먼즈 영역에 남아 있는 공적 용어들을 무작위로 상표권으로 사유화하는 현실에 대한 경종이 되었다. 이 상표권 실험 덕택에 매클리오드는 ≪뉴욕타임스≫ 등 언론이 주목하면서 나름 카피라이트와 카피레프트에 대한 페다고지(pedagogy) 효과를 봤다.

6. 정보 생태운동으로서 카피레프트

이제까지 훑어본 것처럼 서구에서 기술자유주의적 역사와 전유, 전용 혹은 절도의 문화예술 행위들은 대단히 뿌리 깊고, 이들이 카피레프트적 전통에 합류하면서 자본주의 소비문화와 신경제 질서에 대해 근본적 도전을 수행해왔다. 필자는 이렇듯 무정형의 자율적 누리꾼들을 비롯해 전문가 그룹들에 의해 표현되는 문화정치의 행동들이 앞서 언급했던 '공유(정보) 영역'을 일구는 기본 바탕이 될 것이라 본다. 이는 저작권 과잉의 전 지구적 경향성을 막기 위한 하나의 대안적 전통으로서 취급될 수 있다고 본다. 공유(정보) 영역에 대한 비판적 법학자인 보일(Boyle, 2003)의 말을 빌려 표현하자면, 오늘날 저작권 레짐은 15세기 영국에서 가진 것 없는 농민들이 나눠 경작하던 그들의 공유지에 대한 재산권 소유자들의 역사적 '종획(엔클로저)운동'으로 토지를 박탈당한 데 이어서, 거대 다국적 기업들이 또다시 정보와 지식의 공유 영역을 사적인 이윤의 전쟁터로 만들어 누리꾼들을 범죄자로 몰아

인터넷 공간에서 '제2의 종획운동'을 행하는 형국이다. 결국 지식과 정보로 가치를 꾸리는 오늘날 정보자본의 변화에 대한 그리고 이에 맞물린 저작권 레짐의 과잉에 대한 더욱 적극적이고 세련된 문화정치적 저항의 판을 짜는 데, 앞서 언급된 전통에 기반을 둔 새로운 문화정치의 전략과 전술이 필요하다. 유쾌 발랄하면서도 권력의 비린 곳을 드러내고 미래의 카피레프트 비전을 세우는 작업이 요구된다. 자본과 권력의 영역이 첨단화하고 스스로를 체질 개선하고 있다면, 그 속에서 정보공유와 정보 커먼즈의 가치를 확보하면서 새로운 대응 논리를 세우고 카피레프트의 구체적 사례들을 지속적으로 발굴해야 한다.

보일(Boyle, 2008)은 그 대안을 세우는 방식으로 지식과 정보의 생태주의적 시각을 제안했다. 마치 공해산업으로부터 환경을 보호하듯 정보와 지식의 공유 영역을 저작권의 과잉으로 인한 공해로부터 보호하여 그린벨트화하자고 제안한다. 더 나아가 그는 그린피스 등 환경운동단체처럼 저작권의 지적 공해와 사유화 현상을 적극적으로 사회 공론화하는 작업을 확대하자고 주장한다. 필자가 수행했던 논의와 그의 비유법이 직접적으로 같다고 할 수는 없지만, 앞서 본 카피레프트적 전통들은 '정보생태주의'적 행동들과 크게 일맥상통한다. 즉, 해커 윤리로 대표되는 기술자유주의의 흐름과 전유와 전용의 문화정치적 창작 행위들을 정보 환경운동의 맥락에서 자리매김할 중요한 유산이자 전통이라 볼 수 있다. 물론 이 외에도 오늘날 저작권 과잉을 떨쳐낼 정보생태주의적 지속가능한 전망들을 위한 다각도의 이론적, 실천적 논의들이 요구된다.

소셜 웹, 퇴행과 자유의 변주

제7장은 한국사회에서 최근 소셜 웹 문화의 열림과 닫힘의 변주들과 계기들을 포착하려 한다. 구체적으로는 권력에 의한 구조적인 통제의 계기들과 탈주와 자율의 가능성들이 어떻게 소셜 웹 문화를 통해 상호 서로 맞부딪치고 굴절하며 진화했는지를 살핀다. 무엇보다 크나큰 온라인 정치적 퇴행과 권력 억압의 기제에도 불구하고 끊임없이 돌출하는 소셜 웹을 통한 새로운 자율적 주체들의 움직임을 포착한다. 적어도 소셜 미디어라는 플랫폼은 한국에서 권력의 억압적 속성을 알리고 주류 미디어를 움직이게 하고 이슈와 관련해 감성의 연대를 가능하게 하는 대단히 역동적인 공론장으로 진화하고 있다고 볼 수 있다. 반면 그 와중에 소셜 웹은 퇴행의 여러 측면들도 보여줬다. 대선 선거조작 의혹 등 소셜 웹 생태계를 오염시키는 여러 의혹들에도 불구하고, 이 장은 2014년 세월호 참사 등에서 보여준 '제3의 미디어'로서 소셜 웹의 역할론과 이와 결합된 누리꾼들의 역능에서 또 다른 온라인 문화정치의 희망을 걸어볼 수 있다고 여긴다.

미디어는 스스로를 권력 공간으로 조직하지 않는다. 하지만 미디어와 권력과정 사이에는 다양한 상호관계가 가능하다. 미디어가 권력의 전략적 행위에 의해전유될 수도 있고, 지배적인 권력 질서를 불안하게 만들 수도 있다(한병철, 2011).

여기는 감옥, 나는 나비다─ 지금 내가 혹독하게 갇혀 있는 감옥은 '나'라는 이지지리도 못난 에고의 감옥이다. '너'라는 집착의 무덤이다. 현상 앞에서 늘 본질적 물음들을 후퇴시키는 삶의 보수주의이고, 내 안에 도사린 어떤 역사와 진보에대한 패배의식이다. 결코 깨끗하게 털어내 버리지 못하고 음습한 내 영혼이 기숙처로 삼는 이 뿌리 깊은 자본의 문화, 가부장제의 문화이다.

실상 내가 자유롭지 못한 것은 이런 일상의 달콤한 감옥으로부터 탈출을 감행하지 않기 때문이다. 일탈을, 다름을, 전복을 꿈꾸지 않기 때문이다. ……

나는 이 일상의 감옥을 부숴야 한다. 내 의식을 꽁꽁 묶어두고 있는 이 무지를, 게으름을, 관습적 틀을, 두려움을 깨부숴야 한다. 이렇게 생각하고 나니 마음이순해지고 편해진다(송경동, 2011).

1. 소셜 웹과 '기술코드'

필자는 수 년 전 토탈미술관 큐레이터 신보슬이 기획한 루마니아 낙서예술가 댄 퍼잡스키(Dan Perjovsky)의 개인전[1]을 보러 간 적이 있다. 전시를 위

---

1 "Dan Perjovschi: The News After the News," 신보슬 큐레이터 전시기획, 토탈현대미술관, 2011. 9.29~12.4.

해 그렸다던 그의 즉흥 낙서 가운데 필자의 시선을 끈 낙서 그림이 하나 있었다. 곤봉을 치켜 올린 전투경찰이 방패 너머로 서 있는 시위자에게, 길거리에서 까불지 말고 소셜 네트워크 서비스(이하 SNS로 통일)에나 처박혀 재잘거리라며 윽박지르는 낙서였다. 퍼잡스키는 대체로 디지털 기술의 열광에 삐딱하다. 그만큼 현실의 질곡과 폭력의 논리가 그 자신의 사회에게 압도하고 있어서일 게다. 하지만 현실의 억압적 맥락이 강하다 하여 바리케이드 앞에 서는 것을 최선으로 삼는 것은 부질없다. 질곡이 가로지르는 현실의 변화에 기술과 미디어, 그리고 이의 소통능력이 능히 힘을 쓸 수 있다면 이를 이용하는 것이 지혜롭다.

이 글은 한국사회에서 누리꾼들의 소셜 미디어 혹은 소셜 관계망 서비스(SNS)[2] 이용을 또 다른 자유문화의 가능성으로 본다. 그 가능성은 다층적으로 열려 있다. 혹자는 권력으로부터 모든 공식 미디어 채널을 잃은 반역도당들의 처소로, 혹은 정치 혁명의 근원지로, 아니면 개인 '신상 털기'의 자원이나 기업 노사 소통의 세련된 출구로 여긴다. 다른 이는 신권위주의 정권을 위협하는 눈엣가시들에 대한 사찰 공간이자 대통령 선거 조작이 일어나고 일베들이 힘을 얻어 오정보와 공해정보가 창궐하는 쓰레기 공간이라 말하기도 한다. 이도 저도 아니라 이 모든 사건들과 계기들이 엉켜 있는 공간이 한국의 소셜 웹이라 주장하는 이도 있다. 어쨌거나 적어도 우리는 여전히 소셜 웹을 통해 현실 정치 개입의 영향력과 보수화된 미디어를 대신한 재난과 사회 감시 뉴스의 가능성을 확인하고 있다. 그 점에서 소셜 웹이라는 기술/

---

2 '소셜 미디어'라는 용어는 기존의 신문, 방송 등 전통적 '대중 미디어'에 대응한 패러다임 전환적 의미가 있다. 또한 전통 미디어와 다른 대안적 소통과 담론을 생산하는 '대안 미디어'적 의미도 함께 지닌다(장덕진·김기훈, 2011 분석 참고). 이 점에서 소셜 미디어라는 개념이, 유·무선 인터넷 플랫폼 속에서 쌍방향과 상호작용에 근거한 사회 관계망이라는 의미에서 상업적 서비스를 지칭하는 SNS(소셜관계망 서비스)의 협소한 개념보다는 좀 더 사회적 함의를 지닌 용어로 보인다. 이 장에서는 SNS 용어의 대중화로 인해서 두 개념을 혼재해서 사용하긴 하나 '소셜 웹' 개념을 더 선호해서 사용한다.

미디어 코드를 디지털 세대들 자신의 것으로 전유해 그 자유로운 소통과 표현의 능력을 극대화하는 기술 문화정치의 가능성을 찾는 작업이 요구된다.

보통 한 시대 기술과 미디어 발전의 논리를 규정하는 사회적·역사적 맥락의 규정성과 함께, 그 역으로 기술/미디어가 인간 의식과 행동, 넓게는 문화에 미치는 영향력 또한 무시하기 어렵다. 국내 소셜 웹과 사회 간의 상호관계도 이와 비슷하다. 기술/미디어 디자인은 권력, 국가, 사회, 문화 조건을 자신 깊숙이 '품고(embedded)' 있다. 기술과 정보에 틈입해 형성되는 권력의 각인화 과정에 대한 다양한 층위들을 살피는 노력을 우리는 '기술·정보의 사회구성론'적 접근으로 봐왔다. 이는 기술/정보 미디어 - 사회 간 조응의 방식과 지형을 밝힌다. 소셜 미디어를 보려 한다면, 이에 대한 해석의 지평에 이 신종 플랫폼을 규정하는 다양한 조건들과 구체적 사건들을 살피는 작업이 선행되어야 한다. 여기까지를 보통 우리는 기술의 해석학쯤으로 여길 수 있다. 문제는 기술의 해석학이 아니라 기술의 실천학이다. 지배와 질곡의 기술/정보 미디어 디자인을 변형하거나 역행해 이로부터 탈주하거나 능동적인 저항의 기술/정보 미디어 가능성을 설계하는 일이 무엇보다 중요하다. 기실 이제까지 억압의 구조에 균열을 내려는 실천의 동학에 대한 분석은 상대적으로 빈약했다. 실천의 동학은 특정 기술을 둘러싼 정세의 약한 고리와 이를 끊어낼 수 있는 잠재적 가능태들을 찾아내는 작업이다.

이 마지막 장에서는 비판적 기술철학자 핀버그(Feenberg, 2010; 2002; 1999; 1995)의 '기술코드(technical codes)'라는 개념을 주목한다. 이는 현재 한국사회의 디지털 세대가 벌이는 탈주와 저항의 실천을 설명하는 데 꽤 유효하다. 핀버그는 자명한 듯 보이는 기술에는 계급, 인종, 성차, 당대의 사회·문화 요인 등이 그 디자인 속에 틈입하고 한 사회의 법과 정책 등으로 그 용도가 규정된다고 봤다. 이와 같이 맥락화된 기술을 그는 '기술코드'라는 말로 표현한다. 그의 기술코드에는 이를 규정하는 구조적 요인들 외에도 이용자들에 의해 끊임없이 다른 길로 벗어나려는 탈주의 내생성이 잠재해 있다는 데 그 실천적 의의가 있다. 핀버그는 이를 원래 구조화된 기술코드의 용도를 벗어난 '역설계(reverse engineering)'의 실천으로 본다. 핀버그 논점의 핵심은 이렇듯 기술코드의 디자인에 단순 지배와 통제의 논리만이 압도하지 않는다는 사실에 있다. 닫힘과 열림, 억압과 탈주의 핀버그식 '기술 코드'적 양가성은, 자본 권력의 코드화를 경계하고 그 코드로부터 탈주하고 그 코드에 저항하는 계기들을 포착하라고 한다. 대부분의 기술/정보 미디어 철학이나 과학기술연구, 기술사회학 등이 코드를 지배하는 힘들에 대한 사후 해석에 치중하는 경향을 고려할 때, 핀버그의 접근법은 지배 코드를 깨려는 자발적 실천을 대단히 강조한다는 점에서 그 의의가 크다.

이 글은 핀버그식 기술코드의 이와 같은 양가성에 기반을 둔 접근법과 실천적 강조가 현대 기술/정보 미디어를 설명하는 데 큰 이론적 설명력을 지닌다고 본다. 그의 접근법을 이 마지막 장 논의의 기조로 삼고, 현재 한국 소셜웹 혹은 SNS 문화의 열림과 닫힘의 변주들과 계기들을 포착하고 그 기술적코드가 지닌 '자유도(自由度)'를 '디지털 세대'라는 1980년 중·후반 이후 꾸준히 성장해온 온라인 정치 주체들을 통해 가늠해보려 한다. 구체적으로는지속되는 억압의 계기들과 탈주와 자율의 가능성들이 어떻게 소셜 미디어문화를 통해 서로 맞부딪치고 굴절하면서 진화하는지를 몇 가지 측면에서 (소셜 웹을 둘러싼 권력 욕망과 이를 벗어나려는 역능이라는 측면에서) 살펴볼 것이다. 이를 통해 소셜 웹 코드 내 억압의 계기에도 불구하고 끊임없이 돌출하는자율적 주체들의 가능성에 대한 진단을 함께 수행한다.

2. 한국적 소셜 웹 문화의 형성과 발전

1) '리트윗'과 '좋아요'의 관계망

일단 트위터와 페이스북의 논리를 잠깐 살펴보자. 누군가 자신의 정체성을 알리려면 소셜 웹 서비스를 통해 입단 신고를 하고 자신만의 아이콘을 생성하는 것이 기본이다. 물론 본인 확인 인증 절차는 필요 없다. 자신을 드러내고자 하면 프로필에 적으면 그만이요 싫으면 숨기면 된다. 프로필과 아이콘 이미지는 자신을 드러내는 것을 돕기도 혹은 숨기기도 한다. 이 단계까지는 아직 트위터 안의 홀로된 섬과 같다. 이제 누군가와 재잘거리기 위해선 먼저 원하는 상대의 재잘거림을 듣는 것이 중요하다. 이것이 '팔로잉'이나 '친구맺기'이다. 이를 위해 그리 큰 노동은 없다. 그저 클릭으로 의사를 표시하면 된다. 팔로잉과 친구신청을 통해서 관계를 맺고 말을 트고 재잘거리다 보면 자신 또한 수많은 '팔로어'와 친구('페친'과 '트친')가 생겨남을 인지할 수 있다.

트위터의 경우에 팔로잉과 팔로어의 숫자와 함께 자신과 얽힌 이들의 성향을 보고, 한 명의 '트위터리언'이 관계 맺고 있는 다른 이들의 면면을 쉽게 파악할 수 있다. 비슷하게 페이스북은 '좋아요'와 '함께 아는 친구'라는 기능을 통해 자신과 얽힌 이들을 가늠할 수 있다. 트위터 '맞팔'이란 상대가 팔로잉하면 자신도 응대하는 것을 말하는데, 이에 연연하는 이들은 보통 트윗을 자신의 선전이나 홍보 수단으로 삼는 부류가 많다. 이들은 팔로어를 늘리는 데 주력한다. 그 반대엔 작가 공지영이나 김연아와 같이 팔로잉이 아예 없거나 적은 이들도 있다. 팔로잉 없이 트윗을 '날리니' 주로 개인 독백이요 방백이 되고, 이를 지켜보며 즐기는 팬들에게 적합하다. 하루이틀 만에 수만 수십만 명의 팔로어를 거느리는 유명 연예인들이나 잘 알려진 아이돌 스타들도 이 경우다. 이들 스타 중 일부는 적극적으로 팬서비스를 위해 팔로어

속으로 들어가는 경우도 종종 있다.

트위터에서 '언팔'은 팔로잉을 끊는 행위인데, 주로 성향이 다르거나 트윗공해를 일으키는 이들을 피할 때 쓰는 방법이기도 하다. '리트윗' 혹은 알티(RT)는 다른 트위터리언이 올린 글을 다시 올리는 것을 뜻한다. 고재열 기자의 '독설(@dogsul)'과 같이 수십만 명의 팔로어가 있는 경우, 어떤 이름 없는 재잘거림도 독설이 한 번 더 리트윗으로 튕겨주면 예상치 못한 파장을 불러오기도 한다. 즉, 일종의 도움받기가 가능해지며, 이를 통해 새로운 이들을 만나는 기회도 획득한다. '트친소(트윗 친구를 소개합니다)'가 현실의 인적 관계를 확장시키는 측면이 강하다면, 리트윗은 개인의 재잘거림에 주목하여 새로운 트위터리언을 만나는 방식이라 훨씬 더 우연의 요소들이 많다. 페이스북의 경우에 좋아요, 댓글, 공유, 링크, 초대 등의 소셜 기능들이 이와 같은 인적 확대의 기능을 수행하고, 제한적이지만 우연적으로 친구를 사귈수 있는 가능성을 만들어준다.

팔로잉한 트윗 글들은 각자의 '타임라인'을 통해 시간순으로 배열된다. 다시 말해, 트윗을 맺은 사람들이 내게 재잘거리는 말들의 기록은 각자가 선호하는 바에 따라 서로 다른 '타임라인'의 연대기를 만들어낸다. 트위터에선 누구든 트윗의 140자라는 제한된 글자 수를 통해 자신만의 재잘거림을 내면서 타임라인에 편승할 수 있다. 몇 줄 안팎의 간결한 단문으로 제한되지만, 중국어나 한국어는 영문 조합에 비해 한 번에 더 많은 의미를 실어 나를수 있는 이점 또한 지닌다. 반면 페이스북의 타임라인은 '좋아요'라는 주목 장치에 의해 그 서열이 위로 오르는 방식을 취하기도 한다. 페이스북은 친구의 클릭 반응이 적을수록 자신의 글이 타임라인에서 묻히는 경향이 크고 친구맺기를 할 수 있는 인원도 제한적이다.

2) 감성적 연대의 관계망

트위터과 페이스북 등 소셜 웹의 뛰어난 점은 대단히 기동성이 좋고 날렵한 네트워킹 기술이라는 점이다. 일반 인터넷 단말기를 통해서도 가능하지만, 무엇보다 스마트폰의 어플 기능을 통해 짬짬이 한 개인을 둘러싼 상황의 변화를 즉각적으로 단문을 통해 알리거나, 사건의 진실을 그 자리에서 사진이나 동영상으로 찍어 링크로 올리거나, 특정 사실 등을 바로 공유하는 데 탁월하다. 그만큼 스마트 환경에 잘 어울리는 기술이다. 속도와 파급력에서 대단히 신속하고 영향력이 있다. 예를 들어, 신라호텔 파크뷰에서 한 전통 디자이너의 한복 출입 거부 사건이 트위터를 통해 일파만파 번진 적이 있다. 바로 이어 비난의 글들이 폭주하고 주류 미디어를 움직여 보도되면서 무소불위의 삼성가(家) 이부진 대표가 공식 사과를 하는 진풍경까지 벌어졌다. 이는 소셜 미디어가 지닌 강력한 여론 형성과 사회적 영향력을 보여준다.

소셜 미디어 가운데 트위터는 사람들 간 관계 맺고 소통하는 방식에 있어 관계망 구조가 독특하다. 페이스북과 마이스페이스는 주로 현실에서 알고 지내는 사람들 간의 관계를 공고히 하는 데 큰 효과를 지닌 반면, 트위터는 아는 사람들과의 긴밀한 관계들만큼이나 느슨하지만 새롭게 형성되는 관계망을 지속적으로 확대하는 데 적합하다. '작은 세계망'은 트위터 등 소셜 웹의 작동 방식을 설명하는 주요한 이론적 근거로 쓰이고 있다.[3] 예를 들어, 트위터 관계망은 긴밀하게 엮인 작은 인적 관계망들이 서로 간에 느슨하게 연결된 '작은 세계망들'의 총합으로 구성된다. 이것이 트윗의 조직 구성 방

---

3 트윗의 작동방식과 같은 작지만 긴밀한 소규모 망들의 집합적 연결 형식은, 보통 '작은 세계망(small world networks)'이라는 개념으로 설명된다. 1998년 와츠와 스트로가츠 (Watts and Strogatz)의 인적 연결망 실험 논문이 사이언스에 게재되면서, 이들 개념이 사람 간 관계맺기의 패턴을 지칭하는 용어로 쓰이기 시작했다. '작은 세계망'은 최근 소셜 미디어의 작동 방식을 설명하는 주요한 이론적 근거로 쓰인다(Shirky, 2008: 214~220에서 재인용 참고).

식의 독특함이고, 이것 때문에 정치인들이나 기업인들이 선거 시기에 투표 독려와 여론 관리에 트위터 연결망의 확산 효과를 얻으려 하는 이유다. 그래서 블로그가 뉴스 생산의 민주화를 가져왔다면, 지금의 트위터와 페이스북 등 소셜 웹은 뉴스 '유통'의 민주화를 가져왔다고 할 수 있다(고재열, 2011). 이슈에 대해 공감하는 비율이 높아지고 더욱 촘촘하게 많은 이들에게 이슈들이 퍼져나가는 비율이 높아진다. 예컨대, 트위터에서 동일 글을 릴레이로 복제해 퍼뜨리는 행위인 리트윗(RT)의 파장력이 작동하는 것처럼 페이스북에는 좋아요, 링크, 공유를 통해 그 확산력이 기하급수적으로 늘어난다. 여기까지가 우리가 흔히들 기술적으로 인정하는 트위터과 페이스북의 관계망과 새로운 파급력이다.

한국사회에서 소셜 웹의 인적 관계망의 힘은 사회심리적 연대감이나 감정선을 연결하면서 더욱 내밀한 힘을 발휘한다. 이는 여느 전통적 미디어나 이제까지 나왔던 인터넷 플랫폼들의 연결 특성과는 사뭇 다른 인적 망 연결 방식이다. 적어도 최근 몇 년간 권력층의 사회적 약탈이 과도하게 진행되면서 이를 위로하거나 해결할 수 있는 정책적 창구나 사회적 시스템이 부재하면서, 서로가 서로를 위로하는 아래로부터의 집단 정서가 소셜 미디어를 통해 표출되는 것이 아닌가 하는 추측을 가능케 한다. 예를 들어, 한진중공업 김진숙 지도위원의 300여 일이 넘는 크레인 고공투쟁이 가능했던 힘, 그녀를 '죽지 않게' 지탱했던 공력은 트위터리언들의 격려와 그녀의 외로운 투쟁의 장소와 사회를 엮는 감성의 연대와 소통이었다(허재현, 2011). 그리고 그녀 앞으로 희망버스 180여 대를 실어 날랐던 힘도 소셜 웹의 능력 전부는 아니었어도 일부 그 감정적 연대 능력이 존재했기 때문에 가능했다고 볼 수 있다.

페이스북 또한 사회적 감성의 연대망으로서의 역할도 두드러졌다. 밀양 주민 음독 자살, 철도민영화와 4,000명 이상의 코레일 노동자 직위해제, 불법 대선개입 등 한국사회의 퇴행과 무관하게 살아가는 '88만 원 세대'의 현실 불감증에 대해 2013년 말경 한 대학생이 손글씨로 써내려간 대자보 "안녕들 하십니까?"가 페이스북을 통해 매개되어 퍼져나가면서 전국의 대학 사회와 한국사회에 호응과 파장을 불러왔던 것은 그 적절한 사례일 것이다. 이는 전통적으로 이성적이고 합리적인 공론장 개념으로 해석하기 힘든 사회적 감성과 사랑의 연대로서 소셜 웹의 새로운 가능성을 보여준다.

3) 소셜 '가치'의 확산

소셜 웹을 통한 대중의 재기발랄하고 유쾌한 문화정치와 함께, 특정 안건에 대해 누리꾼들의 '의제 설정(프레이밍)'이 전통 미디어의 주의를 끌어 기사화하도록 독려하거나 이를 통한 정서적 연대를 오프라인 현실 참여로 이끄는 힘 또한 주목할 만하다. 이의 사례로는, <나는 꼼수다>에서 주진우 기자가 2011년 말경 '내곡동 사저' 스캔들 사건을 문제 제기하자 소셜 웹으로 논의가 불붙듯 확산되고, 보도 자체를 외면했던 지상파 언론들이 이에 반응하여 보도하게 했던 경우가 그러하다. 또한 2014년 6월 문창극 총리 후보자의 역사관 논란으로 인한 트위터를 통한 여론 형성도 그의 낙마에 큰 영향을 미쳤던 사례이다.

트위터의 경우에는 플랫폼 등장 초기에 선도적 신기술 이용 집단으로 통하는 '얼리어답터(초기적용자)'들이 주도적인 여론 형성 집단 역할을 수행했다. 실제 이들은 연예, 스포츠, 예술, 정치, 학술, 정보통신기술, 블로그 등 현실 영역에서 의견을 주도하는 인물들이기도 했다. 이들 전문가들이 자신의 사회적 영향력을 기반으로 직접 움직이면 확실히 주류 미디어들은 빠르고 민감하게 반응하는 구조를 갖곤 했다. 기술 도입의 초창기에는 이렇듯 수용자의 정치적 성향이 대체로 상식의 현실 감각을 공유한다는 점에서 소셜 웹 문화가 정치적으로 역동적이었다. 이는 인터넷의 초기 역사나 관련된 미디어 플랫폼의 등장 초기의 역사를 비교해도 쉽게 알 수 있다. 상대적으로 기술 코드가 새롭고 구조적으로 개방되어 있는 경우에 그 쓰임새는 더 자유롭고 개혁적인 법이다. 이 점에서 초창기 소셜 웹의 기술적 가능성은 상대적으로 열려 있는 편이었다.

2013년 2월 말 현재 트위터 인구가 642만 명(페이스북 826만 명)으로 양적 팽창하면서 소셜 웹의 자유주의적 특성은 꽤 사그라졌다. 무엇보다 그 전환점은 2012년 겨울 대선의 소셜 웹을 통한 선거여론 조작 의혹이 불면서 사실상 이들 선도 그룹의 영향력과 트위터의 정치 의제화 능력이 무력화된 측면이 없지 않다. 하지만 아직은 소셜 웹은 여러 시민단체들과 청년 세대들에 근친성을 갖거나 비슷한 성향의 누리꾼들의 활동이 상대적으로 활성화되어 있다는 장점을 지닌다. 게다가 2014년 4월 16일 세월호 참사로 인해 지상파와 종합편성 채널의 왜곡 보도와 오보 속에서 시민들이 진실 보도에 대한 갈증을 상대적으로 주변화된 1인 / 게릴라 미디어나 트위터 등 소셜 웹에서 찾으면서 그 진가가 다시 빛을 발하기도 했다.

소셜 웹을 통한 소통을 현실 정치 개혁이나 실천의 에너지로 전화하는 능력 또한 주목할 만했다. 정치적으로 세 번의 선거, 2010년 지방선거, 2011년 4월 재보궐 선거, 그리고 같은 해 10·26 서울 시장 재보궐 선거는 가장 가시적인 성과를 얻은 경우다. 포스트 386 세대, 특히 신세대와 N 세대를 주축(소위 '2040 세대')으로 트위터 등 소셜 미디어를 통해 직·간접적으로 국민들의 적극적 투표 행위를 독려하면서 이들 세대군이 원하는 정치 변화를 당시 일부분 성취했던 것이다. 즉, 보수 언론들이 선거철이면 이념에 편향된 정보만 제공하는 '깜깜이 선거'를 치뤘던 것과 달리, 이들 세대 연합은 소셜 미디어를 선거 정보의 유통 창구로 활용하고 투표 독려 행동까지 이어주는 힘을 보여줬다.

지난 수년간 권력 집단과 국내 재벌들은 대중을 박탈과 상실의 감옥에 가두고 있다. 사회적 돌봄의 기제들이 전적으로 파괴되어왔다. 물론 이에 대응하는 강력한 사회적 흐름도 존재해왔다. 국가의 안전 시스템의 붕괴와 돌봄의 부재로 인해 오히려 대중들 스스로 그 대안을 만들어나가려는 움직임들이 자생적으로 성장해왔다. 예컨대, 사회적 가치와 협업을 통한 소셜 펀딩 플랫폼과 기금조성 문화도 중요한 흐름이다. 소셜 웹을 통한 프로젝트형 기금 조성 방식이 사회적 공생의 가치에 비추어 의미 있는 대안적 흐름으로 떠오른다.[4] 이를테면 '텀블벅(Tumblebug)'은 독립적인 문화창작자들을 위한 대표적인 온라인 기금모금 플랫폼으로 크게 성장하고 있다. 텀블벅의 룰은 누군가(크리에이터) 필요에 의해 프로젝트 기금모집 제안을 하면 누리꾼들이 제한된 시간에 목표 금액을 모금하여 이에 성공하면 일괄 자동이체를 진행하는 식이다. 프로젝트의 독립성을 보장하기 위해 재원을 최대한 분산시키는 방법을 쓰고, 목표 달성 금액이 이뤄지면 다양한 방식으로 온·오프 결제가 가능하고 미달하면 이체 없이 없던 일로 되돌린다. 진보네트워크도 '소셜펀치'라는 이름으로 진보진영을 아우르는 사회적 기금 모금 플랫폼 서비스를 시작했다. 이 또한 다양한 욕구와 취지에서 제기되는 노동·시민 단체의 프로젝트들과 누리꾼들의 자발적인 기부 문화를 연결하여 자생적인 재원 마련 방식을 찾겠다는 데 그 의의가 있다.

새로운 '소셜 클라우딩' 방식의 모금과 기부 문화는 꽤 성공한 사례들이 생기면서 자리를 잘 잡아가고 있다. 이미 박원순 서울시 시장을 겨냥한 청년 정책 제안서 형식의 출판 기획 『원순씨 사용설명서』, 김인성 칼럼니스트의 웹툰 프로젝트 「김인성과 내리의 IT이야기」, 4대강 사업을 비판하며 창작, 세미나 등 다양한 공동 기획 작업을 구성했던 예술가들 프로젝트 '로드쇼 대한민국', 삼성반도체 관련 다큐멘터리 제작 프로젝트 '탐욕의 제국', 지율

---

4 소셜 미디어를 통한 사회적 기금 모금과 조성의 지나친 남발과 과잉으로 인한 폐단 또한 경계해야 한다. 정부가 애국주의에 기대어 전국민 대상의 성금 모금 방식을 종종 써오다 사회적 비판을 받았던 것처럼, 인터넷을 통한 풀뿌리 모금방식의 과잉화는 사안들의 심각성이나 시의성을 잊게 하는 경향이 있다. 이와 같은 부정적 요인을 제거하려면 기금 조성뿐만 아니라 사안의 성격에 따라 수행 후 성과에 대한 보고·평가 절차를 어떤 식으로든 도입하는 것이 적절하다.

스님의 내성천 이야기를 담은 시네마달의 프로젝트 '모래가 흐르는 강', 오멸 감독의 4·3 독립영화 <지슬> 등 사회적 기금 마련에 성공한 경우들은 꽤 많다. '진숙_85 사회적 파업 연대기금' 조성도 페이스북을 통해 성공한 사례 중 하나로 볼 수 있다. 노래패 꽃다지를 위해 익명의 130명이 소셜 클라우드가 되어 십시일반 품앗이 투자를 해 4집 앨범「노래의 꿈」제작을 한 경우도 있다. 독립 다큐멘터리, 영화 제작과 극장개봉, 독립 잡지 제작, 게임 제작, 사진집 제작, 콘서트 기획, 음악 앨범 제작 등 소셜의 가치는 다양한 방식으로 공유되고 활용된다. 이와 같은 새로운 소셜 가치는 문화사회적 배려와 돌봄을 홀대하는 정책입안자들에게 복지와 사회적 공생 개념을 제고하는 자극제 구실을 할 것으로 보인다.

4) 소셜 미디어의 양가성, '방치된 거대 미디어'?

한국사회는 국가재난 상황과 대응력 부재, 공안몰이식 여론 조성, 대민홍보 채널 가동과 여론왜곡, 시민사회 감시 등이 지속되고 확대되는 '신권위주의'적 국면에 여전히 갇혀 지낸다. 물리적 폭압만큼 온라인 공간 내 통치 행위 또한 퇴행의 길을 걷고 있다. 도구적 폭력이 가중되면서 어설프고 거친 '공안' 통치 행위들이 크게 늘고 있다. <나는 꼼수다>에 대한 과잉화된 정치보복적 반응, 방통심의위에 의한 트위터 등 소셜 웹에서의 표현의 자유 위축,[5] 중앙선거관리위원회(선관위)의 SNS '인증샷' 지침과 '리트윗'의 선거법 위반 등 선거 자유 위축,[6] 국가 정보기관 개입 등에 의한 대선 시기 소셜

---

5 온라인 영역에 대한 정부 규제도 악화일로에 있다. 방송통신심의위원회(방통심의위)가 콘텐츠 내용 심의 기능을 확대해 통신심의국을 세우고 그 안에 '뉴미디어정보심의팀'을 신설해 가동하고 있다. 규제의 주목적은 알려진 바대로 <나는 꼼수다>의 대중적 영향력과 반향을 억제하기 위해서였다고 볼 수 있다. 결국 방통심의위의 전문팀 가동과 상시 검열 체제 구축과 '비비케이(BBK)' 사건과 관련 허위사실 유포 혐의로 정봉주 전의원 구속 수감으로 이어졌다.

웹 여론조작 의혹, 조·중·동 종합편성 채널 개국을 통한 언론 불구화 시도, 각종 인터넷 관련 악법들의 도입과 연장 시도, 미네르바의 구속 수사, 정권 홍보용 라디오방송 실시, 포털업체들에 대한 간접 통제력 확대, 방송통신심의위 SNS 심의와 선거법을 통한 처벌 강화, 전자주민증 재도입, 종합편성 채널들의 막장 보도, 세월호 참사의 재난 보도 왜곡과 '기레기' 보도관행, 세월호 관련 허위사실 유포죄 엄격 적용 등 온라인과 미디어 영역에서 공공성을 훼손하고 권력의 통제욕을 노골적으로 드러내는 사례들이 끝도 없을 정도로 늘고 있다. 이들 신권위주의 권력은 점차 새로운 권력 통치의 수단으로 쓰이는 미디어·통신 기술을 세련되게 끌어들일 수 있는 포용 능력에서 그 스스로 한계치를 드러내고 있다.

소셜 웹에 대한 정치권의 과도한 통제욕은 결국 누리꾼들이 자율적으로 형성하는 온라인 문화정치의 성장 때문이기도 하다. 소셜 웹을 통한 풍자, 패러디, 인증샷 등의 대중적 지지와 유행은 이미 2008년 촛불시위의 '유쾌한 정치' 혹은 '스타일 정치'(이동연, 2008)를 통해 쌓였던 시민들의 경험 덕택이었다. 촛불시위의 사회적·문화적 기억은 소셜 웹에 오면서 한국적인 독특한 스마트 문화를 형성하도록 추동했다. <나는 꼼수다>류 풍자 방송의 등장, 투표장 인증샷 놀이, '무한알티(동일 글을 릴레이로 복제해 퍼뜨리는 행위)', 대중적 '멘토들' 혹은 '소셜테이너(소셜 미디어+엔터테이너)' 등은 국내 소셜 웹 문화의 진화를 상징하는 중요한 증거들이라 볼 수 있다.

일부 보수 언론은 이들 제도 바깥의 재기발랄함마저 'SNS가 만드는 위험 사회' 혹은 '방치된 거대 미디어'라는 개념들을 가져다가 온라인 문화의 건

---

6 예를 들어, 선관위는 선거운동 기간 전에 각자의 타임라인을 이용해 특정 정치 후보자와 관련된 내용에 대한 리트윗 행위 자체를 금했다. 트윗을 광고성 집단 이메일로 간주하는 것이다. 그러나 살포되는 광고 메일과 달리 트윗의 타임라인은 강제적 소구력이 없는 상호 재잘거림의 목록이라는 점에서 다르다. 또한 이메일의 개인 정착지적 속성과 달리 트윗들의 흘러간 타임라인은 거슬러 공들여 읽지 않으면 찾기조차 힘들다.

전성 회복을 피력하면서 'SNS 다이어트'까지 주장하기도 한다.[7] 일면 그들의 주장이 아주 틀린 것은 아니다. 빠른 여론 형성은 자칫 애국주의나 여론몰이에 이용되기도 했다(남은주, 2011). 세월호 희생자 유족에 대한 일간베스트저장소(일베) 회원들의 비인간적 '악플'이나 <나는 꼼수다>와 관련해 어떤 비판적 논의도 허용되지 않거나 혹자가 주류와 다른 소리를 내면 이지메 하는 타임라인 분위기 등은 오늘날 소셜 웹이 가진 이면의 독이다. 즉, 즉흥적으로 내뱉는 말들이 커지면서 만들어내는 검증되지 않은 논의 집합의 거대한 감각의 정치가 사려 깊은 담론의 형성에 부정적 영향을 미칠 수 있는 것이다.

소셜 웹을 매개로 한 여론의 향배가 항상 옳은 길을 가진 않았다 하더라도 여전히 소셜 웹이 지닌 긍정적 징후 혹은 저항의 계기들로 비춰지는 점이 몇 가지 존재한다. 첫째, 2009년 11월 아이폰 도입 후 47만 명 수준이던 가입자 수가 2011년 3월 1,000만 명, 2011년 11월 2,000만 명, 2012년 8월 3,000만 명을 넘어선 스마트폰 보급률이라는 한국사회의 새로운 물질적 조건과 이에 따른 '2040 세대'[8]에 의한 소셜 웹의 적극적 활용이라는 변수이다. 국민 2명 중 1명 이상 스마트폰을 소유하고 있으니 인구 대비 보유율 세계 최고 수준이다. 1990년대 말 초고속 인터넷 보급 이후 처음 있는 변혁의 물질적 조건이다. 스마트폰의 새로운 대중화 국면은 미래 정치 개혁 지향적인 디지털 세대들의 역할론과 관련해 대단히 중요한 물질적 기초이자 소통 수단으로 작용할 것이다.

7 ≪조선일보≫의 2014. 6. 특집기획 시리즈 "SNS가 만드는 위험사회" 참고.
8 '2040 세대'는 2010~2011년 총선과 재보궐선거, 시장보궐선거에서 나타났던 20, 30, 40대의 선거투표 시기 진보성향의 후보자들에게 강한 투표 경향을 보여주면서 나타났던 용어이다. 제5장에서의 분류법에 따르면, 신세대와 IMF 세대의 연합을 지칭한다. 무엇보다 중장년층의 보수화된 정치 투표 패턴과 달리 소셜 웹을 통해 투표 독려와 인증샷 등을 적극적으로 수행하면서 이들 세대 간 정치적 동질감을 확인하면서 만들어진 용어법이다.

둘째로는 소셜 웹이 온라인 문화정치를 매개하는 힘이 되고 있다. 이미 우리는 풍자 문화의 번성과 2010년과 2011년 트위터 선거 혁명의 에너지를 보았다. 2008년 촛불시위 이후 박탈과 상실감에 젖어 있던 대중에게 인증샷 등 소셜 웹 문화와 패러디 문화가 작지만 일부 정치적 성과를 가져왔다는 점에서 향후 정세에서도 중요한 경험과 자산이 되리라 본다. 또한 대중의 감정선을 타면서 누리꾼들의 정치적 변화 욕망을 결합하며 진화하는 소셜 웹의 특성을 주목할 필요가 있다. 사회적 돌봄의 상실 등 국가의 존재 근거가 희미해지는 오늘날 감성적 연대망으로서 소셜 웹의 사회적 연계 역할론은 더 중요해진다. 전통적 미디어의 공적 역할을 대신하면서 사회적 소통과 저항의 온·오프 연결을 꾀하고 사회적 이슈에 대한 감성의 연대를 통해 그 질적인 부분들을 채워나가는 소셜 웹의 운동 방식은 주목할 만하다.

마지막으로 '디지털 세대'가 정치적으로 진보 혹은 자유주의적 성향을 가진 '진보 세대'(유창오, 2011)일 확률이 높다는 점은, 곧 진보적 정치성향과 기술 친화력이 상호 유기적일 수 있다는 점을 뜻한다.[9] 한국사회에서 연령에 기초한 세대 위치가 곧 '실제 세대'가 될 수 있는 확률이 높아지면서 이들 10~40대에 걸친 '디지털 세대'의 정치적 온라인 감성이 상호 공감대를 형성할 가능성이 크다. 실제 미디어의 활용 면에서 1980년대 말 대학 시절을 보냈던 피시통신 세대(현재 40대이자 신세대로도 불림), 인터넷 세대(현재 20~30대에 해당하고 IMF 세대로도 불림) 그리고 모바일 세대(현재 10대이자 촛

---

9 ≪조선일보≫의 2014. 6. 특집기획 시리즈 "SNS가 만드는 위험사회 - '이념의 전쟁터' SNS"에서 인용된 한 통계자료를 보면, 중장년층에 비해 청년 세대의 SNS이용률이 대단히 높고, 세대별 정치성향도 소위 '386 세대'와 그 이후의 '디지털 세대'가 더 자유주의적 성향을 보이는 반면에 50대 이상은 대단히 보수화된 지형을 그리는 것으로 확인하고 있다. ≪조선일보≫는 이를 'SNS 갈등'이라 부르면서 누리꾼들의 역동성을 세대 갈등으로 사회 문제시하려 하지만, 제5장에서 이미 논의했던 세대 위치에 기반을 둔 '디지털 세대'의 진화 과정을 고려한다면 청년 세대의 자유주의적 정치성향과 소셜 웹의 긴밀도는 오히려 당연한 현상이다.

불 세대로도 불림)의 세대군에 비해 확실히 보수적 성향의 중장년층은 그 기술 이용 능력이나 정치문화적 개방성에서도 뒤떨어지는 등 큰 차이를 보인다. 물론 연령 세대(세대 위치)에 근거해 디지털 활용도가 높은 세대를 진보로 보고 중장년을 보수로 보면서 일대일 대응하는 방식은 단순 오류를 범할 공산이 크다. 예컨대 일베 등 최근 청년우익들의 온라인 등장과 활동은 디지털 세대의 단위 세대 내부에서도 여러 정치적 성향과 갈래들이 존재하고 향후 이들 세대 내 갈등 상황이 전면화할 수 있는 가능성까지 보여준다. 이와 같은 단위 세대 내 갈등과 정치성향의 차이와 대립 지점을 파악하더라도, 한국적 상황에서 '디지털 세대'의 실제 세대적 물적 조건의 악화와 하향화로 인해 그 정치 성향이 대단히 동질적으로 변할 확률이 높다는 점을 고려해야 할 것이다.

3. 소셜 웹 매개 세대 문화정치

제5장에서 청년 세대의 뉴미디어 활용 논의를 했던 것처럼 기존의 계급·계층 분석을 가지고는 대상화하기 힘든 각 세대들의 미디어-커뮤니케이션 테크놀로지의 이용 방식과 사회 참여를 좀 더 구체화할 수 있는 방법이 '디지털 세대' 정의와 구분법이었다. 즉, 1980년대 중·후반 이후 등장한 세대들을 디지털 세대 명명법, 즉 피시통신 세대 - 인터넷 세대 - 모바일 세대(혹은 '2.0 세대')로 놓고 각 세대별로 소통과 참여의 수단으로 차용한 핵심 미디어를 중심으로 어떤 세대 내 움직임이 있는지를 앞서 살펴봤다. 다시 말해 사회학적 세대 구분에 미디어 영역에서의 디지털 세대 구분법을 조응해봄으로써, 각 세대에 영향력을 미치는 정치경제·사회·문화 변수의 일부로 기능하는 새로운 미디어의 영향력과 세대 내 혹은 세대 간 새로운 미디어를 통한 사회참여 방식을 관찰했다. 이들에 대한 관찰은 단순히 생애주기에 기초한

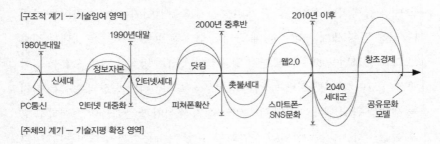

<그림 7-1> 디지털 미디어, 세대, 권력 간 변증법적 경합과 진화

[구조적 계기 — 기술잉여 영역]

자연적 연령 세대(즉, 세대 위치)보다는 사회적 세대관(즉, 실제 세대)을 통해 이뤄졌고, 권력과 자본의 파장을 벗어나기 위한 당대의 미디어-커뮤니케이션을 체득한 각 세대들의 저항 에너지에 대한 분석을 함께 했다.

이 마지막 장에서는 제5장의 논의에 덧붙여 소셜 웹 상황에 이르기까지 신세대(40대), IMF 세대(20~30대), 촛불 세대(10대), 2040 세대 간 연합 등 이들 디지털 세대가 각 시대 상황에서 각 세대별로 서로 다른 결과 감성의 구조를 지니지만, 기존의 아날로그 세대들과 달리 피시통신 - 인터넷 - 모바일폰 - 소셜 미디어로 이어지는 디지털 기술의 혁신 아래 놓인 일관된 세대군에 해당한다고 판단한다. 디지털 기술의 내적 혁신과 진화 과정에서 디지털 세대라는 대범위 아래 세대 내·간 동질감을 가져왔다고 본다.

오늘날 10대에서 40대에 걸쳐 있는 '디지털 세대'군이 구사하는 소셜 웹을 통한 문화정치에 관한 논의는 이러한 권력 - 세대 - 계급 - 기술의 연장선상에서 바라봐야 한다.[10] 1980년대 중·후반 이후 피시통신, 인터넷, 모바일

---

10 최근 세월호 참사 이후 국면에서 단원고 학생을 포함한 청소년들을 상징하는 세대 논의가 앞으로 필요하리라 본다. 실제 세대라는 측면에서 보면 세월호 참사로 상징되는 국가 재난을 통해 정부와 사회, 기성세대의 무능을 여실히 목도한, 국가 부재 상황의 청소년 세대라는 점에서 '재난 세대' 등의 호명을 통한 세대 특징과 실천적 논의가 필요하다. 이 장에서는 소셜 웹의 세대별 구체적 활용과 관련한 논의를 세월호 이전 국면에 국한한다.

폰, 소셜 미디어(스마트폰) 기술 발전에 따른 디지털 미디어 활용의 방식 변화, 구조화된 권력 통치성의 변화, 그리고 이에 따른 디지털 세대별 온라인 문화정치의 발현이라는 구조-주체 변인들 간의 변증법적 관계를 주목해보면, <그림 7-1> 처럼 이들 사이의 공진화 과정의 진폭 사이클을 만들어볼 수 있겠다. 그림에서 가로축은 시간의 흐름에 해당하고, 세로축은 구조-주체 간 변주와 그 진폭의 크기를 상징한다.

　단순화의 위험을 무릅쓰고 세대 주체를 규정하는 몇 가지 구조적 변수들을 살펴보자. 첫째, 기술 변인에는 구조적 망과 통신 기기의 진화를 들 수 있다. 먼저 디지털의 물리적 조건인 망의 진화과정을 관찰할 필요가 있다. 1980년대 말부터 데이터를 전송하고 소통의 장으로 만들기 위한 물리적 네트워크망의 진화는 피시통신망 - 초고속망 - 유비쿼터스망 - 클라우드망으로 각각 이어져 내려온다. 그리고 물리적 망의 진화과정은 미디어 기기의 세대별 진화 과정과 맞물린다. 대중적 기술 수단의 변화와 관련해서는 피시통신 - 인터넷 - 모바일 피처폰 - 스마트폰으로의 발전 과정을 밟아왔다. 이 과정은 단순히 중립적 통신기술의 도입과 등장만을 의미하는 것이 아니라 기술 코드적 시각에서 보면 각각의 기술은 각 실제 세대의 주체적 계기를 확장함과 동시에 주체의 자율성이 기술의 지평을 동시에 확장하게 하는 상호 공진화 과정으로 볼 수 있다.

　둘째, 반대로 디지털망과 기술을 활용한 권력(자본)의 구조화 국면이 존재한다. <그림 7-1>에서는 상층부 진폭의 흐름에 해당한다. 1980년대 말 이후 거의 10년의 주기로 국내·외 자본주의 체제는 디지털 기술을 기반으로 축적의 새 국면을 열어왔다. 정보자본의 형성에서 닷컴 혁명으로 그리고 닷컴 버블에 이은 웹 2.0의 발전은 디지털 기술의 자본주의 체제 전유와 밀접히 연관되어 있다. 구조적 계기로서 그려지는 이 자본주의적 지배 파장의 크기는 갈수록 강력해지고 내밀해진다. 무엇보다 한국의 경우에는 통치권력의 퇴행성까지 합쳐져 좀 더 굴절된 형태의 자본주의 증식과정을 보여준다. 이는 상대적으로 안정적인 세대군까지 체제에 저항하게 만드는 효과를 발생시켰다.

셋째, 국가-자본 권력의 파장에 도전해왔던 핵심 세대별 움직임과 그들의 운동을 상정해볼 수 있다. <그림 7-1>의 아래쪽 진폭의 흐름에 해당한다. 역능의 주체로서 각 세대들이 얼마나 온·오프라인 운동을 효과적으로 연계했는지 그 방식에 따라 초보적인 '접속'에서 '연동'과 '융합', 뒤이어 '클라우딩' 컴퓨팅으로 점차 진화하고 있음을 상정할 수 있다. 즉, 세대 저항의 방식에 있어서 갈수록 실제-가상 간 경계와 틈이 점점 사라지고 그 경계 구분이 급속도로 무의미해지는 과정을 겪는다는 점을 보여준다. 세대별 플랫폼 이용의 면면을 보면, 게시판 - 블로그 - 1인/게릴라 미디어 - 소셜 미디어로 이어지는 각 세대별 온라인 공론장 선호도의 진화를 살필 수 있다. 제5장에서 이미 살펴본 것처럼 역사적으로 세대별 온라인 운동의 성과로는, 케텔 유료화 반대운동 - 2002년 여중생 사망 추모 시위와 2004년 탄핵 국면 - 2008년 촛불시위 - 2010년과 2011년 선거 국면, 그리고 최근 2014년 4월 이후 세월호 참사 국면 등으로 이어져 내려왔다. 가시적으로 드러나지는 않으나 매 시기 저항의 경험들은 축적되고 점점 확대되는 파장을 그리게 된다. 예를 들어, 2008년 촛불시위 속 유쾌한 정치의 기억은 <나는 꼼수다>라는 대형 정치 패러디가 가능하게 된 토양이 되었다는 점에서 저항의 경험은 역사 속에서 사라지는 듯 보이나 사회적 집단기억들 속에서 끊임없이 누적·응축되어 폭발한다.

종합하면, <그림 7-1>는 바로 이와 같은 구조 - 주체 간 경합 속에서 세대 특징과 그들의 매체 활용 방식에 있어 각 디지털 세대는 서로 다른 결을 보여주면서, 때론 특정 시점에서 세대 내·간 연합을 시도하기까지 하면서 스스로 진화하고 있음을 확인할 수 있다. 좀 더 정확히 '2040 세대'로의 수렴과 세대 간 정치 연합 그리고 그들 세대군 연대의 근거는 결국 권력의 통치 행위에 있어서 부드러운 매개 행위가 줄어들고 폭력이 사회 전반의 관계를 규정하고 확대되었기 때문이다(한병철, 2011: 38~47 참고). 즉, 현실적으로 IMF체제 이후 본격화된 신자유주의와 양극화를 겪으면서 출구를 잃은 계층적·경제적 박탈감이 청년 세대 전반으로 확장되고 극대화되었기 때문으로 볼 수 있다(유창오, 2011). 좀 더 구체적으로 보면, 처음에는 20~30대의 세대 간 연합이 더욱 강렬한 양상을 보이다가 상대적으로 안정적인 세대로 보였던 40대마저 고용불안과 소득분배 불평등 확대 등으로 이들에 자연스레 합류했다고 볼 수 있다. 이들 세대 연합은 절망을 표현하는 중요한 무기를 소셜 웹이라는 새로운 플랫폼에서 발견했던 경우로 해석해야 할 것이다.

2040 세대들의 SNS를 통한 적극적 정치 참여에 비해 당시 10대에 해당했던 촛불 세대의 소셜 미디어로의 귀환 혹은 연대는 주춤했다. 즉, 2009년 지방선거 당시 세대 경향을 살펴보면, 2008년 촛불시위 상황에서의 촛불 세대의 발랄한 정치 참여적 지향성과는 무관하게 선거 시기 휴대전화 약정 등 세대 내 지불 능력의 부족 등으로 말미암아 이들이 소셜 웹의 관계망을 활용하는데 스스로 큰 동기 부여를 하지 못했다. 기존의 약정 기간 해지 부담이나 스마트폰의 비싼 가격대로 인해 구입을 포기했던 10대 학생들과 대학 초년생들이 많았던 점 등 당시 촛불 세대의 세대 지불능력의 부족이 세대 연합에 끼지 못했던 가장 큰 이유로 볼 수 있다. 하지만 2014년 현재 시점에서 세대 지불능력을 상쇄할 정도로 이제 촛불 세대와 4·16 세월호 참사를 겪은 재난 세대의 스마트폰 보유율에도 변동이 생기고 있다. 최근 몇 년 사이 스마트폰 보급률 수준을 보자면 조만간 총인구 수준으로 육박할 날도 머지않아 보인다. 가입자 경쟁과 신모델 소비경쟁에 정신 나간 통신사들과 휴대전화 제조사 덕분이다. 그래서 더욱 촛불 세대와 재난 세대의 향후 스마트 기기를 통한 소셜 웹 문화정치의 가능성을 거두긴 이르다. 이미 촛불시위에서 보여줬던 그들만의 태생적 재기발랄함으로 인해 그리고 재난 세대가 국가와 제도 정치로부터 받았던 극단적 회의와 허무로 인해 2040 세대와 함께 이들 새로운 10대가 이후 정세 변화를 뒤흔드는 세대 코드로 작동할 것으로 보인다.

4. 변혁의 플랫폼 혹은 또 하나의 미디어?

한국사회에서 1990년대 중반 이후 인터넷의 도입과 발전이 이뤄지면서 그 야누스적인 명암에 대한 논의들이 많이 있었다. 사생활 침해로 인한 자살, 극단화된 상업주의, 표현의 자유 침해 등 부정적 논의만큼이나, 민주적 의사 소통로, 소수자들의 주장 창구, 자유와 연대의 디지털 공간이라는 긍정적 시각과 논의들이 존재해왔다. 이제 사람 간 소통의 새로운 모바일 디지털 문화로만 여겨졌던 소셜 네트워킹 문화에 대한 평가에서도 그 비슷한 논의들이 이어지고 있다. 소셜 웹 공간은 야누스적이다. 열림과 닫힘, 혁신과 폐쇄, 인간의 얼굴과 야만, 억압과 탈주 등의 배반의 가치들이 공존한다. 인터넷이 그 상존하는 힘들에서 부정의 야만성들을 억누르고 그 위에 긍정적 가치와 가능성을 세우는 노력이 있었기에 스스로 진화했다면, 소셜 웹 문화 역시 그 과정을 밟는 것이 수순이다.

결론적으로 소셜 웹을 둘러싼 통치 억압적 상황과 여론조작의 극단적 정세에도 불구하고 그 기술코드의 권력 욕망을 벗어나려는 역능과 역동성에 기대를 건다. 물론 이곳에 국가권력의 권력 욕망만 거하지 않는다. 아마추어 창작 혹은 소통 행위 자체가 비즈니스적 포획의 일환으로 기능하거나 소셜 웹이 사회 현실의 굴절된 관계망의 연장이 되거나 누군가 신상 털기로 인해 개인의 사생활이 수집·관리되는 관행은 디지털 야만의 또 다른 모습일 것이다. 그럼에도 2014년 아직 소셜 웹은 열린 가능성의 기술 코드이다. 그 낙관적 전망의 근거는 다음과 같다.

첫째, 아직은 청년기 플랫폼이며 그 기술적 코드는 상대적으로 열려 있다. <그림 7-1>의 파장 주기를 통해 추론컨대 소셜 웹 문화는 향후 몇 년은 사회 현실의 변혁에 중요한 소통로로 기능할 것으로 본다. 무엇보다 전통 미디어들의 공론장이 파산된 마당에 소셜 미디어의 민주주의적 소통과 진실 보도의 연계망 역할이 자연스레 다시 부각될 수밖에 없다고 본다. 물론 일베 등

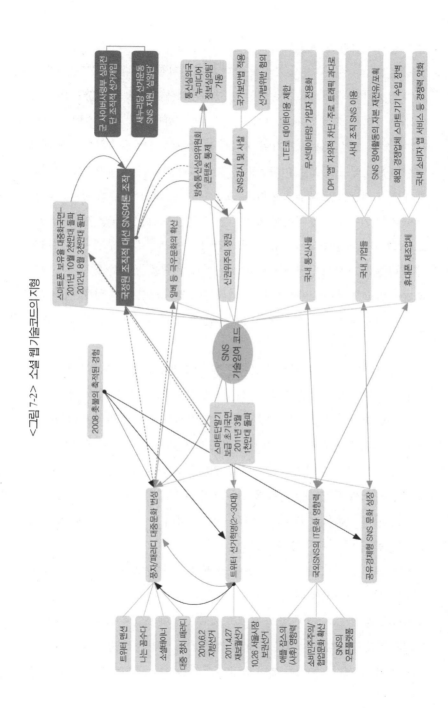

<그림 7-2> 소셜 웹 기술코드의 지형

온라인 극우집단의 등장과 세대 내 새로운 경합 모순들이 등장하는 것이 소셜 웹 문화에 어떤 부정적 효과를 발휘할 것인가를 판단해야 한다. 게다가 국가 정보기관이 체계적으로 소셜 웹을 이용해 정보조작을 했다는 의혹 등이 벌어지면서 소셜 웹 자체에 대한 불신론도 팽배하다. 예를 들면, <그림 7-2> 소셜 웹의 기술코드 지형 작업은 한국에 스마트폰이 상륙한 이래로 형성되었던 테크놀로지의 해방적 계기(왼쪽)와 억압적 계기(오른쪽) 양자의 헤게모니 쟁투를 보여주려 했다. <그림 7-2>는 대선 소셜 웹 댓글조작 의혹으로 그 기술코드의 지평이 거의 닫힐 것처럼 보이는 형국을 묘사하고 있으나, 2014년 4월 16일 세월호 참사 사건이라는 변수로 인해 전통적 미디어에 대한 불신과 오보 등을 시민들이 보면서 소셜 웹을 통한 뉴스 가치가 다시 조명을 받고 있다는 점에서 아직 그 역할론이 크다고 본다. 소셜 웹 기술코드의 급진성은 세월호 국면으로 인해 당분간 좀 더 유지되고 확산될 것으로 보인다.

둘째, 무엇보다 기존 지상파 방송은 물론이고 토건과 극우문화에 기초한 신권위주의 권력은 새롭게 통치 수단으로 활용해왔던 뉴미디어·통신에 서툴고 억압적이었다. 스마트 기술에 의지해 자신을 비가시 권역에 숨기는 행위와 통치의 유연함이 별로 없고 온전히 그 억압의 계기들이 온·오프라인 양 측면에서 과도할 정도로 드러난다. 권력의 폭력성이 시민들의 가시권에 잡힐수록 소셜 웹 문화는 더욱더 불온한 이들의 집합소로 커질 수밖에 없다. 통치 행위의 기술들로 활용하려던 것들이 오히려 통치자의 비수가 될 수 있는 상황들이 만들어질 공산이 크다.

셋째, 정치지향성에서 개혁적인 소셜 웹을 통한 세대 연합, 즉 '2040 세대'의 건강성이 여전히 살아 있다. 구조적 측면에서 전개되는 권력의 폭력성이 강화되면서 이들 세대 연합을 정치적으로 활성화하고 수렴되도록 독려한다. 또한 '촛불 세대'와 '재난 세대'의 전면적 등장 가능성 또한 긍정적 변수로 점칠 수 있겠다. 즉, 이들 세대 집합은 신권위주의 권력의 '꼼수'들을 드러내 유통시키고 주류 미디어를 움직이게 하고 이슈와 관련해 감성의 연대를 가능하게 하는, 대단히 역동적인 대안공간을 만들 것이다. 이들이 고등학교 시절을 보내면서 각각 겪은 2008년 광장시위의 경험과 2014년 국가실종의 경험은 중요한 정치적 자양분이다. 소셜 웹을 이용해왔던 '2040 세대'인 얼리어답터들의 개혁 지향성과 함께 이에 합류하지 못했던 이들 '촛불 세대'와 '재난 세대'의 또 다른 실천적 개입이 더욱더 기대되는 대목이다. 이 점에서 차후 소셜 미디어를 매개로 한 세대 연합 문화정치의 가능성은 일단 밝다. 차후 과제는 이들 운동의 기류 속에서 그리고 각 세대의 문화정치적 결을 살리면서 어떻게 공통의 이슈를 통해 좀 더 폭넓은 연합을 이루면서 새로운 대안정치를 구상할 것인지에 대한 고민일 것이다.

■ 내용 출처

제1장. 이광석(2014). 국내 기술잉여사회의 형성과 특수성연구. ≪한국언론정보학보≫, 통권 제66호, 184~210쪽.

제2장. 이광석(2013). 빅데이터 위험정보사회의 '정보 재난'의 문제점, 조현석 엮음, 『빅데이터와 위험정보사회』, 커뮤니케이션북스. 33~56쪽.

제3장. 이광석(2013). 지배양식의 국면 변화와 빅데이터 감시의 형성. ≪사이버커뮤니케이션학보≫, 30(2), 191~231쪽.

제4장. 이광석(2013) '문화융성'시대 창조산업과 문화콘텐츠 재영역화, ≪문화연구≫ 제2권 2호, 181~213쪽.

제5장. 이광석(2011). 1990년대 이후 청년 세대들의 미디어 문화 정치, 한국언론학회 엮음, 『한국사회의 디지털미디어와 문화』, 커뮤니케이션북스, 100~133쪽.

제6장. 이광석(2009). 저작권 과잉시대의 카피레프트 문화정치. ≪황해문화≫, 통권 제65호, 55~77쪽, 그리고, 이광석(2009). 카피라이트와 카피레프트, 최영묵 엮음, 『미디어콘텐츠와 저작권』, 논형출판사, 112~138쪽의 일부 내용.

제7장. 이광석(2012). 디지털 세대와 소셜 미디어 문화정치. ≪동향과전망≫, 통권 제84호, 102~129쪽. 그리고 이광석(2011). SNS 기술문화 코드, 퇴행과 자유의 변주. ≪문화과학≫, 175~188쪽의 일부 내용.

■ 참고문헌

국내문헌

강내원. 2004. 「인터넷과 대중매체 이용이 참여에 미치는 영향에 관한 연구」. ≪한국언론
　　학보≫, 48(3), 116~143쪽.

강내희. 2008. 「촛불정국과 신자유주의-한국 좌파의 과제와 선택」. ≪문화과학≫, 가을호,
　　66~89쪽.

강명구. 2008. 「인터넷의 사회문화사」. 유선영 엮음. 『한국의 미디어 사회문화사』. 한국언
　　론재단.

강상현. 1994. 「'정보사회'담론의 지형학: 정보/통신 기술과 사회변화의 관계에 대한 관점
　　의 분류와 비교」. ≪언론과 사회≫, 5호, 116~162쪽.

＿＿＿. 1996. 『정보 통신 혁명과 한국사회-뉴 미디어 패러독스』. 한나래.

강성준. 2011. 「전통적 정보수집과 전산화 현황」. 『경찰과 사찰: 경찰의 정보수집의 현황과
　　법적통제방안』. 인권단체워크샵(2011. 2. 10).

강정수. 2012. 『혁신과 위험의 빅데이터, 긴장과 균형』. 제6회 서울과학기술대학교 SSK위
　　험정보사회연구팀 정기세미나 자료집(2012. 3. 20).

강준만. 2008. 「'스펙터클'로서의 촛불시위」. ≪인물과사상≫, 124호(8월호), 46~59쪽.

고경민·송효진. 2010. 「인터넷 항의와 정치참여, 그리고 민주적 함의: 2008년 촛불시위 사
　　례」. ≪민주주의와 인권≫, 10(3), 233~269쪽.

고재열. 2011. 「소셜 미디어로 그리는 소셜디자인」. 서울과학기술대학교 IT정책전문대학
　　원 디지털문화정책전공 초청특강(2011. 11. 2).

구본권. 2008. 9. 23. "IT강국 한국, 왜 따로 놀죠?" ≪한겨레≫.

국가정보화전략위원회. 2011. 11. 2. 「빅 데이터를 활용한 스마트정부 구현방안(안)」. 의안
　　번호 제146호.

권기덕·이성호.2008. 「인터넷과 미디어산업의 재편」. ≪CEO INFORMATION≫(681호).
　　삼성경제연구소.

권혁태. 2013. 『일본, '전후'의 붕괴: 서브컬처, 소비사회 그리고 세대』, 서울: 제이앤씨.

김강호. 1997.『해커의 사회학』. 개마고원.

김경미. 2006.「인터넷이 집합행동 참여에 미치는 영향」.≪한국사회학≫, 40(1), 183~211쪽.

김남두·이창호. 2005.「정보 사유와 공유의 레퍼토리와 은유적 내러티브: 저작권의 사회적
　　구성과 자유 소프트웨어/열린 소스 운동의 이해」.≪한국언론학보≫, 제49권 6호.

김동춘. 2011.「냉전, 반공주의 질서와 한국의 전쟁정치: 국가폭력의 행사와 법치의 한계」.
　　≪경제와사회≫, 통권 제89호, 333~366쪽.

김세균. 2010.「한국의 정치지형과 청년세대」.≪문화과학≫, 62호(여름), 47~65쪽.

김영욱. 2008.『위험, 위기 그리고 커뮤니케이션』. 서울: 이화여자대학교출판부.

김예란·김효실·정민우. 2010.「광장에 균열내기 : 촛불 십대의 정치 참여에 대한 문화적 해
　　석」.≪한국언론정보학보≫, 90~110쪽.

김용철. 2008.「정보화시대의 사회운동」,≪사이버커뮤니케이션 학보≫, 25(1), 5~42쪽.

김원. 2005.「사회운동의 새로운 구성방식에 대한 연구 — 2002년 촛불시위를 중심으로」.
　　≪담론21≫, 8(2), 131~158쪽.

김은규. 2003.『미디어와 사회참여』. 커뮤니케이션북스.

김인성. 2011.『한국 IT산업의 멸망』. 서울: 북하우스.

김종길. 2003.「'안티사이트'의 사회운동적 성격 및 새로운 저항 잠재력의 탐색」.≪한국사
　　회학≫, 37(6), 145~175쪽.

김종엽. 2008.「촛불항쟁과 87년 체제」.≪창작과비평≫, 141호(가을호), 36~59쪽.

김종원. 1994.「첨단 PC통신에 국보법 바이러스 출현」.≪월간말≫, 5월호, 126~127쪽.

김창남. 2007.「한국의 사회변동과 대중문화」.≪진보평론≫, 제32권, 여름호. 62~84쪽.

김태용. 2009.「주류가 된 오타쿠, 쇠퇴하는 오타쿠문화」.≪문화과학≫, 59호, 321~333쪽.

김호기. 2008. 5. 15. "쌍방향 소통 2.0세대".≪한겨레≫.

김희재. 2004. <한국의 세대론과 세대문화코드>. 2004년도 한국사회학회 전기사회학대
　　회, 145~151쪽.

남은주. 2011. 11. 17. "트위터에 굿바이를 고하는 사람들",≪한겨레21≫.

남형두. 2008.「저작권의 역사와 철학」.≪산업재산권≫, 26호, 245~306쪽.

당대비평 기획위원회. 2009.『그대는 왜 촛불을 끄셨나요 — 폭력과 추방의 시대, 촛불의
　　민주주의를 다시 묻는다』. 산책자.

데이비도우, 윌리엄(William Davidow). 2011.『과잉연결시대(Overconnected: The Promise
　　and Threat of the Internet)』. 김동규 옮김. 서울: 수이북스.

루카치, 죄르지(G. Lukács). 1999.『역사와 계급의식 — 맑스주의 변증법 연구(History and class consciousness)』. 박정호·조만영 옮김. 거름.

마이어 쇤베르거, 빅토어(Victor Mayer-Schönberger). 2011. 『잊혀질 권리(Delete: The Virtue of Forgetting in the Digital Age)』. 구본권 옮김. 지식의날개.

박재홍. 2009. 「세대명칭과 세대갈등 담론에 대한 비판적 검토」. ≪경제와사회≫, 통권 제81호(봄호), 10~34쪽.

박창식·정일권. 2011. 「정치적 소통의 새로운 전망」. ≪한국언론학보≫, 55(1), 219~244쪽.

백욱인. 1999. 「네트와 새로운 사회운동」. ≪동향과전망≫, 통권 제43호, 123~143쪽.

_____. 2008a. 「촛불시위와 대중」. ≪동향과전망≫, 통권 제74호, 159~188쪽.

_____. 2008b. 「한국 소비사회 형성과 정보사회의 성격에 관한 연구」. ≪경제와사회≫, 통권 제77호, 199~225쪽.

_____. 2011. 「인터넷의 변화와 비트전유에 관한 연구」. ≪동향과 전망≫, 81호, 342~368쪽.

_____. 2012. 『빅데이터를 둘러싼 전유싸움: 디지털 아카이브를 중심으로』. 제8회 서울과학기술대학교 SSK위험정보사회연구팀 정기세미나 자료집(2012. 6. 1).

_____. 2013. 「빅데이터의 형성과 전유체제 비판」. ≪동향과 전망≫, 87호, 304~331쪽.

베니거, 제임스(Beniger, James). 2009. 『컨트롤레벌루션: 현대 자본주의의 또 다른 기원(The Control Revolution: Technological and Economic Origins of the Information Society, 1986)』. 윤원화 옮김. 서울: 현실문화.

벡, 울리히(Ulrich Beck). 2006. 『위험사회-새로운 근대(성)를 향하여』. 홍성태 옮김. 서울: 새물결.

_____. 2010. 『글로벌 위험사회』. 박미애·이진우 옮김. 서울: 길.

벡, 울리히(Ulrich Beck) 외. 2010. 『위험에 처한 세계와 가족의 미래』. 한상진·심영희 편저, 서울: 새물결.

뷔르거 페터(Peter Bürger). 2009. 『아방가르드의 이론(Theorie der avantgarde, 1974). 최성만 옮김. 지식을만드는지식.

서진석. 2007. <미술과 자본(Art & Capital: Spiritual Odyssey)>. 대안공간 루프. 18~31쪽.

서현진. 2001. 『끝없는 혁명: 한국 전자산업 40년의 발자취』. 이비커뮤니케이션(주).

셔키, 클레이(Clay. Shirky). 2011. 『많아지면 달라진다(Cognitive surplus)』. 이충호 옮김. 서울: 갤리온.

손수호. 2006. 「디지털 환경과 저작권 패러다임의 변화에 관한 연구: 레식의 카피레프트 이론을 중심으로」. ≪한국출판학연구≫, 통권 제51호.

송경동. 2011.『꿈꾸는 자 잡혀간다』. 실천문학사.

송경재. 2009.「네트워크 시대의 시민운동 연구」. ≪현대정치연구≫, 2(1), 55~83쪽.

송은지·민경식·최광희. 2013.「청소년 보호 관련 인터넷 규제 개선방향에 대한 제언」. ≪인터넷과 시큐리티 포커스≫, 6월호, 31~58쪽.

쇤베르거·빅터 마이어. 2011.『잊혀질 권리』. 구본권 옮김. 서울: 지식의날개.

심광현. 2010a.「세대의 정치학과 한국현대사의 재해석」. ≪문화과학≫, 62호(여름), 17~71쪽.

_____. 2010b.「자본주의의 압축성장과 세대의 정치경제 / 문화정치 비판의 개요」. ≪문화과학≫, 63호(가을), 15~46쪽.

아즈마 히로키(東浩紀). 2007.『동물화하는 포스트모던-오타쿠에서 본 일본사회(動物化するポストモダン—オタクから見た日本社会, 2001)』이은미 옮김. 서울: 문학동네.

_____. 2013.『게임적 리얼리즘의 탄생: 오타쿠, 게임, 라이트노벨(ゲーム的リアリズムの誕生—動物化するポストモダン2, 2007)』. 장이지 옮김. 서울: 현실문화.

LG Business Insight. 2012. 3. 14.『빅 데이터시대의 한국: 갈라파고스가 되지 않으려면』.

오병일. 2003.「사회를 움직이는 네티즌의 힘」. ≪사회비평≫, 35, 238~245쪽.

오사와 마사치(大澤真幸). 2013.『전자미디어, 신체·타자·권력(電子メディア論—身体のメディア的変容, 1995)』. 오석철·이재민 옮김. 서울: 커뮤니케이션북스.

오세욱·이재현. 2013.「소프트웨어 '페이스북'의 알고리즘 분석」. ≪언론과 사회≫, 21(1), 136~183쪽.

와인버거, 데이비드(David Weinberger). 2008.『혁명적으로 지식을 체계화하라(Everything Is Miscellaneous: The Power of the New Digital Disorder)』. 이현주 옮김. 살림Biz.

우석균. 2008.「촛불운동 2기, 민주주의 그리고 반신자유주의 운동」. ≪마르크스주의연구≫, 5(3), 253~268쪽.

우석훈·박권일. 2007.『88만원세대』. 레디앙.

원용진·이동연·노명우. 2006.「청소년주의와 세대 신화」. ≪한국언론정보학보≫, 통권 36호, 324~347쪽.

유선영. 2005.『한국의 대안 미디어』. 한국언론재단.

유창오. 2011.『진보세대가 지배한다』. 폴리테이아.

윤상오. 2014.『대규모 투자사업의 정보화 성과관리 방안』. 서울과학기술대 & 서울대학교 SSK 합동세미나 자료집(2014. 2. 27).

_____. 2012. 『빅 데이터의 두 얼굴: 기대와 위험』. 제5회 서울과학기술대학교 SSK위험정
　　　보사회연구팀 정기세미나 자료집(2012. 2. 28).

윤상철. 2009. 「세대정치와 정치균열: 1997년 이후 출현과 소멸의 동학」. ≪경제와 사회≫,
　　　봄호, 61~88쪽.

윤선희. 2000. 「인터넷 담론 확산과 청소년 문화의 아비투스」, 한국언론학회, 27~59쪽.

윤영민. 2000. 『사이버공간의 정치』. 한양대학교출판부.

윤형중. 2012. 『이제는 빅데이터시대』. e비즈북스.

이광석. 1998. 『사이버문화정치』. 문화과학사.

_____. 2010a. 「선거와 뉴미디어: 포스트386세대의 반란, 그리고 촛불세대의 부재증명」.
　　　≪문화과학≫, 62호(여름), 124~139쪽.

_____. 2010b. 「온라인 정치패러디물의 미학적 가능성과 한계」. ≪한국언론정보학보≫,
　　　통권 48호, 109~134쪽.

_____. 2012. 「스마트시대 통치 성격 변화와 미디어 공공성 실천」. 미디어공공성포럼 엮
　　　음. 『한국사회와 미디어공공성』, 462~488쪽.

이광석. 2014. 『불순한 테크놀로지: 오늘날 기술·정보 문화연구의 길을 묻다』. 논형.

이기현 외. 2010. 『디지털융합시대 콘텐츠산업 미래정책 연구』. 문화체육관광부.

이동연. 2003. 「세대문화의 구별짓기와 주체형성-세대담론에 대한 비판과 재구성」. ≪문화
　　　과학≫, 37호, 135~153쪽.

_____. 2008. 「촛불집회와 스타일의 정치」. ≪문화과학≫, 통권 제55호, 150~167쪽.

_____. 2010. 『문화자본의 시대: 한국문화자본의 형성원리』. 서울: 문화과학사.

_____. 2013. 「문화정책의 새로운 철학과 패러다임 전환을 위하여」. ≪문화연구≫, 2(1),
　　　107~139쪽.

이동후. 2009. 「사이버 대중으로서의 청년 세대에 대한 고찰」. ≪한국방송학보≫, 23(3),
　　　409~448쪽.

이만제. 1997. 「PC통신내 동호회 문화분석」. ≪한국언론정보학보≫, 9, 165~196쪽.

이명원. 2011. 「청년혁명사의 계보학: '동학'에서 '촛불'까지」. ≪문화과학≫, 통권 66호(여
　　　름호), 66~87쪽.

이상길. 2009. 「순수성의 모랄 – 촛불시위에 나타난 '오염'에 관한 단상」. 『그대는 왜 촛불
　　　을 끄셨나요』. 당대비평 기획위원회 엮음. 산책자, 89~108쪽.

이성규. 2009. 『트위터, 140자의 매직』. 책으로보는세상.

이성욱. 1994. 「진보적 문화운동과 신세대문화의 연대를 모색한다」 ≪월간말≫, 2월호,

232~235쪽.

이영희. 2011.『과학기술과 민주주의』, 서울: 문학과지성사.

이종원·김영인. 2009.「세대간 의식구조 비교를 통한 미래사회 변동 전망 Ⅱ」, 한국청소년
　　정책연구원.

이창호·배애진. 2008.「뉴미디어를 활용한 다양한 사회운동방식에 대한 고찰」. ≪한국언론
　　정보학보≫, 통권44호, 44~75쪽.

이해진. 2008.「촛불집회 10대 참여자들의 참여 경험과 주체 형성」. ≪경제와사회≫, 통권
　　80호, 68~108쪽.

임정수, 2003.「대안매체로서의 인터넷에 대한 연구」. ≪한국언론학보≫, 47(4), 34~59쪽.

임현진. 2004.「사회해체와 새로운 사회적·문화적 위험」.『위험·재난사회 어떻게 대응할
　　것인가?』. 아산사회복지재단, 85~120쪽.

장덕진·김기훈. 2011.「한국인 트위터 네트워크의 구조와 동학」. ≪언론정보연구≫, 48권
　　1호, 59~86쪽.

전규찬. 2008.「촛불집회, 민주적·자율적 대중교통의 빅뱅」. ≪문화과학≫, 가을호,
　　110~129쪽.

전효관. 2003.「새로운 감수성과 시민운동」. ≪시민과세계≫, 제3호, 311~325쪽.

＿＿＿. 2008.「촛불시위의 세대 특성과 그 문화적 함의」. ≪황해문화≫, 262~281쪽.

조동원. 2010.「촛불, 용산 참사, 그리고 미디어 행동주의의 미래」. 문화연대 미디어문화센
　　터/뻔뻔한 미디어농장 주최 <촛불, 용산 참사, 그리고 미디어 행동주의의 미래> 자
　　료집, 7월 29일.

＿＿＿. 2012.『빅데이터 시대 정보유출과 해킹문화』, 제7회 서울과학기술대학교 SSK위험
　　정보사회연구팀 정기세미나 자료집(2012. 4. 27).

조정환. 2009.『미네르바의 촛불』. 서울: 갈무리.

＿＿＿. 2011.『인지자본주의』. 서울: 갈무리.

조현석. 2012.『사이버 안보의 문제와 전망: '사이버전쟁' 논의를 중심으로』. 제4회 서울과
　　학기술대학교 SSK위험정보사회연구팀 정기세미나 자료집(2012. 1. 27).

주창윤. 2003.「신세대 문화의 이중성-편입과 저항」. ≪문학과경계≫, 5월.

주철민. 2000.「인터넷은 자유다 ― 자유 소프트웨어 운동」. 홍성태·오병일 외.『디지털은
　　자유다: 인터넷과 지적 재산권의 충돌』. 이후.

진중권. 2008.「개인방송의 현상학」. ≪문화과학≫, 통권55호, 170~181쪽.

채승병·안신현·전상인. 2012. 5. 2.「빅데이터: 산업 지각변동의 진원」. 삼성경제연구소. ≪

CEO Information≫, 851호.

최세진. 2003. 「인터넷을 매개로 한 대중의 새로운 흐름과 노동운동의 변화-촛불시위, 노사
모 등의 사례와 시사점을 중심으로」. <제6회 노동미디어·노동정보캠프-노동자가 만
드는 정보화 사회> 자료집, 1월 24일.

최영묵. 2005. 『시민미디어론』. 아르케.

카, 니콜라스(Nicholas Carr). 2008. 『빅 스위치: 웹 2.0시대, 거대한 변환이 시작된다(The
Big Switch: Rewiring the World, from Edison to Google)』 임종기 옮김. 동아시아.

크로, 토머스(Tomas Crow). 2007. 『60년대 미술: 순수미술에서 문화정치학으로(The Rise of
the Sixties: American and European Art in the Era of Dissent, 1996)』. 조주연 옮김. 현
실문화.

클라인, 나오미(Naomi Klein). 2008. 『쇼크 독트린』. 김소희 옮김. 서울: 살림Biz.

토발즈, 리누스·페커 히매넌·마누엘 카스텔(Linus Torvalds, Pekka Himanen, and Manuel
Castells). 2002. 『해커, 디지털시대의 장인들(The Hacker Ethic)』 신현승 옮김. 세종서
적.

통계청. 2014. 콘텐츠산업분류 Available at: http://kostat.go.kr/kssc/

파스퀴넬리, 마테오(Matteo Pasquinelli). 2012. "기계적 자본주의와 네트워크 잉여가치튜링
기계의 정치경제학(Machinic Capitalism and Network Surplus Value: Notes on the
Political Economy of the Turing Machine)". 연구공간L 엮음. 『자본의 코뮤니즘 우리
의 코뮤니즘: 공통적인 것의 구성을 위한 에세이』, 난장, 159~190쪽.

한국전산원. 2005. 『한국의 정보화정책 발전사』. 정보통신부·한국전산원.

한병철. 2011. 『권력이란 무엇인가』. 김남시 옮김. 문학과지성사.

한윤형. 2010. 「월드컵 주체와 촛불시위 사이, 불안의 세대를 말한다」. ≪문화과학≫, 62호
(여름), 72~91쪽.

한혜경. 2010. 「온라인 공론장과 오프라인의 대인/대중매체 공론장의 연계성: 트위터 이용
의 매개효과를 중심으로」. ≪언론과학연구≫, 제10권 2호, 618~661쪽.

허재현. 2011. 11. 15. "김진숙 '자살 생각하던 나를 진정시킨 건…'". ≪한겨레신문≫.

홍성태. 1999. 「정보운동의 성과」. 김진균 외(저). 『김진균 교수 저작집』. 문화과학사.

_____. 2002. 『현실 정보사회의 이해』. 문화과학사.

_____. 2008. 「촛불집회와 민주주의」. ≪경제와사회≫, 제80호, 10~39쪽.

_____. 2009. 「미래 위험사회의 전망과 대응」. (재)한국미래연구원 주최 <정보화 역기능
대응전략 포럼 심포지엄 – 정보문화의 미래와 전략>, 한국프레스센터 국제회의장

(2009. 12. 14).

____. 2011.『정보 위험사회의 특성과 과제』. 제3회 서울과학기술대학교 SSK위험정보사회연구팀 정기세미나 자료집(2011. 11. 25).

동양문헌

중국인터넷데이터센터(CNNIC 中国互联网络信息中心). 2014. 제33차 중국인터넷발전상황통계보고서, 第33次中国互联网络发展状况统计报告. http://www.cnnic.cn/hlwfzyj/hlwxzbg/hlwtjbg/201403/P020140305346585959798.pdf

大澤真幸(오사와 마사치). 1995.『電子メディア論―身体のメディア的変容』.

東浩紀(아즈마 히로키). 2001.『動物化するポストモダン―オタクから見た日本社会』.

____. 2007.『ゲーム的リアリズムの誕生―動物化するポストモダン2』.

是永論(코레나가 론). 2007. Web2.0メディアとしての携帯電話. 2007 한국언론학회 제13차 한·일 언론학 심포지엄 2007. 8, 한국언론학회, 77~89쪽.

總務省. 2007.『平成 19年度版 情報通信白書』, 日本.

서양문헌

Anderson, B. 1991. *Imagined Communities*, London: Verso.

____. 2001. "Western Nationalism and Eastern Nationalism." *New Left Review*(No. 9), pp. 31~42,

Bamford, James. 2012. March 15, "The NSA Is Building the Country's Biggest Spy Center(Watch What You Say)." *The Wired*. Available at: http://www.wired.com/threatlevel/2012/03/ff_nsadatacenter/all/

Bauman, Zygmund. 2000. *Liquid modernity*. Cambridge, UK: Polity Press.

Beck, Ulrich. 1988. "Politics of Risk Society," in Jane Franklin(ed.), *The Politics of Risk Society*. Oxford: Polity Press, pp. 9~22.

Beniger, J. 1986. *The Control Revolution: Technological and Economic Origins of the Information Society*. Harvard University Press.

Boyle, J. 2003. "The Second Enclosure Movement and the construction of the public domain." *Law and Contemporary Problems*, 66(1&2), pp. 33~74.

_____. 2008. "An Environmentalism for Information." *The Public Domain: Enclosing the Commons of the Mind*, New Haven & London: Yale University Press, pp. 230~248.

Bucher, Taina. 2012. "Want to be on the top? Algorithmic power and the threat of invisibility on Facebook." *New Media & Society*, 14(7), pp. 1164~1180.

Carr, Nicholas. 2008. *The Big Switch: Rewiring the World, from Edison to Google*.

Casarino, C. and A. Negri. 2008. *In Praise of the Common: A Conversation on Philosophy and Politics*. Minneapolis: University of Minnesota Press.

Castells, Manuel. 2000. *The Rise of the Network Society*(2nd ed.). Oxford: Blackwell.

_____. 2012. *Networks of Outrage and Hope: Social Movements in the Internet Age*. Cambridge: Polity Press.

Crow, T. 1996. *The Rise of the Sixties: American and European Art in the Era of Dissent*. New York: Harry N. Abrams, Inc.

Cunningham, S. 2009. "Trojan horse or Rorschach blot? Creative industries discourse around the world." *International Journal of Cultural Policy*, vol. 15, no. 4, pp. 375~386.

Debord, G and G. J. Wolman. 1656. "A User's Guide to Détournement." Ken Knabb(ed.) *the Situationist International Anthology*(Revised and Expanded Edition, 2006). Berkeley, CA: Bureau of Public Secrets, pp.14~20.

Deibert, R., J. Palfrey, R. Rohozinski, and J. Zittrain. 2010. *Access Controlled: The Shaping of Power, Rights, and Rule in Cyberspace*. MIT Press.

de Joode, R. van Wendel, J. A. de Bruijn, and Michel van Eeten. 2003. *Protecting the Virtual Commons: Self-organizing Open Source and Free Software Communities and Innovative Intellectual Property Regimes*. The Hague: T.M.C. Asser Press.

Deleuze, Gilles. 2005. *Negotiations(1972–1990)*. New York: Columbia University Press.

Department for Culture, Media & Sport(DCMS). 1998. *Creative Industries Mapping Documents 1998*, 9 April. England, Available at: https://www.gov.uk/government/publications/creative-industries-mapping-documents-1998

_____. 2001. *Creative industries mapping document*. London: http://www.culture.gov.uk/reference_library/publications/4632.aspx

Dongwon Jo. 2010. "Real-time networked media activism in the 2008 Chotbul protest."

Interface, 2(2), pp. 92~102.

Evans, P. B. 1995. *Embedded Autonomy: States and Industrial Transformation. Princeton*. NJ: Princeton University Press.

Feenberg, Andrew. 1995. *Alternative Modernity*. Berkeley, CA: University of California Press.

_____. 1999. *Questioning Technology*. London: Routledge.

_____. 2002. *Transforming Technology: A Critical Theory Revisted*(2nd ed.), Oxford University Press.

_____. 2010. *Between Reason and Experience: Essays in Technology and Modernity*. MA: The MIT Press.

_____. 2012. "Introduction: Toward a Critical Theory of The Internet." In A. Feenberg and N. Friesen(eds.). *(Re)Inventing the Internet: Critical CAse Studies*. Netherlands: Sense Publishers, pp. 3~17.

Florida, R. 2002. *The Rise of The Creative Class: And How It's Transforming Work, Leisure, Community and Everyday Life*. Basic Books, New York.

Foucault, Michel. 1990. *The history of sexuality: An introduction*. New York: Vintage Books.

_____. 1980. *Power/knowledge: Selected interviews and other writings 1972–1977*. C. Golden(ed.). New York: Pantheon.

Garnham, N. 2005. "From cultural to creative industries: An analysis of the implications of the 'creative industries' approach to arts and media policy making in the United Kingdom." *International Journal of Cultural Policy*, vol. 11, no. 1, pp. 15~29.

Gough, N. 2014. "China Shifts to Mobile for using the Internet." *International New York Times*. July 23.

Guibault, L. and Ot van Daalen. 2006. *Unravelling the Myth around Open Source Licences*, The Hague: T.M.C. Asser Press.

Hardt, M., and A. Negri. 2009. *Commonwealth*, Cambridge, MA: The Belknap Press of Harvard University Press.

Harold, C. 2007. *Ourspace: Resisting the Corporate Control of Culture*. Minneapolis: University of Minnesota Press.

Harris, J. 2006. *Art History: The Key Concepts*. London: Routledge.

Hartley, J. 2005. *Creative Industries*. Oxford, UK: Blackwell Publishing.

_____. 2012. *Digital Futures for Media and Cultural Studies*. Malden, MA & Oxford:

Wiley-Blackwell.

Hesmondhalgh, D. 2007. *The cultural industries*(2nd ed.). London: Sage.

Hesse, C. 2002. *The rise of intellectual property*, Daedalus, pp. 26~45.

KEA European Affairs. 2006. *The economy of culture in Europe*. Brussels, Belgium: European Commission: Director-General for Education & Culture.

Lash, S. and C. Lury. 2007. *Global Culture Industry: The Mediation of Things*. Cambridge: Polity.

Lessig, L. 2004. *Free Culture*. NY: Penguin Books.

_____. 2009. *Remix: Making Art and Commerce Thrive in the Hybrid Economy*. NY: Penguin Books.

Lee, Kwang-Suk. 2012. *IT Development in Korea: A Broadband Nirvana?* London: Routledge.

Littman, J. 1990. "The public domain." *Emory Law Journal*, 39(4), pp. 965~1023.

Lütticken, S. 2002. "The Art of Theft." *New Left Review* 13, January-February, pp. 89~104.

Mannheim, K. 1952. "The Problem of Generations." *Essay on the Sociology of Knowledge*, Routledge, pp. 276~322.

Manovich, Lev. 2011. "Trending: The Promises and the Challenges of Big Social Data." April 28, Available at: http://www.manovich.net/DOCS/Manovich_trending_paper.pdf.

Mansell, R. 2012. *Imagining the Internet: Communication, Innovation, and Governance*. Oxford: Oxford University Press.

McClean, D. and Schubert, K. 2002. *Dear Images: art, copyright and culture*. London: ICA and Ridinghouse.

McGuigan, J. 2004. *Rethinking Cultural Policy*. London: Open University Press.

McLeod, K. 2007. *Freedom of Expression: Resistance and Repression in the Age of Intellectual Property*. University of Minnesota Press.

National Endowment for Science, Technology and the Arts(NESTA). 2006. *Creating Growth: How the UK can Develop World Class Creative Businesses*. London: National Endowment for Science, Technology and the Arts.

Negri, A. 2003. *Negri on Negri: in conversation with Anne Dufourmentelle*. Routledge.

Ochoa, T. 2003. "Origins and meanings of the public domain." *University of Dayton Law Review*, 28(2), pp. 215~267.

Office for the Arts. 1994. Creative nation: Commonwealth cultural policy, October, Australia, Available at: http://apo.org.au/node/29704

Pasquinelli, Matteo. 2009. "Google's Page Rank Algorithm: A Diagram of the Cognitive Capitalism and the Rentier of the Common Intellect." Available at: http://independent.academia.edu/MPasquinelli

_____. 2012. "Machinic Capitalism and Network Surplus Value: Notes on the Political Economy of the Turing Machine." a paper presented at the Conference, Marxism and New Media, Duke University Program in Literature(Durham, NC), Saturday, January 21.

Perrow, Charles. 1984. *Normal Accidents: Living with High-Risk Technologies*. New York: Basic Books.

_____. 2007. *The Next Catastrophe: Reducing Our Vulnerabilities to Natural, Industrial, and Terrorist Disasters*. Princeton, NJ: Princeton University Press.

Raymond, E. S. 1998. *The Cathedral and the Bazaar: Musing on Linux and open source by an accidental revolutionary*. Cambridge: O'Reilly.

Rheingold, H. 2003. *Smart mobs: The next social revolution*. NY: Basic Books.

Shirky, Clay. 2008. *Here Comes Everybody! The Power of Organizing Without Organizations*. New York: Penguin.

_____. 2010. *Cognitive Surplus*. Penguin Press.

Stallman, R. 2002. *Free Software, Free Society: Selected essays of Richard M. Stallman*. MA, Boston: GNU Press, Free Software Foundation.

The Economist. 2010. Feb 27. "Data, Data Everywhere: A Special Report on Managing Information."

The Work Foundation. 2007. *Staying ahead: The economic performance of the UK's creative industries*. London: Department of Culture, Media & Sport.

Throsby, D. 2008. "The concentric cycles model of the cultural industries." *Cultural Trends*, 17(3), pp. 147~164.

_____. 2010. *The Economics of Cultural Economics*. Cambridge, UK: Cambridge University Press.

UNESCO. 1986. The UNESCO Framework for Cultural Statistics, Statistical Commission and Economic Commission for Europe, UNESCO, Conference of European Statisticians. Third Joint meeting on Cultural Statistics, 17-20 March 1986. CES/AC/44/11. 13 February 1986.

UNESCO Institute for Statistics. 2007. *UNESCO creating global statistics: Revision of the expert scoping study*. Montréal, Canada.

UNESCO. 2009. Framework for Cultural Statistics, available at: http://unesdoc.unesco.org/images/0019/001910/191061e.pdf

United Nations Conference on Trade & Development(UNCTAD). 2004. Creative Industries and Development. available at: http://www.unctad. org/en/docs/tdxibpd13_en.pdf

_____. 2010. *Creative economy report 2010*. Geneva, Switzerland: United Nations.

Walker, J. A. 1983. *Art in the Age of Mass Media*. Pluto Press.

Wittkower, D. E. 2008. "Revolutionary Industry and Digital Colonialism." *Fast Capitalism* (On-1ine). 4(1), Available: http://www.uta.edu/huma/agger/fastcapitalism/4_1/wittkower.html

Work Foundation. 2007. Staying Ahead: The economic performance of the UK's creative industries, 01 July, Available at: http://www.theworkfoundation.com/assets/docs/publications/176_stayingahead.pdf

World Intellectual Property Organisation(WIPO). 2003. *Guide on surveying the economic copyright-based industries*. Geneva, Switzerland: WIPO.

Zuckerman. 2011. The First Twitter Revolution? *Foreign Policy*, January 14, pp.73~74, Available: http://www.foreignpolicy.com/articles/2011/01/14/the_first_twitter_revolution

■ 찾아보기

■ 저자 소개

이광석(Lee, Kwang-Suk)

서울과학기술대학교 IT정책전문대학원 디지털문화정책 교수이다. 텍사스(오스틴) 주립대학 Radio, Television & Film 학과에서 박사를 마쳤다. 호주 울런공 대학에서 학술연구교수를 지낸 바 있다.

그의 주요 논문들은 *Media International Australia*, *Media, Culture & Society*, *The International Communication Gazette*, *The International Journal of Cultural Policy*, *Info*, *The Government Information Quarterly*와 *The Information Society* 등 국제 저널, 북 챕터와 백과사전, 그리고 여러 국내 저널에 게재되었다. 단독 저서로는 『사이버 문화정치』(문화과학, 1998), 『디지털 패러독스』(커뮤니케이션북스, 2000), 『사이방가르드: 개입의 예술 저항의 미디어』(안그라픽스, 2010), *IT Development in Korea: A Broadband Nirvana?* (London: Routledge, 2012)가 있다. 함께 낸 주요 저술로는, 『불순한 테크놀로지: 오늘날 기술·정보 문화연구를 묻다』(논형, 2014), 『디지털, 테크놀로지, 문화』(한울, 2012), 『한국사회와 미디어공공성』(한울, 2012), 『한국사회의 디지털미디어와 문화』(커뮤니케이션북스, 2011) 등이 있다.

현재 문화연대 미디어문화센터 공동소장, 문화연구 계간지 『문화과학』 편집위원, 한국언론정보학회 연구이사, 미디어공공성포럼 운영위원 등을 맡고 있다. 그의 주요 관심분야는 테크놀로지 연구, 문화의 정치경제학, 디지털 커먼즈 연구, 빅데이터 감시 연구, 미디어·예술 행동주의에 걸쳐 있다.

한울아카데미 1729

디지털 야만
기술잉여, 빅데이터와 정보 재난

ⓒ 이광석, 2014

지은이 ㅣ 이광석
펴낸이 ㅣ 김종수
펴낸곳 ㅣ 도서출판 한울
편집책임 ㅣ 이교혜
편집 ㅣ 조수임

초판 1쇄 인쇄 ㅣ 2014년 9월 15일
초판 1쇄 발행 ㅣ 2014년 9월 25일

주소 ㅣ 413-120 경기도 파주시 광인사길 153 한울시소빌딩 3층
전화 ㅣ 031-955-0655
팩스 ㅣ 031-955-0656
홈페이지 ㅣ www.hanulbooks.co.kr
등록번호 ㅣ 제406-2003-000051호

Printed in Korea.
ISBN 978-89-460-5729-6 93330(양장)

* 책값은 겉표지에 표시되어 있습니다.